UNIVERSITÉ DE POITIERS. — FACULTÉ DE DROIT

NECKER ÉCONOMISTE

THÈSE POUR LE DOCTORAT

(Sciences Politiques et Économiques)

Présentée et soutenue le lundi 26 janvier 1914, à 1 h. 1/2

dans la Salle des Actes publics de la Faculté

PAR

Claude VACHER DE LAPOUGE

Docteur en Médecine

PARIS

LIBRAIRIE DES SCIENCES POLITIQUES ET SOCIALES

MARCEL RIVIÈRE & Cie

31, rue Jacob et rue Saint-Benoît, 1

1914

NECKER ÉCONOMISTE

UNIVERSITÉ DE POITIERS

FACULTÉ DE DROIT

MM.

Surville, I. ✪, doyen, professeur de Droit civil et chargé d'un cours de Droit international privé.

Le Courtois, ✻, I. ✪, doyen honoraire, professeur honoraire.

Arnault de la Ménardière, I. ✪, professeur honoraire.

Parenteau-Dubeugnon, I. ✪, professeur honoraire.

Arthuys, I. ✪, professeur honoraire.

Normand, I. ✪, professeur honoraire.

Bonnet, I. ✪, professeur de Droit romain, chargé du cours d'éléments du Droit constitutionnel et garanties des libertés individuelles.

Petit, I. ✪, professeur de Droit romain, chargé du cours de Pandectes et chargé du cours de Législation et Science financières.

Barrilleau, I. ✪, professeur de Droit administratif et chargé du cours de Droit administratif (Doctorat).

Prévot-Leygonie, A. ✪, professeur d'histoire du Droit public (Doctorat), et de Droit constitutionnel comparé (Doctorat), et chargé des cours de principes du Droit public (Doctorat), et de Droit public (Licence).

Girault, ✻. I. ✪. professeur d'Economie politique (Licence) et chargé du cours d'Economie politique (Doctorat) et du cours de Législation et Economie coloniales.

Dubois, I. ✪, professeur d'Histoire des Doctrines économiques (Doctorat) et chargé du cours de Législation et économie rurales.

Testaud, I. ✪, professeur d'histoire générale du Droit français (Licence) et chargé du cours d'histoire du Droit français (Doctorat) et du Cours de législation industrielle.

Hubert, A. ✪, professeur du Droit civil (Licence) et chargé d'un cours d'éléments du Droit civil (Capacité). Assesseur du doyen.

Chéron, A. ✪, agrégé, professeur de Droit commercial et chargé du cours de Droit maritime.

Binet, A. ✪, agrégé, chargé d'un cours de Droit civil (Licence) et d'un cours d'éléments du Droit civil (Capacité).

Coquet, agrégé, chargé des cours de Droit international public (Licence et Doctorat), et du cours d'éléments du Droit public et administratif (Capacité).

Palmade, agrégé, chargé des cours de Procédure civile et Voies d'exécution.

Bonnet Emile, docteur en Droit, chargé du Cours de Droit criminel.

Antonelli, A ✪, docteur en droit, chargé d'un cours d'Economie politique (Licence) et du cours d'Economie politique (Doctorat).

Coulon, I. ✪, secrétaire honoraire.

Valegeas, I. ✪, secrétaire.

COMMISSION

Président : M. DUBOIS, *professeur*

Suffragants : MM. GIRAULT, *professeur*
ANTONELLI, *chargé de cours*

UNIVERSITÉ DE POITIERS. — FACULTÉ DE DROIT

NECKER ÉCONOMISTE

THÈSE POUR LE DOCTORAT

(Sciences Politiques et Économiques)

Présentée et soutenue le lundi 26 janvier 1914, à 1 h. 1/2

dans la Salle des Actes publics de la Faculté

PAR

Claude **VACHER DE LAPOUGE**

Docteur en Médecine

PARIS

LIBRAIRIE DES SCIENCES POLITIQUES ET SOCIALES

MARCEL RIVIÈRE & Cie

31, rue Jacob et rue Saint-Benoît, 1

1914

La Faculté n'entend donner aucune approbation ni improbation aux opinions émises dans les thèses ; ces opinions doivent être considérées comme propres à leurs auteurs.

JACQUES NECKER
Né le 30 Septembre 1732,
Mort le 9 Avril 1804.

BIBLIOGRAPHIE

A. — Ouvrages de Necker (1)

Réponse au Mémoire de M. l'abbé M..., sur la Compagnie des Indes. — Paris, 1769.

Éloge de J.-B. Colbert. — Paris, Brunet, 1773. — Cette édition officielle, publiée par Brunet, cessionnaire du privilège de l'Académie, a été plusieurs fois réimprimée page pour page. L'auteur, dit un avis, ne s'est pas fait connaître (Bibliothèque de la Sorbonne, L. F. nº 17, pièce du tome II du Recueil factice d'Éloges). On trouve à la Bibliothèque de l'Université de Nancy (9327) une édition de Demonville, successeur de Brunet, 1781 ; elle porte le même avis ; les notes y sont en plus petit caractère, le texte comprend les pages 5 à 61 ; les notes,

1. J'ai éprouvé qu'il n'était pas facile de se procurer, non seulement certaines éditions déterminées, mais encore certains ouvrages de Necker. La riche bibliothèque de la Faculté de Droit de Paris n'en possède aucun ; la Sorbonne possède tout juste l'*Éloge de Colbert*, en édition de l'Académie. Les bibliothèques qui ne dépendent pas de l'Université ne sont guère plus riches, et ne prêtent point. En province, même pauvreté. Aussi j'ai cru utile d'indiquer sous chaque ouvrage les bibliothèques universitaires qui le possèdent et qui peuvent le prêter. Par les prêts de bibliothèque à bibliothèque on peut aussi se procurer les éditions contenues dans les bibliothèques des Universités allemandes et suisses, beaucoup plus riches en ouvrages de Necker. M. le professeur Dubois, qui possède une très riche bibliothèque spéciale, a bien voulu me communiquer des éditions que je n'avais pu trouver ailleurs. Il s'en faut cependant de beaucoup que j'aie pu dresser une bibliographie complète des éditions de Necker.

les pages 62-96. Il a été fait à Dresde une édition double (1781) l'une en français, l'autre en allemand.

Sur la législation et le commerce des grains. — Paris, Pissot, 1775, 2 vol. in-8°. — Il y a eu en dix ans une vingtaine de réimpressions en France, plusieurs à l'étranger, notamment celle de Dresde, 1777. Celles de Pissot reproduisent l'original page pour page, on ne les reconnaît qu'à la date ou à l'épreuve de la lettre cassée. Cet ouvrage a été réimprimé dans le tome XV de la *Collection des principaux économistes* (Paris, Guillaumin, 1848), volume qui porte aussi le titre de tome II des *Mélanges d'économie politique* ; cette édition comporte une préface et des notes de Molinari.

Compte rendu au Roi. — Paris, Imp. roy., 1781, in-8° (B. univ. de Caen, 17913). — Nombreuses réimpressions françaises ; autres à l'étranger : Bâle, 1781 ; Quedlinbourg, 1781 ; Wien, 1781 ; traduction anglaise, London, 1781 ; traductions allemandes de Mylius, Berlin, 1781 ; de Wittenberg, Hamburg, 1781, de von Pacassi, Wien, 1781.

De l'administration des finances de la France. — Lyon et Lausanne, 1784, 3 vol. in-12 (B. un. Dijon, Bordeaux). — Réimpressions la même année : Lausanne (plusieurs tirages), Avignon ; La Haye, Paris (plusieurs éditions clandestines, pagination et tomaison diverses) ; Genève, Augsburg, toutes deux en trois volumes, de même que les éditions de Berne et de Berlin de 1785. Des éditions parurent encore les années suivantes. Traduction allemande, Lausanne, 1784 ; autre, par Wittenberg, Lübeck, 1785.

De l'Importance des opinions religieuses. — Londres et Paris, 1788, in-8° (B. un. de Poitiers, 1575) ; Montpellier, 38.765.)

Mémoire en réponse au discours prononcé par M. de Calonne devant l'Assemblée des notables. — Paris, 1787.

Sur le compte rendu au Roi en 1781. Nouveaux éclaircissements. — Paris, 1788, in-4, aussi Lyon (B. un. de Caen, 18.234).

Sur l'Administration de M. Necker, par lui-même. — Paris, 1791, in-8°; Breslau, 1792; trad. allemande par Strasser, Hildburghausen, 1792.

Du Pouvoir exécutif dans les grands États. — Paris, 1792, 2 vol. in-8° (B. un. de Montpellier, 38.718). — Strasbourg, 1792, 2 vol. in-8; traduction allemande de von Pez, Nürnberg, 1792-1793, 2 vol. in-8°.

Réflexions présentées à la nation française sur le procès de Louis XVI. — Paris, 30 octobre 1792, in-4. — Brunswick, 1793; traduction allemande, Passau, 1793.

De la Révolution françaises, suivi de *Réflexions philosophiques sur l'égalité.* — Paris, 1797, 4 vol. in-8°. — Strasburg, 1797, 4 vol. in-8°; traduction allemande, Zürich, 1797.

Cours de morale religieuse. — Paris, Genets, 1800, 3 vol. in-8° (B. un. Poitiers, 36.249.)

Dernières vues de politique et de finances. — Paris, 1802, in-8°; Genève, 1802, in-8°.

Manuscrits de M. Necker, publiés par sa fille. — Genève, Paschoud, an XIII (1804), in-8°.

Il a paru des recueils d'œuvres de Necker. D'abord une édition de Londres, 1785, que je ne connais pas, puis :

Œuvres de M. Necker. — Lausanne, Heubach, 1786, 4 vol. in-4. — Magnifique édition comprenant l'Administration des finances (t. I et II), le Compte rendu, le Mémoire sur les administrations provinciales, l'Eloge de Colbert (t. III), la Législation et la Réponse au mémoire de Morellet (t. IV). Cette édition, faite par les soins de l'auteur, est la plus pratique pour ceux qui veulent étudier seulement les œuvres économiques (B. un. de Poitiers).

Œuvres complètes de M. Necker, publiées par le baron de Staël. — Paris, Treuttel, 1820-1821, 15 vol. in-8°. — Cette édition comprend toutes les publications de Necker, et en outre le texte des *Actes du premier ministère* (t. III), du second ministère (t. VI) les *Lettres, discours*, etc., au Roi et à l'Assemblée Constituante (t. VII), et à la fin du t. XI une *liste* de tous les actes du premier ministère, même de ceux qui n'ont pas paru assez importants ou assez personnels pour figurer dans la publication (B. un. de Poitiers, d'Aix).

Dans ce travail, j'ai toujours, dans mes renvois, fourni les concordances des principales éditions.

B. — SUR NECKER, SES ACTES ET SES ŒUVRES

Contemporains de Necker

HERBERT. — *Essai sur la police générale des grains.* — Londres, 1753 ; l'édition de 1755 est plus complète.

QUESNAY. — *Œuvres économiques et philosophiques.* p. p. Onctken. — Francfort, 1888. — Il n'avait été publié jusque-là que des fragments des travaux de Quesnay. A compléter par WEULERSSE : *Les manuscrits économiques de Quesnay et de Mirabeau* aux Archives nationales (Paris, Geuthner, 1910 ; aussi comme *seconde* thèse de lettres, Paris, 1910, dans toutes les bibliothèques universitaires de France, de l'étranger, et autres participantes de l'échange des écrits académiques.)

MIRABEAU. — *L'Ami des hommes.* Paris, 1755-1760 ; aussi éd. Rouxel, Paris, 1883. — *Tableau économique.* Paris, 1760. — *Philosophie rurale.* Amsterdam (Paris), 1763. — *Lettres sur le commerce des grains. Précis de l'ordre légal.* Paris, 1768. — *Les Économiques.* Amsterdam, 1769-1772. — *Lettres sur la législation.* Berne, 1775.

BAUDEAU. — *Sur le Commerce d'Orient et de la Compagnie des Indes.* Paris, 1764. — *Lettres d'un amateur à M. l'abbé G**** (*Éphémérides*, t, XI). *Éclaircissements demandés à M. N*** au nom des propriétaires.* Paris. 1775 (aussi *Nouvelles Éphémérides :* VI, VII, VIII). — Mémoires nombreux, relatifs en grande partie aux grains, dans les *Éphémérides* et *Nouvelles Éphémérides*. La bibliothèque municipale de Poitiers possède ce recueil rare, mais ne le prête pas. — *Première introduction à la philosophie économique, ou analyse des États policés*. Paris, Didot, 1771 ; éd. Dubois, Paris, Geuthner. 1910.

GALIANI. — *Dialogues sur le commerce des blés*. Londres, 1769, Reproduits dans *la Collection des principaux économistes*, t. XVI = Mélanges, t. II.

MORELLET. — *Réflexions sur la libre fabrication des toiles peintes*. Paris, 1758, in-12 — *Lettre* (à M. de Malesherbes) *sur la police des grains*. Paris, 1765, in-8°. — *Mémoire sur la situation actuelle de la Compagnie des Indes*. Paris, 1769, in-4°. — *Examen de la Réponse de M. Necker au mémoire de M. Morellet*. Paris, 1769, in-4°. — *Réfutation de l'ouvrage qui a pour titre : Dialogues sur le commerce du blé*. Londres, 1770 (ne parut qu'en 1774 par suite de saisie), in-8°. — *Analyse de l'ouvrage intitulé : de la Législation et du commerce des grains*. Amsterdam et Paris, Pissot, 1775, in-8°. — *Mémoires*, Paris, Ladvocat, 1821, 2 vol. in-8°. A la fin du second volume, bibliographie détaillée des œuvres de Morellet, publiées ou encore en manuscrit.

CONDORCET. — *Lettres sur le commerce des grains*. Paris. Couturier, 1775, in-12. — *Lettre d'un laboureur de Picardie*. Paris, 1775, reproduite dans la *Collection*, t. XIV. — *Réflexions sur le commerce des blés*. Londres (Paris), 1776, in-8°,

TURGOT. — *Œuvres*, éd. Dupont de Nemours. Paris, 1808, 9 vol. in-8° ; éd. Daire, Paris, 1844, 2 vol. gr. in-8° (*Collection*).

BACHAUMONT. — *Mémoires pour servir à l'histoire de la République des lettres*. Londres, 1776-1789, 36 vol. in-12.

GRIMM. — *Correspondance littéraire*, etc., éd. Tourneux. Paris, 1777-1782, 16 vol. in-8°.

SÉNAC DE MEILHAN. — *Du gouvernement, des mœurs et des conditions*. Paris, 1814, in-8°. — *Considérations sur les richesses et le luxe*. Amsterdam, Paris, Valade, 1789, in-8°.

Montbarey. — *Mémoires autographes.* Paris, Eymery, 1826-1827, 3 vol. in-8°.

Augeard. — *Mémoires secrets.* Paris, Plon, 1866, in-8°.

Staël (Mme de). — *Du caractère de M. Necker et de sa vie privée.* Genève, Paschoud, an XIII, et en tête des *Manuscrits* de M. Necker. — *Mémoires sur la vie privée de mon père.* Paris, Treuttel, 1818, in-8°.

Staël (Auguste de). — *Notice sur M. Necker.* Paris, Treuttel, 1820, in-8°, et aussi en tête des *Œuvres* de Necker. Source préférable aux précédentes.

Lally Tollendal. — Article *Necker* dans *la Biographie universelle,* t. XXXI, p. 9-25. Paris, Michaud, 1811-1849, 82 vol. in-8°. C'est le témoignage d'un habitué de la maison.

Montyon (Auguste de). — *Particularités et observations sur les ministres des Finances.* Paris, Le Normant, 1822, in-8°.

Auteurs plus récents

Galiffe. — *Notices généalogiques sur les familles genevoises.* Genève et Paris, 1829-1857, 4 vol. in-8°.

Droz. — *Histoire de Louis XVI pendant les années où l'on pouvait prévenir ou diriger la Révolution française.* Paris, 1838-1842, 3 vol. in-8°.

Molinari. — *Notice* et notes, dans l'édition de la *Législation* (v. ci-dessus.)

Sainte-Beuve. — *Causeries du lundi.* Paris, Garnier, 15 vol. in-12.

Lavergne. — *Les Économistes français du* XVIII° *siècle.* Paris, Guillaumin, 1870, in-8°.

Sivers (Fr. von). — *Necker als Nationalökonom.* (Jahrbücher für Nationalökonomie, t. XVII, 1874.)

Haussonville (comte d'). — *Le Salon de Mme Necker,* d'après les documents tirés des archives de Coppet. Paris, Calmann, 1882, 2 vol. in-18.

Schelle. — *Dupont de Nemours et l'école physiocratique.* Paris, 1888, in-8°.

Nourisson. — *Trois Révolutionnaires : Turgot, Necker et Bailly.* Paris, 1885, in-8°.

Biollay. — *Études économiques sur le* XVIIIe *siècle.* Paris, 1885, in-8°.

Bord. — *Le Pacte de famine, histoire, légende.* Paris, 1887, in-8°.

Descostes. — *Necker écrivain et financier,* jugé par le comte de Maistre, d'après des documents inédits. Chambéry, Perrin, 1896, in-8e ; plaquette à 0 fr. 75, probablement tirage à part, que je regrette de n'avoir pu lire.

Afanassiev. — *Le Commerce des céréales au* XVIIIe *siècle.* Traduction Boyer, Paris, Picard, 1894, in-8°. Ouvrage très important.

Blennerhassett (Lady). — *Madame de Staël.* Traduction Dietrich, Paris, Westhausser, 1890. 3 vol. in-8e.

Lichtenberger. — *Le Socialisme au* XVIIIe *siècle.* Paris, 1895, in-8e.

Levasseur. — *Histoire des classes ouvrières,* 2e éd. Paris, Rousseau, 1903-1904, 2 vol. in-8°.

Curmont. — *Le Commerce des grains et l'école physiocratique.* Paris, 1900 (th. doct. dr., Paris, 1899-1900.)

Hermann. — *Zur Geschichte der Familie Necker.* Berlin, Gaertner, 1886, in-4°.

Carré. — *Necker et la question des grains.* Paris, 1903 (Th. doct. dr., Paris, 1902-1903.)

Weulbrsse. — *Le Mouvement physiocratique en France.* Paris, Alcan, 1910, 2 vol. in-8°. Aussi comme première thèse de doctorat ès-lettre, th. let. Paris, 1910-1911. La seconde thèse est relatée sous Quesnay. Méthodes de travail les plus modernes, très grande érudition.

Vaillat. — *Le Château de Coppet.* L'art et les artistes, 9e année (1913), p. 161-172. Renseignements abondants, 15 illustrations.

NECKER ÉCONOMISTE

INTRODUCTION

Objet et plan de l'ouvrage. — Méthode analytique et méthode synthétique.

Les historiens et les publicistes se sont beaucoup occupés de Necker. C'est une bien singulière figure historique, que celle du banquier genevois, chargé par le destin de la liquidation de l'ancien régime. Froid, taciturne et distant, économe, laborieux et chaste, profondément désintéressé, pénétré de ses devoirs, il paraît comme un être d'une autre espèce dans la foule des ministres de Louis XVI, et dans la cour frivole, dépensière et presque dissolue, qui entoure de conseillers imprévoyants deux souverains faibles de volonté.

Sans autres moyens que son ambition, sa fortune, son expérience des affaires et la conscience de ses devoirs, Necker essaie de se faire écouter de ces gouvernants qui perdent la France et se perdent eux-mêmes, de réformer les finances, de diminuer quelques abus, de préparer quelques satisfactions à ceux qui demandent et s'apprètent à exiger. Abreuvé d'amertumes, tombé en disgrâce et d'autant plus populaire, il est ramené au pouvoir par la colère du peuple et se montre alors ce qu'il était en réalité, l'homme des mesures lentes, de l'évolution prétorienne dans le respect des lois, l'homme qui aurait bien pu procurer à la France l'économie de la Révolution, s'il fût arrivé au pouvoir un siècle plus tôt et s'il y fût resté cent ans, mais point le thaumaturge attendu, le Dieu lançant la foudre et détruisant le vieux monde, pour faire soudain sortir des ruines une société nouvelle où tous auraient été heureux, égaux et frères. Et il s'en retourne dans son pays, pendant que le couperet fauche les têtes de ceux qu'il avait voulu sauver, et qui l'avaient méconnu.

Ce côté dramatique de la vie de Necker, s'impose toujours trop à la pensée pour qu'il soit possible de juger le premier ministre de la Constituante. Depuis cent dix ans qu'il est mort, l'heure de l'impartialité historique n'a pas encore sonné pour lui. Peut-être n'a-t-on jamais été plus sévère à son égard qu'aujourd'hui, et plus injuste. Les ennemis personnels de Necker, les Augeard, les Montbarey, les Calonne, les pamphlétaires du temps, et les mémoiristes acharnés contre lui ne produisent plus d'impression; la moindre recherche critique montre qu'ils mentent, et si la manière même dont ils s'expriment ne suffit pas pour leur ôter tout crédit, les documents originaux les confondent à ce point qu'on hésite à faire état d'un fait ou d'une date dont ces écrivains se portent seuls garants. Mais d'autres détracteurs moins faciles à confondre sont venus depuis, et ont créé autour de la mémoire de Necker des légendes qui font de lui un personnage ambitieux, impuissant et néfaste, responsable pour une part très large des malheurs de la Révolution.

Les royalistes ont longtemps pensé que les essais de réformes de Necker avaient encouragé le mouvement révolutionnaire, que ses compromis avec les hommes nouveaux avaient laissé passer l'heure où une répression énergique aurait eu raison de la rébellion nationale : comme si une répression, dirigée contre une nation entière dont les justes plaintes étaient séculairement méconnues, aurait pu faire autre chose que déchaîner plus vite la tempête de colères dans laquelle l'ancien régime a sombré. De telles idées ne sont plus guère soutenues aujourd'hui, car l'évidence s'est faite même pour ceux que pénètre le plus l'horreur de la Révolution, mais il n'en reste pas moins quelque chose dans les jugements portés sur Necker.

D'autres lui reprochent au contraire son indécision, son amour pour les fractions de mesures, qui ne pouvaient produire d'effet sans être accumulées pendant de très longues durées de temps, alors que la marche des événements se pressait, et que l'on était, pour commencer, à dix ans de la Révolution. Il aurait fallu être brusque, comme Turgot, faire des réformes larges et profondes, prévenir la Révolution en la rendant inutile.

Certes, Necker n'avait ni le génie, ni les vastes connaissances, ni le courage de Turgot. Mais, est il bien certain que Turgot, fût-il resté au pouvoir, eût-il vécu au delà des quelques années qui lui restaient à vivre, serait arrivé à rendre la Révolution inutile ? et après Turgot quel autre homme s'est montré qui osât tenter l'entreprise ? Si Necker a échoué, il eut au moins le mérite d'avoir essayé. Il est le seul qui se soit hasardé à le faire.

Le jour où l'on voudra juger Necker, il faudra peut-être l'étudier non dans ce qu'il a fait, mais dans ce qu'il a voulu, et chercher ce qu'il a voulu dans ce qu'il a écrit. On éprouve une impression très singulière quand, après avoir lu ce que les historiens ont dit de Necker, on commence à lire aussi ce qu'il a écrit lui-même. Il n'y a guère d'homme politique de la Révolution qui ait tant écrit, et si courageusement mis son âme à nu.

Les ouvrages de Necker sont très nombreux. Son petit-fils, Auguste de Staël, a réuni ses publications en quinze volumes in-octavo. Il existe beaucoup de papiers administratifs et de lettres inédites, qui pourraient faire l'objet d'une publication complémentaire. Ces nombreux travaux n'ont pas été jusqu'ici étudiés comme ils le méritent. Sainte-Beuve en a utilisé une partie au point de vue littéraire. A celui de l'histoire générale et des théories politiques, il serait désirable de voir étudier les publications des quinze dernières années de la vie de Necker. Dans le présent travail, je me suis attaché à la besogne inverse, c'est-à-dire au dépouillement des ouvrages antérieurs à la Révolution, qui intéressent principalement l'histoire des doctrines économiques.

On ne peut pas dire que Necker soit un très grand économiste. Il n'est même pas énuméré dans l'ouvrage de Cossa. Il n'a émis aucune doctrine personnelle, fondé aucune école S'il a écrit des volumes sur le commerce des grains, les impôts, les emprunts, on n'y trouve presque rien qui lui soit propre, et seulement des opinions reçues et moyennes, qui n'appartiennent à personne, peu de controverses et point de citations. C'est donc un isolé, qui n'est d'aucune école, plutôt un empirique, en tout cas un praticien, car à la différence de tous les autres, cet économiste fut ministre et eut à pratiquer ses maximes. C'est même à cause de cela que Necker est à étudier comme écrivain économiste. Je précise : comme écrivain, parce que pratiquant dans des temps difficiles, pendant la guerre d'Amérique, puis au début de la Révolution, il n'a pas eu pendant ses trois ministères la facilité d'appliquer l'ensemble de ses idées économiques et que ses actes s'expliquent et se complètent par ses livres.

Il y a une autre raison. Chez Necker, l'ambitieux, l'économiste et l'homme politique s'engendrent historiquement dans cet ordre. A partir du jour où Necker devenu riche, et dédaigneux en somme de sa richesse, devint ambitieux, de la noble ambition d'être utile aux hommes, il commença à s'appliquer à l'économie politique. Ses connaissances insuffisantes, mal suppléées par le sens pratique acquis dans les affaires, il les étale dans son *Éloge de Colbert*, et surtout dans les notes qui s'y rattachent d'une manière si factice. Il les développe dans son livre *Sur la législation et le commerce des grains*, où il se montre soucieux à l'extrême d'assurer le peuple contre la faim, considérant que rien ne peut être fait de plus. Il les expose encore mieux, et alors parfois avec une véritable maîtrise, dans son traité *De l'administration des finances de la France*, qui est resté longtemps classique.

C'est un peu par l'intrigue, dans le sens honnête du mot, car Necker fut profondément honnête et désintéressé, au point d'avoir, exemple peut-être unique, refusé toujours son traitement de ministre (1), c'est beaucoup par l'impression produite sur l'opinion par ses ouvrages économiques, où les esprits moyens reconnurent leurs idées, que ce financier étranger devint assez populaire pour être imposé à la Cour et au Roi, et pour se trouver aux premières heures de la Révolution le personnage le plus important de l'État.

Ce Necker peu connu, et qui dans une bonne mesure explique celui de la grande histoire, je me suis efforcé de le mettre de mon mieux en lumière. J'ai, de ces quinze volumes, essayé de dégager un Necker économiste, cherchant partout ce qui était mon bien, laissant ce qui ne me regardait point. J'ai usé, peut-être abusé, des transcriptions toutes simples, surtout quand j'avais affaire à des ouvrages de rencontre difficile, auxquels il est quelquefois ironique de renvoyer le lecteur ; j'ai analysé ce qui se prêtait à l'analyse, me servant aussi fidèlement que possible des phrases même de l'auteur, procédé de dissection qui altère toujours un peu les idées, en raison de ce qu'il supprime, mais qui les rend cependant d'une manière plus exacte que toute interprétation personnelle. Je ne me suis écarté de cette méthode, fastidieuse mais plus sûre, que dans le cas où le travail de Necker était trop largement écrit pour me permettre autre chose qu'un résumé de ce que je croyais comprendre.

---

1. Necker fit davantage en 1789. A la veille de son renvoi, il avait offert à la maison Hope de Londres une caution personnelle de deux millions au bénéfice du Trésor royal. Il la confirma dès sa sortie de France. Ce ministre, assurément, sortait de l'ordinaire. Les deux millions furent plus tard confisqués par la Révolution, avec tout ce que Necker possédait en France.

J'ai écarté, pour faire ainsi, tout amour-propre d'auteur, désireux surtout de mettre ceux qui voudront étudier Necker en mesure de le faire sans avoir constamment toutes ses publications sous les yeux. J'ai aussi donné avec soin les références aux diverses éditions, en raison de la difficulté de se procurer certains des ouvrages de Necker.

Les travaux économiques de Necker et la plupart de ses autres publications sont en rapport direct avec sa carrière. Ce ne sont point des spéculations, mais des exposés de ses opinions et de ses projets de réforme, des professions de foi, des programmes de candidature ministérielle, des apologies, des préambules et des textes d'arrêts du Conseil. Pour cette raison, j'ai classé par ordre chronologique les analyses de ses ouvrages et de ses actes, et je les ai encadrées et reliées en utilisant tout ce qui les explique, et tout ce qu'ils expliquent dans la vie publique et privée de Necker. Cette biographie, elle-même, a été dressée d'après les sources et les documents authentiques, ou, si l'on veut redressée, car elle diffère beaucoup de ce que l'on trouve dans les ouvrages historiques les plus appréciés.

Dans un premier chapitre, *Comment Necker devint économiste*, j'ai brièvement exposé les véritables origines de Necker, et sa vie jusqu'au moment où il commença ses publications, montré comment ces publications furent inspirées par le désir de devenir un réformateur des finances et de la politique intérieure de la France. L'analyse de sa *Réponse au mémoire de Morellet*, qui appartient à cette première période de l'existence de Necker, est comprise dans ce chapitre.

Les deux chapitres suivants, *Éloge de Necker*, et *Sur la législation et le commerce des grains*, portent les titres mêmes des deux principaux ouvrages économiques de Necker. Ils en contiennent l'analyse, précédée et suivie des éclaircissements biographiques, historiques et économiques les plus nécessaires.

Dans le quatrième chapitre, *Necker ministre*, on étudie, dans leur cadre historique, les actes et les écrits économiques de Necker durant les années où il fit partie du ministère Maurepas comme Directeur du Trésor (22 oct. 1776, 26 juin 1777), puis comme Directeur général des Finances (29 juin 1777, 19 mai 1781). Ces actes se rapportent en très grande partie aux emprunts nombreux par lesquels il dut faire face aux dépenses de la guerre d'Amérique, ou aux tentatives de réformes financières. Les écrits analysés sont le *Mémoire sur l'établissement des Administrations provinciales* et le *Compte rendu au Roi*.

Le cinquième chapitre porte le nom et contient l'analyse du troisième ouvrage économique de Necker, *De l'administration des Finances de la France*, qui est le développement du *Compte rendu*, et parut entre le premier et le second ministère.

Dans le sixième chapitre, j'examine brièvement les actes des deux derniers ministères de Necker (1788-1790), époque historique décisive où les préoccupations économiques passèrent au second plan, et les nombreux ouvrages de ses dernières années, tous d'ordre politique ou religieux, dont quelques passages seulement présentent un intérêt pour nous.

Les publications économiques de Necker se rapportent à deux sujets principaux, la législation du commerce des grains et l'organisation des finances publiques, mais on y trouve parfois des passages dans lesquels son sujet l'amène à donner incidemment son opinion sur des questions d'un autre ordre. On peut ainsi se rendre compte de ce qu'il pensait au sujet de la plupart des problèmes économiques soulevés de son temps. Ces renseignements se rencontrent avec plus d'abondance dans les *Notes* jointes à l'*Éloge de Colbert*, ouvrage singulier dans lequel, sous prétexte de dépeindre l'administration de Colbert, l'auteur explique sa propre manière de comprendre le rôle du ministre des Finances, et fait entendre qu'il est prêt à devenir le Colber de son temps. Ces *Notes* sont une véritable profession de foi économique, où chaque phrase a sa portée.

L'analyse que je donne des ouvrages de Necker fournit une image réduite mais exacte et continue des publications elles mêmes. Ce raccourci ne laisse cependant apercevoir que d'une manière insuffisante ce que l'auteur pensait des questions étrangères à son sujet, ou d'un intérêt secondaire. J'ai donc cru bien faire en ajoutant un septième chapitre, où j'ai groupé d'après leur nature tous les fragments épars dans lesquels Necker nous renseigne incidemment sur ses connaissances et ses opinions touchant l'ensemble des doctrines économiques.

Cette synthèse est nécessairement personnelle et factice, et n'a pas la même valeur documentaire que les chapitres précédents, mais elle nous instruit d'une autre façon, en nous montrant d'une manière plus saisissante, des manifestations d'opinion qui échappent presque quand elles sont lues à leur place, dans un contexte écrit en vue d'un tout autre objet. Si Necker avait porté, d'une manière spéciale, son attention sur ces nombreuses matières, et s'il leur avait consacré des ouvrages particuliers, il aurait probablement modifié ses idées sur beaucoup de points, mais il écrivait avec trop de soin pour que les opinions exprimées d'une manière même incidente ne soient pas celles auxquelles il s'était arrêté.

Cette méthode synthétique, dont l'application faite à l'ensemble des œuvres et des idées de Necker aurait donné des résultats inexacts, en modifiant l'importance relative que dans sa pensée l'auteur attribuait à leurs diverses parties, et en détruisant leurs rapports, m'a paru légitime dans l'emploi de ces précieux fragments. L'analyse et la synthèse se complètent ainsi l'une l'autre, la première nous donnant une idée très suivie de ce que l'auteur a dit des matières qu'il a traitées, et la seconde nous permettant de restituer ce qu'il pensait au sujet des questions qui n'ont point fait l'objet de ses livres.

Pour cadre de ces groupements, j'ai pris les doctrines des principales écoles auxquelles on peut être tenté de comparer les opinions de Necker. On verra ainsi d'une manière très nette en quoi et dans quelle mesure il s'est rapproché de ces diverses écoles, dont aucune d'ailleurs ne peut, même de loin, le revendiquer comme un disciple.

Le Necker qui ressort de ces textes est très loin de celui qu'ont imaginé les économistes et les historiens. Comme sa vie privée, et même sa vie publique, ses œuvres avaient servi de thème à des légendes où la malveillance avait plus de place que le souci de la vérité. Je me suis demandé souvent si ceux qui ont parlé des ouvrages de Necker s'étaient donné la peine de les lire.

Ceux à l'égard desquels la preuve est faite sont peu nombreux, et ils ne se sont occupés que d'une partie des œuvres économiques de Necker. Depuis Molinari qui annota la *Législation* dans l'édition de la *Collection des Economistes*, le seul économiste qu'ait consacré une étude à cet ouvrage est Von Sivers, et il l'a fait pour contrôler l'exactitude d'un passage de Louis Blanc qui faisait de Necker un écrivain socialiste. Dans la thèse d'Antonio Carré (*Necker et la question des grains*, Paris, 1903), on trouve aussi une analyse sommaire de certaines parties de la *Législation* (p. 149-190), et deux pages sur l'*Éloge* (21-22) que l'auteur, plus heureux que Sivers, était parvenu à se procurer. Assurément les œuvres de Necker ne sont point une lecture propre à charmer les loisirs d'un oisif, bien que Sainte-Beuve n'ait pas dédaigné de leur consacrer deux lundis, mais on peut trouver que ceux qui en parlent ont un peu abusé du droit de ne pas les lire. L'écrivain méritait plus d'attention et l'homme aussi.

CHAPITRE PREMIER

COMMENT NECKER DEVINT ÉCONOMISTE

Origine de Necker. — Necker banquier. — Le Salon de Mme Necker. — L'Affaire de la compagnie des Indes. — Necker, ministre de la République de Genève.

Jacques Necker naquit à Genève, le 30 septembre 1732. Sa famille paternelle était d'origine incertaine : anglaise, dit-on, établie en Irlande, d'abord, puis obligée de s'expatrier par suite de son attachement à la cause de la réforme religieuse, sous le règne de Marie Tudor. Cette légende n'est confirmée par aucune preuve (1).

1. Sa première trace se trouve dans un écrit suspect, publié par les soins des cousins allemands de Necker : *Familiengeschichte der Herrn v. Necker, Königl. Französischen Staatsministers; Nebst beyläufigen Bemerkungen über seinen Karakter und seine Finanzoperationen.* Regenspurg, in Kommission der Montagischen Buchhandlung, 1789.

Elle est reproduite par Staël dans sa *Notice*, p. 3.

Les sources authentiques pour l'histoire de la famille Necker sont Galiffe, *Notices généalogiques sur les familles genevoises depuis les premiers temps jusqu'à nos jours*, 1829-1857, t. II et IV ; — J. Hermann, *Zur Geschichte der Familie Necker, der deutsche Ursprung derselben urkundlich belegt*, Berlin, Gaertner, 1886, in-4.

Ces deux ouvrages contiennent aussi beaucoup de documents authentiques pour la biographie de Necker, de son père et de son frère.

A l'époque où écrivait Hermann, la situation de la famille Necker

J.-A Galiffe a établi, d'après des documents authentiques, que Necker se rattache à une famille d'ecclésiastiques. Son trisaïeul Christian mourut pasteur à Wartenberg, petite localité près de Pyritz, en Poméranie, et son bisaïeul Johann fut diacre à Gartz a. O. Son aïeul Martin fut avocat à Küstrin, en Brandebourg, pas bien loin non plus de Pyritz. Son père, le professeur Charles Frédéric Necker, naquit en 1685 à Küstrin.

La famille habitait donc au XVIIe siècle le nord du Brandebourg et le sud de la Poméranie, sur les confins des deux provinces. Le nom, qui veut dire en français taquin, celui qui fait la nique à quelqu'un, est bien allemand et d'ailleurs assez répandu. Il est donc probable que Necker n'a rien d'anglais, ni d'irlandais dans ses origines, et que ses ancêtres étaient de petits bourgeois prussiens.

Après avoir été précepteur de personnages princiers (1), Charles-Frédéric reçut du roi d'Angleterre une pension, et vint se fixer à Genève en 1724, appelé par le Grand Conseil pour enseigner le droit public allemand à l'Académie. Avec la permission du roi de Prusse, il fut naturalisé et obtint le droit de bourgeoisie, le 28 janvier 1726. Tout de suite il prit une importance dans la cité en épousant la fille

en Allemagne était la suivante : « Ein Glied der Familie soll bis vor einigem Jahren wenigstens in Frankfurt a. M. gelebt haben.

» Ein Necker war Bürgermeister in Wollin, sein Bruder dasselbe in Usedom. Ein Sohn des ersteren ward Postdirektor in Bonn. In seinem Besitz befand sich ein Stammbaum, der bei der Pensionierung desselben wahrscheinlich unter reponierte Akten geraten, und so für die Familie verloren gegangen ist. Eine Nichte desselben in unserer Stadt befindet sich im Besitz einiger wertvoller Familienstücke ». P. 16.

1. En dernier lieu du jeune comte Bernstorf, filleul du roi d'Angleterre Georges Ier, qu'il accompagna à Londres.

du premier syndic Gautier, d'origine française et descendant de Jacques Cœur. Jacques Necker est leur second fils, et bien que né six ans seulement après que son père fut devenu Genevois, il semble avoir reçu pendant sa première jeunesse, sur laquelle on est peu renseigné, une éducation plus française, calviniste et républicaine que prussienne, luthérienne et absolutiste.

La famille Necker avait de la culture (1). Ce n'est cependant ni vers la théologie, ni vers le droit que l'on orienta le jeune Jacques.

Étant cadet, de très bonne heure il fut mis aux affaires,

---

1. Charles-Frédéric enseigna le droit public allemand à l'Académie de Genève jusqu'à sa mort (1760). Très apprécié, il devint membre du Grand Conseil et du Consistoire réformé. Il publia d'assez nombreux travaux, en particulier : *Lettres sur la discipline ecclésiastique* (Utrecht, 1740) ; *Description du gouvernement présent du corps germanique appelé vulgairement le Saint-Empire romain* (Genève, 1742).

Son fils aîné Louis (1730-1804) fit de fortes études et devint professeur de physique et de mathématiques à l'Académie de Genève. Après la mort de son père, il fonda un établissement de commerce à Marseille, pays de sa femme, et reprit en 1762 la suite d'affaires de son frère Jacques. Elève et ami de d'Alembert, il collabora à l'*Encyclopédie*. On a de lui plusieurs mémoires et un traité *De Electricitate*, 1747, in 4°, qu'il aurait publié à dix-sept ans, si cette date, que je ne puis vérifier, est exacte.

Le fils de Louis, appelé Jacques comme son oncle, né à Genève en 1758, mort dans la même ville en 1825, fut officier de cavalerie en France, puis professeur de botanique à l'Université de Genève et syndic. Il a laissé des ouvrages de botanique inédits. Il ne faut pas le confondre avec Noël-Joseph Necker (1729-1793), son cousin, qui fut un botaniste de talent. Jacques épousa A.A. de Saussure, fille de Bénédict de Saussure, le grand naturaliste genevois, laquelle a publié, sous le nom de Necker, de Saussure, de nombreux ouvrages littéraires.

Louis Albert, leur fils, né à Genève en 1786, fut à son tour professeur à l'Académie de cette ville, comme son père, son aïeul et son bisaïeul. Il enseigna la minéralogie et fut un géologue réputé, dont quelques ouvrages ont encore de l'intérêt.

et l'instruction qu'il reçut fut nécessairement un peu courte, car dès l'âge de quinze ans il était employé de banque ; on peut donc dire qu'en dehors de ce bagage élémentaire d'humanités et de la possession de la langue allemande, car il était né bilingue, Necker ne posséda d'autres connaissances que celles d'un autodidacte (1).

Après avoir appris dans son pays les premiers éléments de la pratique bancaire, le jeune Necker fut envoyé à Paris chez son compatriote Vernet, qui était à la tête d'une des plus grandes banques du Marais, rue Michel-le-Comte (1747).

---

1. Les sources pour l'histoire personnelle de Necker sont surtout les écrits de la baronne de Staël, du baron de Staël son fils, et du comte d'Haussonville, de l'Académie française, dont la mère, Louise de Broglie, était fille d'Albertine de Staël, fille elle-même de Mme de Staël. Le château et les archives de Coppet appartiennent actuellement à M. d'Haussonville par suite de l'extinction de la descendance mâle des Staël.

Staël (baronne de). — *Du caractère de M. Necker et de sa vie privée* (en tête des *Manuscrits de M. Necker publiés par sa fille*), Genève, Paschoud, an XIII. — *Mémoires sur la vie privée de mon père*. Paris, Treuttel, 1818, in-8°.

Staël (Aug. de). — *Notice sur M. Necker par son petit-fils*. Paris, Treuttel, 1820, in-8° ; aussi en tête des *Œuvres complètes de M. Necker*.

Haussonville (O. d'). — *Le Salon de Mme Necker*, d'après des documents tirés des archives de Coppet. Paris, Calmann-Lévy, 1882, 2 vol. in-18. V. spécialement, t. I, ch. IV, V, t. II, ch. IV à VII.

A ces sources on peut joindre la *Familiengeschichte* mentionnée plus haut, et l'article d'un ami de la maison, Lally-Tollendal, dans la *Biographie générale*.

Comme sources indépendantes, il faut citer Galiffe et Hermann. On trouvera aussi de nombreux renseignements, dont quelques-uns provenant d'autres sources, dans les cent premières pages du tome I de l'ouvrage de Lady Blennerhassett, *Mme de Staël*, tr. Dietrich, Paris, Westhausser, 1890, 3 vol. in-8°.

L'histoire documentaire de Necker reste très incomplète, mais il existe de très nombreux matériaux d'archives pour la faire.

Pour un jeune homme né avec des dons naturels, c'était vraiment le moment de venir à Paris, et le Genevois n'avait qu'à écouter et à lire. « Le milieu du siècle, écrivait d'Alembert, paraît destiné à faire époque dans l'histoire de l'esprit humain par la révolution qui semble se préparer dans les idées. » Et de fait Montesquieu publiait l'*Esprit des lois* en 1748, Buffon le premier volume de son *Histoire naturelle* en 1749, Rousseau le *Discours sur les sciences et les arts* en 1750, Diderot le premier volume de l'*Encyclopédie* en 1751. *Zadig,* début philosophique de Voltaire, parut justement en 1747. En 1749, Quesnay devint le médecin particulier de Mme de Pompadour et l'influence de l'homme commença à servir celle de ses idées. Necker fut entraîné dans le mouvement.

L'économie politique allait devenir une science, mais elle n'en était pas une encore et la philosophie, la littérature étaient le délassement des esprits délicats. C'est vers les lettres que se tourna l'activité intellectuelle de Necker (1).

Il fit des vers, ce qui était après tout de son âge. Il fit des comédies, qui, dit-on, ne manquaient pas d'esprit. Il eut

---

1. D'après Staël (*Notice*, 5), à Genève, vers quinze ans, Necker montrait déjà le goût de la littérature : « sans cesse un poème, un roman, un ouvrage philosophique le détournoient de son travail ». C'est en raison de ces aptitudes qu'on l'envoya à Paris, où il montra autant de zèle pour les lettres que pour la banque. « Avant d'avoir atteint l'âge de vingt ans, il s'essayoit lui-même à composer de petites pièces de théâtre. » En 1820, A. de Staël possédait encore quelques-unes de ces comédies, « l'une entre autres annonce de la facilité pour la versification ». Ces essais littéraires, et probablement beaucoup de travaux inédits de Necker doivent être encore aujourd'hui à Coppet, chez M. d'Haussonville.

surtout celui de ne point publier les vers, de ne point faire jouer les comédies et s'en félicita plus tard : « Toute ma carrière s'en fût ressentie ; jamais la réputation d'auteur comique n'eût été compatible avec la dignité sérieuse que l'on exigeait d'un premier ministre. »

Il n'est pas bien sûr d'ailleurs que Necker eût trouvé dans les lettres la célébrité que ses aptitudes financières lui procurèrent dans la politique. Mme de Staël regarde son père comme un grand écrivain. Elle admire ses comédies, et regrette de les laisser inédites (*Manuscrits*, p. 25, note). A la fin du même volume elle publie une nouvelle : *Suite funeste d'une seule faute*, avec cette réflexion : « Moi j'ai pensé que ce serait presque laisser sa réputation incomplète que de ne pas faire connaître un ouvrage si admirable en lui-même, si extraordinaire aussi par le nom de l'auteur. » Ce jugement est peut être une preuve de piété filiale, mais sans plus, car certes la nouvelle est sans invention, ni style.

Le jugement de Voltaire sur le style de la *Législation des grains*, dans sa lettre à Morellet du 29 juillet 1775, est tout autre et d'ailleurs d'une égale énergie : « Il faut que le galimatias soit bien respectable quand il est débité par les puissants et les riches. »

Le juste jugement est peut-être celui du même Morellet très vieux, dans ses *Mémoires* publiés en 1821, mais écrits sous l'Empire : « Peut-être aussi la manière de M. Necker dans ses premiers écrits, ne devait pas être goûtée de l'écrivain de son siècle qui a mis dans la prose le plus de clarté et de simplicité, sans que la justesse des termes y nuise jamais à l'élégance. S'il eût pu voir les derniers ouvrages du même écrivain, il eût été, je crois, moins rigoureux ». *Mémoires*, tome I, p. 154.

Ce jugement sur la valeur littéraire de Necker est à peu près celui de Sainte-Beuve, qui a dépouillé les écrits de Necker et leur a consacré deux lundis (24-31 janvier 1853). Voici comment il le juge :

« Comme écrivain, il s'était beaucoup formé par l'usage et il était arrivé à se faire un style : style singulier, fin, abstrait, qui se grave peu dans la mémoire et ne se peint jamais dans l'imagination, mais qui atteint pourtant à l'expression rare de quelques hautes vérités. On y trouve des aperçus déliés en masse. Ce style de M. Necker a prévalu depuis lui dans une école politique et littéraire ; on le reconnaîtrait à l'origine des principaux écrivains doctrinaires de ce temps-ci, et jusque dans bien des parties de la langue imposante et forte de M. Royer-Collard. Que vous dirai-je ? c'est une certaine façon compliquée, un peu subtile, un peu hautaine, de prendre et de présenter les choses, qui n'est pas à l'usage des esprits ordinaires, ni même des esprits très-naturels, c'est le procédé de gens habitués à regarder intuitivement (comme ils disent quelquefois) au dedans de leur pensée plutôt qu'à mettre la tête à la fenêtre et à laisser courir leur parole au dehors » (*Causeries du lundi*, 3e édition, t. VII, p. 329).

Il suffit de lire dans leur ordre de dates les œuvres de Necker pour se rendre compte qu'il fut, en effet, un des premiers à simplifier le style déclamatoire et factice de la fin du XVIIIe siècle. Le style de l'*Éloge de Colbert* cède bientôt la place à une langue déjà plus naturelle, bien voisine de celle du commencement du XIXe siècle et appropriée à la nature des publications économiques, politiques, religieuses et morales, qui constituent la presque totalité de ses œuvres.

L'orientation des travaux de Necker vers ces sujets plus austères fut la conséquence de ses succès dans les affaires, du milieu dans lequel il fut appelé à vivre après son mariage et de l'ambition qui se développa chez lui à mesure que s'augmentaient ses moyens d'action. S'il n'avait point trouvé l'occasion de rassembler en peu d'années une fortune de six à huit millions, s'il n'avait pas, dans la pratique des grandes affaires et dans le salon de sa femme, fréquenté les personnages les plus puissants et les mieux renseignés, si ces circonstances n'avaient pas excité chez lui les ambitions les plus hardies, il est bien possible que jamais Necker n'eût cherché à devenir économiste et écrivain politique.

Pendant les quinze années qu'il passa comme employé à la banque Vernet, Necker avait montré pour les affaires des aptitudes tout à fait remarquables. A l'âge de dix-huit ans, il eut à prendre, en l'absence de son patron, des décisions d'une grande importance, et le succès de cette initiative lui assura dans la maison une situation prépondérante. Aussi, quand Vernet se retira en 1762, il laissa entre les mains de son employé une grande partie de ses capitaux. Necker, à peine âgé de trente ans, reprit avec les frères Thélusson, de Genève, la maison de la rue Michel le-Comte, et la banque Thélusson, Necker et Cie ne tarda pas à devenir une des plus importantes de Paris.

Necker ne se borna point à continuer les affaires sur le Trésor, il s'engagea dans de très grosses affaires de spéculation, où il fut habile et heureux. Il fut l'initiateur à Paris des grandes opérations de banque telles qu'on les pratique aujourd'hui. Ses relations d'affaires avec Choiseul qui avait en lui une confiance très grande, lui permirent d'être informé, avant tout autre, de la paix de 1763 avec l'Angleterre, et de réaliser des bénéfices énormes. En 1764, Choiseul rendit libre le commerce des grains, et Necker fit encore une opération des plus fructueuses en spéculant sur les grains. Cette opération explique peut-être l'attention qu'il porta toujours à la question du commerce des blés.

Cette année 1764 est l'année critique de la vie de Necker. Elle marque pour lui le commencement de la fortune, qui devait lui ouvrir l'accès du pouvoir. Elle est aussi celle de son mariage, qui mit entre ses mains un autre et très puissant levier.

Necker était fort épris d'une veuve, Mme de Vermenoux, qui ne l'appréciait point. Avec elle était venue à Paris une jeune vaudoise, Mlle Curchod, fille d'un pasteur et quelque peu institutrice, qui joignait à un physique attrayant des qualités intellectuelles plus rares et une instruction très profonde et très vaste. Suzanne Curchod était la femme qui convenait pour compléter Necker. Il sut le comprendre, et, renonçant à Mme de Vermenoux, il épousa son amie (1764).

Bien plus intelligente et surtout bien plus cultivée que son mari, Mme Necker sut aussitôt lui faire et se faire une situation très en vue. Il semble que dès les premiers temps le jeune ménage ait organisé sa vie dans le but principal de préparer à Necker l'accès des hautes situations qu'il occupa plus tard. C'est probablement à Mme Necker que revient l'initiative des longues intrigues qui portèrent son mari au pouvoir ; c'est autour d'elle, en tout cas, et dans son célèbre salon qu'elles commencèrent à se nouer (1).

Morellet nous raconte (2) comment il fut chargé de constituer une société à Mme Necker, et comment ses vendredis firent concurrence aux lundis et aux mercredis de Mme Geoffrin, aux mardis d'Helvétius, aux jeudis et aux dimanches du baron d'Holbach. Dès lors les gens d'esprit n'eurent plus que le samedi pour se reposer.

Morellet resta toujours un fidèle des vendredis, même au temps de ses polémiques avec Necker. Le livre de M. d'Haussonville nous fait assister à ces réunions auxquelles ont prit part la plupart des hommes remarquables du temps. On discutait ainsi devant Necker, qui ne parlait guère mais savait écouter. Comme il ne cherchait point à paraître plus entendu que les autres, il était loué de tous, et sa réputation s'étendait au dehors du cercle de ses relations de banquier. Comme le marque Marmontel, le neveu de Morellet, c'était là le véritable but de la société : « Nous le faire connaître, lui concilier nos esprits, faire parler de lui avec éloge dans le monde et commencer sa renommée, tel fut le principal objet de la fondation de la société littéraire (3) ».

Ce n'était point seulement de littérature que l'on causait aux vendredis. Le mouvement économique avait pris, et

1. Staël dit formellement (*Notice*, 33), que l'orientation de Necker vers la politique est due à Mme Necker. Avant le salon, il ne s'intéressait encore qu'à la littérature.

2. *Mémoires*, I, 148.

3. Marmontel, *Mémoires*, *Œuvres complètes*, t. I, p. 319.

prenait chaque jour davantage, une importance qui le disputait à celle du mouvement philosophique, et les physiocrates faisaient autant de bruit que l'*Encyclopédie*.

L'*Essai sur la nature du commerce*, de Cantillon, avait paru en 1755. Les débuts de Quesnay, articles *Fermiers* et *Grains* de l'*Encyclopédie* de Diderot et d'Alembert datent de 1756 et 1757 ; le *Tableau économique* avait été imprimé, mais non publié, en 1758. A partir de ce moment les publications économiques se succédaient avec rapidité, presque toutes portant l'empreinte de l'école physiocratique. Voici les principales dans l'ordre chronologique :

1758. — Morellet, *Avantages de la libre fabrication des toiles peintes*.

1760. — Mirabeau, *Théorie de l'impôt ; Lettres sur les corvées ; Tableau économique*.

1763. — Mirabeau, *Philosophie rurale*.

1764. — Baudeau, *Sur le commerce d'Orient et la Compagnie des Indes*. — Morellet, *Lettres* (à M. de Malesherbes) *sur la police des grains*.

1765. — Du Pont (de Nemours) commence la publication du *Journal de l'Agriculture, du Commerce et des Finances*. La même année, Baudeau et Mirabeau font paraître les *Éphémérides du Citoyen* qui passent à Du Pont de Nemours en 1768.

1766. — Turgot, *Réflexions sur la formation et la distribution des richesses* (dans *Éphémérides*).

1767. — Mercier de la Rivière, *l'Ordre naturel*. La même année, Mirabeau fonde ses dîners du mardi, rendez-vous des économistes.

1768. — Mirabeau, *Lettres sur le commerce des grains*. — Baudeau, *Lettres sur les vingtièmes*.

1769. — Mirabeau, *les Économiques*. — Morellet, *Mémoire sur la situation actuelle de la Compagnie des Indes*.

Le Mémoire de Morellet fut l'occasion des premiers débuts de Necker comme écrivain et comme économiste. Devenu par la faveur de Choiseul un des administrateurs de la Compagnie des Indes, Necker avait lu en 1764 à l'Assemblée de la Compagnie (1) un Mémoire où il préconisait un ensemble de réformes, capable d'après lui de sauver la Compagnie, dont la ruine était à peu près imminente par suite des dépenses de guerre et de la perte de l'Inde (2).

En 1765 il fut nommé syndic, mais les mesures préconisées ne purent remédier à la situation. Leur plus clair résultat fut d'attirer l'attention sur Necker.

---

1. Dans la *Correspondance littéraire* du 15 juillet 1764 (éd. Furne, 1829, p. 22), Grimm dit : « M. Necker, de Genève, chef d'une des plus fortes maisons de banque de Paris, a lu à la dernière assemblée générale de la Compagnie des Indes un Mémoire..... Ce Mémoire, qui a été imprimé, trace le nouveau plan d'administration sur lequel la Compagnie se propose de continuer son commerce... M. Necker est un homme de beaucoup d'esprit et de mérite. En crayonnant, à la fin de ce Mémoire, le tableau du véritable négociant, il a fait, sans le savoir, son propre portrait. »

Je n'ai pas pu me procurer ce Mémoire, et il n'a pas été reproduit dans les diverses éditions d'*Œuvres* de Necker. Le portrait du parfait négociant est très souvent mentionné dans des ouvrages, sur la foi desquels on serait tenté de le chercher dans le Mémoire de 1769, ou même dans l'*Éloge de Colbert*.

Sur les efforts ultérieurs de Necker pour relever la Compagnie, jusqu'à son Mémoire de 1769, voyez la même *Correspondance*, 15 avril 1769 (éd. Furne, t. VI, p. 237).

2. Traité de Paris, 1763.

Les mauvaises dispositions de l'opinion, la mauvaise volonté du pouvoir étaient le plus grand obstacle au relèvement de la Compagnie, et ceux qui avaient abandonné les conquérants de l'Inde, fait rappeler Dupleix et tomber la tête de Lally-Tollendal, ne désarmaient point. Le contrôleur général Maynon d'Invau communiqua à Morellet les rapports secrets des députés de la Compagnie, et l'engagea à attaquer vigoureusement le privilège.

Le mémoire de Morellet fut imprimé, communiqué aux Ministres, mais publié seulement la veille du jour où le maintien du privilège devait être discuté au Conseil. La Compagnie fut ainsi informée trop tard pour pouvoir parer le coup d'une façon complète, et n'eut que la ressource d'en appeler à l'opinion. Necker fut chargé d'écrire un mémoire en réponse à celui de Morellet. La *Réponse au Mémoire de M. l'abbé M... sur la Compagnie des Indes, imprimée en exécution de la délibération de MM. les actionnaires, prise dans l'assemblée générale du 8 août 1769*, parut en brochure de format in-quarto, et fut très largement répandue. Cette édition est devenue rapidement très rare et je n'ai pu me la procurer. L'éditeur des *Œuvres de M. Necker* parues à Lausanne, chez P.-P. Heubach, 1786, en 4 volumes in-quarto, dit en note :

« Le Mémoire suivant, par forme de lettre, fut imprimé en 1769, à la demande des actionnaires de la Compagnie des Indes, dont M. Necker avait défendu les droits ; ce Mémoire, qui eut beaucoup de succès dans le tems, est devenu fort rare ; et comme il est relatif à la première affaire publique où Necker se fit remarquer, on a cru faire plaisir en le réunissant à la collection des ouvrages. »

Le Mémoire, qui comprend les pages 295 à 360 du quatrième volume dans l'édition de Lausanne, et les pages 127 à 202 du quinzième volume de l'édition Staël, est ainsi divisé :

Sur les droits des actionnaires ;

Sur l'évaluation du bien des actionnaires ;

Profit du commerce ;

Sur la possibilité d'emprunter ;

Sur la liberté du commerce.

Comme il est facile de le supposer d'après cette table, le Mémoire de Necker ne présente pour les économistes qu'un intérêt assez limité. C'est une plaidoirie, sous la forme de lettre adressée à M. l'abbé M... et tendant à détruire, dans l'opinion du public, mais surtout dans celle des personnages au pouvoir, l'impression causée par le mémoire de Morellet. Les faits de la cause y tiennent donc une place prépondérante, pour ne pas dire presque exclusive. Les considérations économiques qui surviennent à propos de circonstances de l'affaire ne touchent que des points particuliers. L'auteur écrit en banquier, en négociant, en représentant de la Compagnie menacée et non en théoricien ; il n'a d'autre but que la sauvegarde des intérêts dont il est, par ses fonctions dans la Compagnie, le représentant qualifié.

Il n'est pas inutile cependant d'analyser avec soin ce Mémoire peu accessible, et de reproduire les passages qui méritent d'être retenus.

Necker commence par s'étonner du procédé de Morellet :

« Des députés nommés par les actionnaires font pendant plusieurs mois des recherches pénibles pour connaître la fortune de la Compagnie ; vous vous procurez, sans leur consentement, les états qu'ils ont formés ; vous devancez le compte qu'ils doivent en rendre à leurs coassociés ; vous faites imprimer ces états, vous y joignez des notes critiques que vous n'avez point soumises au jugement des personnes qui pouvaient les discuter. Cependant le droit de communiquer un travail n'appartient-il pas à celui qui l'a fait ? et les propriétaires ne doivent-ils pas entendre les premiers ce qui intéresse leur propriété ?Avaient-ils remis leur cause entre vos mains (1) ? »

Necker ignorait moins que personne le rôle véritable de Morellet dans cette affaire, mais il y a des cas où l'on peut feindre d'ignorer ce que l'on sait. Le véritable auteur de la divulgation des documents était très haut placé, et du moment qu'il avait employé un tiers sans se découvrir lui-même, il était de bonne guerre de s'en prendre à ce tiers, avec la certitude que le public et les intéressés sauraient qui était visé par la riposte.

La thèse de Necker est que les intérêts de la Compagnie et des actionnaires ont toujours été subordonnés à ceux de l'État. « La Compagnie des Indes, dit-il, a rendu les plus grands services à l'État, bien loin de lui avoir été à charge. Les actionnaires ont fait des sacrifices immenses pour lui, bien loin d'avoir augmenté à ses dépens leur fortune particulière. Voilà les deux propositions dont j'espère démontrer l'incontestable vérité (2). »

La démonstration débute (3) par des observations sur

1. Ed. de Lausanne, p. 296 ; Staël, p. 128.
2. Lausanne, p. 298 ; Staël, p. 131.
3. Lausanne, p. 299 ; Staël, p. 132.

les privilèges, et en particulier sur ceux des compagnies à charte. A cette occasion, l'auteur s'élève au-dessus de l'espèce en cause et aborde le terrain des principes :

« On commence par tâcher de rendre odieux le privilège de la Compagnie des Indes, et on l'attaque, comme il n'est que trop ordinaire, par des généralités. Les privilèges exclusifs, dites-vous, sont toujours à la piste de l'industrie ; ils l'arrêtent, ils la contraignent, ils sont une violation des droits de la société.

» Ces principes, justes et vrais en général, sont néanmoins susceptibles de quelque exception.

» Un gouvernement juge qu'un établissement sera utile à l'État, il apperçoit en même tems que les commencemens de cette entreprise seront coûteux, et que le succès ne paroîtra pas assez prochain pour qu'on veuille la tenter.

» Le gouvernement est alors invité par sa sagesse à y concourir ; et si son trésor ne lui permet pas de fournir un secours d'argent, il y supplée quelquefois par un privilège, mais s'il en fixe la durée en raison de l'encouragement qui suffit à l'entreprise, sans nulle considération particulière pour l'entrepreneur, un tel privilège, loin de nuire à l'industrie, la provoque, puisqu'il excite un établissement qui n'auroit point eu lieu sans cela.

» Si un privilège exclusif étoit, sans exception, une violation des droits de la société, comment toutes les nations de l'Europe les plus attachées à la liberté, auroient-elles confié l'exercice du commerce des Indes, à une Compagnie privilégiée ? Étoit-il un moyen plus certain d'intéresser à ce commerce le plus grand nombre possible de citoyens, que de subdiviser en trente ou quarante mille parts tous les fonds qu'on pouvait y employer ? »

Ces observations sont fort habiles : il est évident que le sens du mot privilège se trouve changé et moins restrictif, quand il s'agit d'une Compagnie si importante que les parts, très nombreuses et d'un prix accessible, permettent, en fait, à tous ceux qui disposent de capitaux, de participer aux bénéfices, s'il y en a. Il est évident aussi, qu'au moment où fut constituée la Compagnie, l'affaire était tellement grosse par les capitaux à engager, tellement aléatoire quant au résultat, que la suppression de toute concurrence, de toute entreprise parallèle, était à peu près le seul moyen d'assurer, en cas de succès, la rémunération des capitaux engagés. La concurrence était de nature à rendre probable la ruine de tous les concurrents, et par suite l'échec d'une entreprise utile à l'État. De telles considérations ont toujours dicté, jusqu'à nos jours, la concession des Compagnies à charte, et l'expérience montre que la précaution n'a pas suffi à les empêcher de se ruiner presque toutes, tant lourdes sont les charges qui leur incombent par l'effet de leur nature même.

Necker insiste ensuite, et cela présente plus d'intérêt au point de vue de l'histoire coloniale qu'à celui de l'économie politique, sur le caractère patriotique autant que financier de l'organisation première de la Compagnie :

« La formation de cette Compagnie ne fut point l'ouvrage de la cupidité ; il fallut échauffer les esprits par le patriotisme, et les aiguillonner par la vanité. Louis XIV écrivit cent dix-neuf lettres aux maires et échevins des principales villes du royaume ; il tint dans son palais la première assemblée des principaux intéressés de la Compagnie et il ne dédaigna point d'y paraître ; il engagea les grands de sa Cour à seconder ses desseins, et l'on trouve dans ce tems-là, comme aujourd'hui, les noms des plus illustres maisons de France au nombre des actionnaires de la Compagnie des Indes.

» L'on voit donc manifestement que ce fut pour l'avantage de l'État qu'elle fut établie, et non pour satisfaire les sollicitations intéressées de quelques particuliers : « les » édits ne dirent point, voulant favoriser tels et tels » mais, sur ce qui nous a été représenté qu'il étoit du bien de notre royaume, etc. »

L'auteur s'efforce ensuite de montrer que les affaires commerciales de la Compagnie étaient très bonnes. Les dépenses qui l'ont écrasée étaient des dépenses de colonisation, d'administration et de guerre, dont la charge aurait incombé à l'État sous le régime de la concurrence commerciale et du gouvernement direct des colonies.

« J'établis d'abord deux faits ; l'un, que les actionnaires ont versé, dans la Compagnie des Indes, des sommes considérables au delà du bien qui leur reste ; je le prouverai en discutant les droits des actionnaires. L'autre, que la Compagnie des Indes a toujours gagné par les opérations de son commerce : en effet, depuis 1725 jusqu'à la dernière paix, le bénéfice sur les marchandises d'exportation a roulé de trente-cinq à quarante-cinq pour cent ; celui sur les marchandises d'importation de quatre-vingt-dix à cent quarante pour cent, et ses pertes maritimes ne sont pas montées à trois pour cent.

» Ces deux faits établis, on demande : tous ces fonds et ces profits qui excèdent infiniment les dividendes reçus par les actionnaires, que sont-ils devenus ? à quoi ont-ils été destinés ? le voici.

» A franchir les obstacles dans cette multitude de commerces dont la Compagnie a ouvert les voies, à former les premiers établissements au Canada, à la Louisiane, à la Chine, à Suratte, à Mahé, au Bengale, à Moka, sur les côtes de Coromandel et de Malabar, sur celles du Sénégal et de Guinée, aux îles de France et de Bourbon, à encourager la culture de ces deux dernières, à construire des ports, à les entretenir, à élever des fortifications, à faire des chemins, à bâtir des arsenaux, des églises, des hôpitaux et plusieurs autres édifices publics, à payer les juges civils, à soudoyer les troupes, et à faire en un mot toutes les dépenses de la souveraineté.

» Si donc le même commerce que la Compagnie a exercé exclusivement avoit été abandonné aux particuliers, il est évident que toutes les dépenses, qu'on vient de citer, auroient été à la charge du gouvernement, et puisqu'une partie de ces dépenses a été payée par les profits du commerce, et par les fonds des actionnaires, il est clair que la Compagnie a soulagé le Trésor royal d'une somme égale à ces deux objets : on ne se hasarde point à la fixer ; mais on verra facilement qu'elle est très forte, et l'on pourroit observer encore que ces mêmes dépenses de souveraineté, séparées de l'économie marchande, auroient peut-être été beaucoup plus considérables (1). »

---

1. Ed. de Lausanne, p. 307 ; Staël, p. 141.

» C'est cette Compagnie qui a formé tous les établissements de l'Inde, c'est elle qui a changé deux isles incultes et désertes dans deux isles commerçantes et cultivées, c'est elle qui avoit élevé la ville de Pondichéry et tous ces établissements florissants qui excitoient l'envie des autres nations avant la dernière guerre : c'est cette Compagnie qui a, pour ainsi dire, créé la ville de l'Orient, c'est elle qui entend encore aujourd'hui les cris de ses citoyens qui s'intéressent à son sort, et les vœux consolans de toute une province, c'est cette même Compagnie qui, depuis la paix, a franchi de nouveau tous les obstacles, qui a relevé les établissements de la nation détruits par la guerre, qui a déjà changé des monceaux de ruines en une ville peuplée qui commence à retracer l'image de l'ancienne Pondichéry, et qui, dans peu, sans doute, auroit fait oublier tous ses malheurs ; c'est cette Compagnie qui, depuis 1764, a liquidé soixante millions de dettes contractées par Sa Majesté dans les Indes ; qui vient d'apporter dans le royaume toutes les marchandises des Indes et de la Chine, dont l'écoulement paroît possible en France ; c'est cette même Compagnie qui nourrit aujourd'hui quatre mille matelots, qui emploie un nombre infini de commis et de serviteurs, tant en Europe qu'aux Indes, qui occupe des manufactures de toute espèce, qui entretient un corps respectable d'officiers de marine, dignes d'être employés et dans la paix et dans la guerre (1). »

Entraîné par l'ardeur de la discussion, Morellet, parlant des dépenses de la guerre de l'Inde, s'était laissé aller à dire : « Toujours pour le soutien du privilège exclusif ».

1. Lausanne, p. 309 ; Staël, p. 143.

Cette phrase malheureuse lui attire une réponse foudroyante de Necker :

« Quoi, Monsieur, c'est pour soutenir le privilège, que Sa Majesté a porté la guerre dans l'Inde ? ce n'est pas pour défendre ses colonies? ce n'est pas pour protéger le commerce et les établissemens de la nation ? ce n'est pas pour attaquer les ennemis de l'État, dans toutes leurs possessions ? Le privilège n'est autre chose que le moyen qui a été jugé le meilleur pour exercer le commerce et diriger les colonies de l'Inde, mais c'est uniquement ce commerce et ces colonies qui attirent la défense du Souverain, cela est évident (1). »

La réponse de Necker est un hommage, d'autant plus précieux, aux efforts magnifiques de La Bourdonnais et de Dupleix pour créer un empire français dans l'Inde (1745-1756), que l'opinion de Morellet était en somme celle de la Cour aveuglée et de la grande majorité des Français du temps. Il a fallu presque cent ans pour que le développement de l'empire britannique de l'Inde fît comprendre quelle conquête grandiose nous avait échappé et quelle intarissable source de richesses. Les contemporains de Necker n'attachaient guère d'importance à la colonisation, et surtout aux comptoirs de l'Inde, et la citation ci-dessus est à retenir comme indiquant, chez Necker, un sentiment de la réalité acquis sans doute par la pratique des affaires de la Compagnie, mais qui lui fait une place à part parmi les écrivains et les hommes d'État de son temps.

Necker aborde, ensuite, l'étude des vicissitudes financières de la Compagnie depuis son origine.

---

1. Ed. de Lausanne, p. 317 ; Staël, 152.

Ces vicissitudes, au sujet desquelles on n'apporte que des précisions numériques rares et très sommaires, ont surtout de l'intérêt au point de vue de l'histoire du commerce en général et de celui de la Compagnie en particulier. Il convient, cependant, de retenir quelques-uns de ces chiffres. Les suivants montrent quel développement avaient pris les affaires il y a déjà deux siècles, et quels énormes capitaux servaient d'aliment à la spéculation.

« Depuis 1664 jusqu'en 1717 et 1719, les diverses Compagnies de la Chine, des Indes et d'Occident, avaient fourni des fonds considérables pour ces tems-là ; ces diverses sociétés de commerce se réunirent en 1717 et 1719 ; et de cette réunion naquit la Compagnie qui subsiste aujourd'hui.

» Pour former son capital, on créa deux cent mille actions à cinq cents livres, faisant cent millions ; et le paiement en fut fait au Trésor royal, qui fournit un contrat de pareille somme, à quatre pour cent.

» En 1719, on fit une nouvelle création de cinquante mille actions à cinq cent cinquante livres, faisant vingt-sept millions cinq cent mille livres.

» En octobre de la même année, on en créa encore cinquante mille de mille livres, faisant cinquante millions.

» Au mois de février 1720, la Banque Royale fut réunie à la Compagnie des Indes, et l'on fit au mois de mars de la même année, une nouvelle création de trois cent mille actions de cinq mille livres, faisant quinze cent millions.

» Il y avait donc en tout, à cette époque, six cents mille actions, montant à un milliard six cent soixante-dix-sep mille livres de capital primitif.

» L'empressement du public pour ces actions fut très considérable ; et si l'on considère les prix auxquels elles furent portées, on verra que cette masse d'actions a représenté jusqu'à six milliards dans l'opinion (1). »

A propos du règlement des comptes entre la Compagnie et l'État, Morellet soutenant les droits de l'État, s'était avancé jusqu'à dire qu'il n'est point de prescription qu'on puisse opposer à l'utilité publique. Un arrêt du Conseil de 1719 avait réduit à trois pour cent l'intérêt de l'ancien contrat de cent millions ; et en conséquence Morellet voulait que tout ce que la Compagnie des Indes avait reçu au delà de trois millions par année depuis quarante quatre ans fût une faveur du Souverain contre laquelle il pouvait revenir. Necker après avoir discuté, et, semble-t-il, réfuté le fait, aborde ainsi la question de principe :

« Je crois devoir m'arrêter un moment devant le principe que vous avez établi pour soutenir la légitimité de semblables recherches. Vous prétendez qu'il n'est point de prescription qu'on puisse opposer à l'utilité publique ; ce principe est juste à l'égard des lois d'administration : comme leur stabilité n'intéresse qu'en raison de leur utilité, elles doivent suivre dans leur durée les révolutions de l'opinion ; mais il n'en est pas de même des lois qui règlent les propriétés ; l'utilité publique à l'égard de ces dernières repose principalement sur la persuasion où l'on est de leur permanence ; s'il n'y avait aucune fin au droit d'examiner les titres des propriétés, cette idée répandrait une inquiétude continuelle chez tous les citoyens ; elle empoisonne-

1. Ed. de Lausanne, p. 319 ; Staël, p. 154.

rait un des plus grands biens de la vie, la conscience de ce qu'on possède et la certitude d'en jouir.

» La maxime qu'il n'est point de prescriptions qu'on puisse opposer à l'utilité publique, dans l'application que vous en faites, devient un principe terrible ; car cette utilité publique à laquelle vous voulez attribuer tant de puissance n'aura pour interprètes que des hommes ; et comme si le district de leur ignorance et de leurs passions n'était pas assez étendu, vous voulez encore leur soumettre à l'infini les lois de la propriété ; vous voulez qu'à cinquante et cent ans de distance des circonstances qui ont déterminé ces lois, on puisse encore les abroger, et qu'ainsi de degré en degré la plus parfaite ignorance soit le juge en dernier ressort. »

Ces paroles sensées de Necker ne sont pas écrites pour la circonstance, et les idées qui les ont inspirées se retrouvent dans ses autres écrits et aussi dans les actes de sa gestion. Morellet, dont le sens économique était très supérieur à celui de Necker, ne savait pas se dégager autant que lui des idées qui dominaient alors sur la puissance infinie de l'État.

Dans les paragraphes suivants, Necker s'efforce de démontrer que les opérations commerciales de la Compagnie étaient bonnes, et que la paix étant rétablie, elle pouvait faire de grands bénéfices en continuant le commerce avec ce que les Anglais nous avaient laissé de ses établissements dans l'Océan Indien. Il cherche à établir que l'on peut trouver encore les capitaux nécessaires pour reprendre les affaires, et que la Compagnie n'est pas à bout de crédit. C'était le point difficile de la plaidoirie, et Necker est bien obligé d'arriver à discuter la grande objection faite au maintien du privilège de la Compagnie.

Convenait-il de continuer les errements du passé? Ne valait-il pas mieux laisser à l'État le soin d'administrer, d'entretenir et de défendre les colonies, et s'en remettre à l'initiative des particuliers pour continuer avec elles un commerce dont les voies étaient désormais tracées? Il ne s'agissait plus en effet de gouverner et d'exploiter, ou mieux de conquérir d'immenses empires comme on avait cherché à le faire à Madagascar et dans l'Inde. Il ne s'agissait plus que de trafiquer avec quelques comptoirs.

Cette dernière partie, *Sur la liberté du commerce*, est celle qui, par son titre, promet le plus au point de vue économique, mais elle ne répond pas à ses promesses. Le Mémoire de Morellet se plaçait au point de vue de la liberté commerciale pour attaquer dans son principe même le privilège de la Compagnie. Sa doctrine est, à quelques détails près, celle des économistes de notre temps. L'avocat du monopole ne s'élève guère dans sa discussion au-dessus des faits, et quand il se hasarde dans des questions de doctrine les arguments qu'il emploie sont ceux d'un mercantiliste. Certaines de ses formules le montrent.

« Il ne suffisait pas de prouver que le commerce de la Compagnie des Indes pourra être exercé par des particuliers, il faut encore démontrer qu'ils le feront d'une manière plus utile à l'État ; et c'est sur ce point que je trouve qu'il y a un vice continuel dans vos raisonnements : je vais examiner les principaux.

» Quand on vous oppose les obstacles que le commerce particulier peut essuyer, quand on vous parle de la hausse aux prix d'achat que la concurrence doit produire, vous répondez que les particuliers qui seront affranchis des dépenses de souveraineté, pourront gagner trente à quarante pour cent de moins que la Compagnie, et se tirer d'affaire ; qu'ils emploieront ces trente à quarante pour cent, à surmonter les obstacles, et à payer, s'il le faut, plus chèrement les marchandises de l'Inde.

» Cette réponse, à laquelle vous revenez sans cesse, résoudroit en effet la plupart des objections qu'on fait contre le commerce particulier, si elle n'avait pas un vice radical qu'il est nécessaire de développer.

» Les particuliers pourront sacrifier, dans les Indes, trente à quarante pour cent de plus que la Compagnie, et faire également le commerce, cela est possible ; mais les inductions qu'on peut tirer de ce principe, loin d'être favorables au commerce particulier, sont un argument contre lui.

» Est-ce la somme des achats dans l'Inde qui suffit à l'État ? N'est-ce pas leur utilité qui l'intéresse ?

» La décharge des dépenses de souveraineté et l'augmentation d'économie, suite naturelle d'un esprit de propriété plus vigilant, permettront sans doute aux particuliers de gagner encore en achetant plus cher dans les Indes ; mais n'est-il pas clair que l'État perdra tout ce qu'ils payeront aux Indiens au delà des prix établis jusqu'à présent ?

» La Compagnie qui a senti de tous tems la nécessité de chercher, dans les bénéfices du commerce, un dédommagement des dépenses ordinaires de souveraineté, s'est appliquée constamment à fixer les prix d'achat des manufactures de l'Inde au plus bas prix possible, c'est-à-dire, au point précisément qui pouvoit suffire pour procurer au fabriquant le nécessaire le plus étroit ; et ce nécessaire se réduit à très peu de chose dans un pays où le peuple ne vit que de riz, et où la chaleur du climat ne permet de faire aucune dépense en vêtement, en sorte que les ouvriers de l'Inde, employés par la Compagnie, ne gagnent par jour qu'environ trois sols de France.

» La Compagnie, en fixant de cette manière les prix d'achat dans l'Inde, a rempli l'objet le plus intéressant pour l'État, puisque, acheter à bon marché les marchandises des étrangers, et leur vendre chèrement les nôtres, voilà le profit national. Que les bénéfices de la Compagnie aient ensuite diminuē par des dépenses de souveraineté et par des défauts d'économie, ce n'est pas à l'État à lui en faire des reproches : les dépenses de souveraineté qu'elle a supportées, prouveront qu'elle a soulagé le trésor du prince ; et ses défauts d'économie indiqueront que le cultivateur, le manufacturier et le négociant, ont été les véritables associés à ses profits, et non ses actionnaires (1). »

Il faut retenir encore le passage suivant :

« La valeur vénale, dites-vous, dérive essentiellement du rapport entre les quantités à vendre et les quantités à acheter ; ainsi la différence entre le nombre des acheteurs et celui des vendeurs, a très peu d'influence sur cet objet.

» Ce principe est vrai dans un sens, mais il est absolu-

1. Lausanne, p. 351 ; Staël, p. 191.

ment faux dans l'application que vous lui donnez ; dix acheteurs luttant contre cinq vendeurs, ou dix vendeurs disputant contre cinq acheteurs, le prix du marché ne différera guère si la somme de leurs besoins respectifs est toujours la même, parce qu'il y aura une discordance dans les opérations des acheteurs comme dans celle des vendeurs, qui les rapprochera mutuellement d'un point central entre leur cupidité réciproque. Mais le cas est absolument différent, quand un seul achcteur ou un seul vendeur lutte contre beaucoup d'autres ; celui qui achète seul de plusieurs, est sûr que la rivalité qui s'établit entre les vendeurs, lui annoncera nécessairement le terme du profit dont ils peuvent se contenter ; et seul confident de ses desseins, seul guide de ses opérations, il lui devient facile d'en profiter, et il établit sur eux une loi impérieuse à laquelle il leur est impossible de se soustraire ; le désavantage des acheteurs en concurrence, comparé à l'acheteur unique, est encore plus sensible, lorsqu'il y a une diversité dans les sortes et les qualités des marchandises que l'on doit acheter, parce que la masse entière des acheteurs se portant vers la partie de marchandises qui donne le plus de profit, il s'établit alors une inégalité constante entre la somme à vendre et la somme des besoins, en sorte qu'il peut y avoir fréquemment cent demandes de mille, contre mille à vendre, quoique la masse totale des marchandises demandées soit égale à la masse totale des marchandises à vendre. L'avantage universellement reconnu de la Compagnie des Indes, dans ses achats et dans ses ventes, en raison de l'unité de ses opérations, aurait pu suffire sans doute pour détruire votre proposition ; mais vous ne vous rendriez pas à des exemples (1) ».

La discussion se termine par quelques remarques ironiques sur l'incompétence commerciale de l'économiste, son adversaire. « J'ai le plus grand respect pour les spéculations de l'esprit humain, ... mais le coup d'œil le plus pénétrant seroit peut être celui qui engageroit à dédaigner moins promptement les idées établies dans le commerce : elles ont l'apparence d'une routine et d'un espèce d'instinct... il n'en est pas moins vrai que cet espèce d'instinct, chez les négocians, doit sa naissance à une multitude de perceptions et de combinaisons fines que l'œil actif et pénétrant de l'intérêt a saisies, et que les spéculations tranquilles de la théorie n'ont peut-être pas encore apperçues. »

Il en fournit quelques exemples tirés des raisonnements de son adversaire et termine sur ce sage conseil : « Jusqu'à ce qu'on nous prouve le contraire, croyez les hommes tels qu'ils doivent être, francs et honnêtes, mais capables de se tromper. »

Le Mémoire de Necker produisit une très grande impression. On le trouvait jusque sur la table de toilette des dames, et Mme Necker écrivait : « L'auteur modeste osoit à peine passer dans les rues ; il est impossible d'imaginer rien de plus flatteur (2). »

Ce succès contribua beaucoup à faire connaître davantage le mérite de Necker, mais ne changea rien aux destinées de la Compagnie. La polémique continua quelque temps, il

1. Lausanne, p. 355 ; Staël, p. 196.
2. Golowkin, *Lettres recueillies en Suisse*, p. 361.

y eut un autre Mémoire de Morellet en réponse à celui de Necker. Du Pont de Nemours en publia un à son tour. Le privilège de la Compagnie fut suspendu, par un arrêt du Conseil du 13 août 1769, et la situation était vraiment si mauvaise que la Compagnie n'essaya même pas de lutter contre le commerce libre. Elle fit cession de biens entre les mains du Roi, qui se chargea de satisfaire les créanciers et de servir la rente des actions à 5 0/0. La Révolution eut à terminer la liquidation.

Le commerce libre ne bénéficia pas beaucoup de la suppression du privilège. Très entravé par la guerre contre les Anglais qui reprit bientôt, à l'occasion de l'insurrection américaine, puis pendant à peu près toute la durée de la Révolution et de l'Empire, il ne put se développer que sous la Restauration.

Encore était-il limité aux comptoirs que nous avaient laissés les Anglais. La Compagnie anglaise des Indes gagna tout ce que la nôtre avait perdu et fit de l'Inde la plus magnifique des possessions britanniques. Quant à Madagascar, il fallut attendre jusqu'à la fin du XIXe siècle pour voir reprendre la tentative de la Compagnie.

Les rapports de Necker et de Morellet ne furent point modifiés par leur polémique; l'abbé continua de venir s'asseoir, chaque vendredi, à la table du financier, comme si aucun nuage ne s'était élevé entre eux. On s'est demandé si les deux personnages n'étaient point d'accord, si la polémique était bien sincère, si la publication provoquée par Maynon d'Invau n'avait pas été favorablement agréée par Necker ou par sa femme.

Le plus clair résultat fut, en tout cas, de permettre à Necker de se mettre en évidence. Les contemporains s'étonnèrent un peu, mais plutôt aux dépens de Morellet : « Et étaient les bonnes âmes singulièrement édifiées, dit Grimm dans sa *Correspondance*, de l'âme sans fiel de ce digne ecclésiastique, lequel s'asseyait une fois par semaine à la table de M. Necker, comme si rien n'était, après en avoir reçu cinquante coups d'étrivières, bien appliqués, au milieu des acclamations du public (1) ».

La situation de Necker dans le monde allait en s'élevant sans cesse et très vite. Les appartements de la rue Michel-le-Comte, qui tenaient au bureau de la maison de banque, étaient devenus trop étroits pour les relations nombreuses de Mme Necker, et le ménage avait abandonné les régions lointaines et laborieuses du Marais, pour s'établir rue de Cléry, dans l'hôtel superbe construit sous Louis XIV par Claude Leblanc, secrétaire d'État au département de la guerre.

L'hôtel Leblanc, qui occupait le no 27 de la rue de Cléry et le coin de la rue du Petit-Carreau, a été démoli en 1842 pour faire place à la rue de Mulhouse (2). Comme maison d'été, Necker loua d'abord le château de Madrid, au bois de Boulogne, construit par François Ier, puis il acheta le beau château de Saint-Ouen, sur le bord de la Seine (3).

Necker, comme nous le savons, était très en faveur près de Choiseul, qui fut au pouvoir de 1758 à 1770 ; cette circonstance, et d'autres parmi lesquelles sa situation de for-

1. T. I, p. 118. Voyez, à la suite du t. I des *Mémoires* de Morellet, p. 365, la réponse de celui-ci.
2. Haussonville, I, p. 120.
3. Blennerhasset, II, p. 82.

tune ne fut pas la moins décisive, décidèrent le « Magnifique Petit Conseil » à le choisir pour ministre de la République de Genève à Paris, quand le poste devint vacant par la mort de Crommelin, en 1768. Necker répondit en témoignant aux « Magnifiques et très honorés seigneurs, membres du Petit Conseil, sa sensibilité pour l'honneur qui lui était fait ». Quelques jours après, il était présenté au Roi et recevait ses entrées à Versailles. Le premier pas dans la voie des honneurs était fait, et il ne faut pas croire que cette dignité de représentant d'une république célèbre, mais minuscule, ait été une chose de peu de poids dans les destinées du financier. C'est cette qualité de ministre de la République de Genève qui lui a donné une existence officielle, sans laquelle il n'aurait peut-être jamais été appelé à la Cour.

Necker continuait d'ailleurs à diriger sa banque, et à mesure que le Trésor devenait plus obéré, à fournir à l'État des sommes de plus en plus fortes, contre des valeurs dont la plus-value lui assurait d'énormes bénéfices. Il n'était pas banquier de la Cour, mais quand les banquiers du Roi n'avaient plus d'argent, c'est la banque Necker qui leur fournissait les fonds nécessaires. « La Borde et La Balue (les banquiers du roi) sont enchantés de vous, lui écrivait Choiseul. Que de remerciements ne vous dois-je point ». Il venait alors d'avancer un million trois cent mille livres au banquier de la Cour (1).

Sous le ministère besoigneux de Terray, ces opérations

1. Haussonville, II, p. 92.

deviennent d'autant plus considérables. Le banquier de la Cour, Boullongne, n'ayant plus d'argent, d'un seul coup Necker avance deux millions. La somme était considérable dans un temps où l'on ne puisait pas indéfiniment, comme aujourd'hui, dans l'épargne privée. Plusieurs passages de lettres, écrites à Necker par les bureaux du contrôleur général Terray, révèlent non seulement la détresse de l'administration, mais le degré de turpitude où elle était tombée : « Nous vous supplions de nous secourir dans la journée, daignez venir à notre aide, nous avons recours à votre amour pour la réputation du Trésor royal (1). »

Au commencement de 1772, Necker se retira avec une fortune de sept à huit millions de livres, qui feraient une vingtaine de millions de nos jours. Pour le temps, c'était une très grosse fortune et si Necker avait eu goût à la continuer, il aurait pu aisément l'accroître. Il céda la banque à son frère aîné, Louis Necker, qui avait abandonné sa chaire, et à Girardot. Louis Necker est aussi connu sous le nom d'une propriété, Germany près de Genève, qu'il avait héritée de son père, d'où il est résulté que dans beaucoup d'ouvrages, on parle de Louis Necker et de M. de Germany, ou de Germanie, comme de deux personnages différents. Il se retira à son tour, au bout de quelques années, avec une fortune de deux millions. La banque dura sous le nom de Girardot et Haller fils, jusqu'au temps de Napoléon.

Necker ne conserva aucun intérêt dans la maison ; il

1. Staël, *Notice sur M. Necker*, p. 21.

semble d'ailleurs que ce grand faiseur d'argent ne l'ait jamais aimé. A partir de 1772, le banquier disparaît, il ne reste plus que le financier expérimenté, l'écrivain économiste, le personnage politique en marche vers le pouvoir, et comme on dirait en Angleterre, *a coming man.*

CHAPITRE II

Éloge de Colbert

Analyse de l'*Éloge de Colbert*. — Analyse des notes. — Rapports des notes avec l'*Éloge*

L'Académie française avait proposé l'éloge de Colbert pour sujet du prix d'éloquence, au concours de 1773. Le prix fut décerné à un travail qui portait pour devise :

Est modus in rebus; sunt certi denique fines,
Quos ultra citra que nequit consistere rectum.

Le discours fut édité à Paris chez Brunet, cessionnaire du privilège de l'Académie, avec l'approbation des censeurs en date du 28 juin 1773. Cette édition officielle fut plusieurs fois réimprimée, notamment chez Demonville, associé et successeur de Brunet, en 1781. Ces deux éditions portent la mention : « l'auteur du discours qui a remporté le prix ne s'est point encore fait connaître ».

Premier fruit des loisirs de Necker, ce Mémoire, qui dans l'édition originale comprend 135 pages, présente en résumé toutes les idées économiques de l'auteur ; écrit avec une emphase qui est parfois bien près du comique, il condense la substance du gros volume sur le commerce des grains et se comprend avec facilité. Cet *Éloge*, qui n'est pas introuvable, même en édition originale, et qui a été reproduit dans le recueil de Lausanne, t. III, p. 175-324, et dans celui de Staël, t. XV, p. 2-126, n'a pas été suffisamment utilisé par ceux qui ont étudié les idées économiques de l'auteur. Sivers regrette de n'avoir pas pu se procurer cet ouvrage, pas plus d'ailleurs que la réponse au Mémoire de Morellet ; Antonio Carré en parle à peine.

Le discours est ainsi tabulé par l'auteur :

Dans la première partie :

On trace l'arrivée de Colbert au ministère des Finances, et l'on fixe l'attention sur l'importance de cette place, et sur les hautes qualités qu'elle exige, comme un premier moyen de rendre hommage à celui qui l'a si bien remplie.

Dans la seconde :

On montre l'état des affaires à l'entrée de Colbert dans le ministère, et les succès de ses premiers travaux.

Dans la troisième :

On cherche les principes de Colbert sur l'économie politique, et on les compare à sa conduite.

Dans la quatrième :

On parle de ses soins pour la Marine, les Arts, les Sciences et les Lettres, de sa mort et de l'injustice de ses contemporains.

Il n'y a rien qui intéresse l'économie politique dans les deux premières parties ; la troisième, au contraire, est à retenir presque tout entière. Sous prétexte d'exposer les réformes de Colbert, l'auteur résume en moins de vingt-cinq pages ses propres vues économiques, qui sont en accord parfait avec celles de son personnage, soit qu'il les lui prête, soit qu'il les lui ait empruntées, et tout ce qu'il a écrit depuis sur ces matières n'est que le développement de ces pages.

Les premières pages de cette partie contiennent un exposé général des rapports de l'administration avec l'agriculture, le commerce et l'industrie :

« Augmenter la force publique sans nuire au bonheur des particuliers, voilà peut-être le but de l'administration des finances.

» Ce but est grand, sans doute, mais il est difficile à remplir, car les moyens qui constituent la puissance de la société contrarient souvent le bonheur de ses membres : l'une demande des sacrifices, l'autre ne veut que des jouissances.

» L'administrateur tempère ces oppositions, sans pouvoir les détruire ; et ses succès sont annoncés par l'accroissement de la population, car elle naît du bonheur, et c'est elle qui produit la force.

» C'est à la faveur d'une aisance générale que les hommes se multiplient, et c'est par le respect du Souverain pour leurs libertés et leurs propriétés qu'ils s'attachent à la société qui les a vu naître, qu'ils la servent, qu'ils la défendent, et qu'ils lui rendent, dans leur force, ce qu'ils ont reçu d'elle dans leur faiblesse.

» Les besoins continuels de l'homme, qui ne peuvent être satisfaits que par la fécondité renaissante de la terre, nous ont appris de bonne heure que la base essentielle de la population était l'agriculture ; elle en serait même l'unique source dans une société où les biens de la terre seraient recueillis en commun, et partagés également. Mais par l'effet des lois de la propriété, il est encore d'autres circonstances qui concourent à l'accroissement de la population d'un État ; car un propriétaire, après avoir nourri ceux qui ont cultivé sa terre, et après avoir payé les impôts à la société, demeure possesseur d'une somme considérable de subsistances ; et l'homme ne donnant rien pour rien, cet amas de fruits, en ses mains, ne deviendra la nourriture de ses compatriotes qu'autant que, par leur travail et leur industrie, ils pourront lui présenter des échanges agréables et de nouvelles jouissances.

» C'est ici qu'on découvre le service important que rendent les métiers, les arts et les manufactures ; ils augmentent la population, en arrêtant sans contrainte les excédens de subsistances que les propriétaires tiennent dans leurs mains, et dont ils ont le droit de disposer à leur gré.

» Cependant, si ces manufactures n'étoient agréables qu'aux membres de la société où elles existent, leur utilité seroit imparfaite, car les propriétaires qui désireroient des productions d'un autre pays, consacreroient encore à les acquérir une partie des denrées de nécessité dont ils sont les maîtres : ce qui ne sera plus nécessaire, si ces manufactures peuvent plaire aux nations étrangères et deviennent un objet d'échange.

» Mais les hommes occupés des arts, des manufactures, et de la culture des terres, livrant à cet objet toute leur attention, et ne vivant que de leur travail, ont besoin d'en recevoir le prix chaque jour, et ne peuvent pas se détourner de leurs occupations pour chercher loin d'eux des acheteurs.

» C'est ici que se présente la fonction des négocians, et son importance. Leurs moyens, toujours prêts, répondent aux besoins journaliers de l'industrie, et leur active intelligence, excitée par l'intérêt personnel, défend dans les échanges les productions nationales contre celles des étrangers. Ardens négociateurs, ils les portent au bout de l'univers, et ils observent sans cesse et les lieux et les tems qui leur sont favorables.

» Voilà donc l'agriculture, les manufactures et le commerce qui semblent former une chaîne de bienfaits et s'unir pour étendre la population et multiplier les jouissances. L'agriculture fait naître les subsistances, les manufactures les retiennent, les font servir en entier à la population nationale, et le commerce, par ses capitaux et son intelligence, favorise à la fois les produits de la terre et ceux de l'industrie.

» Si ces principes étoient vrais, que deviendroient ces reproches contre Colbert, si souvent répétés depuis quelque temps ? (1) »

L'opposition classique entre l'intérêt de la collectivité et celui des individus qui la composent et le rôle pondérateur de l'administrateur, c'est-à-dire du gouvernement et des lois, sont exposés par Necker d'une manière qui pourrait prêter à la critique, mais à laquelle il semble tenir d'une manière particulière, puisqu'il y reviendra dans la *Législation des grains*.

---

1. Académie, 20. — Lausanne, III, 199. — Staël, XV, 25.

Il est peut-être plus facile encore de reprocher à l'auteur la manière optimiste dont il rattache l'accroissement de la population à celui de l'aisance générale. Il serait fort étonné, certes, de voir établie par les faits une théorie exactement opposée. L'expérience de notre temps semble bien prouver que l'accroissement de la population diminue tout au moins à partir d'un certain degré de développement de l'aisance. On pourrait critiquer aussi la manière assez bizarre dont Necker explique les rapports du propriétaire possesseur d'un excédent de subsistance avec les industriels et les négociants. Dans cette thèse que l'agriculture fait naître les subsistances, que les manufactures les retiennent, les font servir en entier à la population nationale et que le commerce favorise à la fois les produits de la terre et ceux de l'industrie, on ne sait si l'on doit voir une répudiation du principe fondamental des physiocrates. On verra, dans le dernier chapitre, à quelles idées se rattache ce passage.

L'auteur continue ainsi, et il semble alors abonder dans le sens des physiocrates : « L'administrateur éternel, en ordonnant à la terre de multiplier la semence dans son sein, et de déployer au temps des moissons ses nouvelles richesses, semble n'avoir voulu confier qu'à ses soins paternels et les sources de la vie, et la reproduction des biens qui l'entretiennent et la multiplient (1). »

Cette phrase amphigourique où l'auteur parle à la fois du sein de la terre et de ses soins paternels, sera encore développée dans *la Législation des grains*. On peut

1. Académie, p. 23. — Lausanne, 200. — Staël, 26.

remarquer cette expression de Necker, l'administrateur éternel. Elle est bizarre, mais elle marque seulement la haute idée que l'auteur se faisait de l'administration. Necker, comme on le verra plus loin, a toujours été un croyant, et plus qu'un simple croyant.

Necker loue ensuite Colbert d'avoir diminué considérablement les impôts sur les terres et principalement les tailles qui affectent les cultivateurs les plus pauvres, d'avoir tempéré la rigueur des saisies et désiré de fixer l'impôt d'une manière invariable, en le proportionnant à la terre, par un cadastre général. Il le loue d'avoir réparé et ouvert des routes, des canaux et fait remarquer que ce n'est point lui qui imagina d'y subvenir par des corvées : et à ce propos Necker fait la critique de la corvée. Il le loue encore d'avoir supprimé maintes charges vénales qui attiraient à Paris tout l'argent du royaume, diminué les profits des affaires de finances, « fixé d'une manière positive les droits d'une quantité de créances publiques acquises abusivement, et qui se négociaient à des prix proportionnés, assuré le paiement des intérêts avec tant de sagesse, qu'on ne demanda plus, en trafiquant ces créances, le prix du péril qu'on y croyait attaché (1). »

Tous ces arrangements firent baisser rapidement le prix de l'argent. Les capitalistes, las d'attendre inutilement des placements usuraires, dirigèrent une partie de leurs moyens vers le commerce et vers les campagnes, et les propriétaires trouvèrent à emprunter à des prix modérés. « Voilà pourtant, dit Necker, ce qu'a fait pour l'agriculture ce Colbert

1. Staël, 30. — Lausanne, 203.

accusé d'en avoir ignoré l'importance. Mais, dit on, il n'a pas permis dans tous les temps la sortie des blés, sans mesure et sans limite. Il n'a donc pas senti que la liberté est l'âme du commerce; il n'a donc pas connu les effets invincibles de la concurrence; il n'a donc pas aperçu la puissance de l'intérêt personnel. On ne croira point que ces principes fussent étrangers à Colbert; mais il les avait observés avec cet esprit de sagesse, avec cette perception fine et sûre d'elle-même, traits distinctifs d'un homme supérieur (1). »

Cette perception fine et sûre d'elle-même, conduisit Colbert au dessein d'élever la France au plus haut degré de prospérité dont un pays soit susceptible. « C'est celui où toutes ses terres sont cultivées, où, sans imposer de privation, sans contrarier le bonheur, tous les grains sont consommés par les membres de la société, et où l'industrie, s'accroissant encore, procure par ses travaux des droits sur les subsistances des pays étrangers, et de nouveaux moyens d'augmenter la population (2). »

Cette formule est celle qui exprime avec le plus de netteté la pensée de Necker. Ces différentes parties s'équilibrent et s'expliquent. Il faudrait toujours l'avoir présente à l'esprit quand on lit certaines parties de *la Législation des grains*.

Sur la question des blés, Necker est en effet un éclectique, et, pourrait-on dire, un opportuniste. S'il pose le principe que l'exportation des grains doit être interdite en

1. Académie, 27. — Lausanne, 204. — Staël, 31.
2. Académie, p. 29. — Lausanne, 206. — Staël, 33.

principe, il ne l'interdit pas dans les temps d'abondance et de superflu. Cette idée, naturellement, est toujours celle de Colbert. « Colbert se faisoit rendre compte du prix des récoltes dans les diverses provinces, il comparoit leur résultat aux besoins du royaume ; sur ce rapport, il permettoit, modéroit ou défendoit l'exportation des grains, et l'on voit que sous son ministère elle fut très souvent permise. Il faisoit connaître, par un édit, les intentions du Roi à cet égard... Si Colbert annonçoit chaque année la volonté du souverain sur l'exportation des grains, c'est qu'il ne croyoit pas qu'il y eut un moyen invariable d'en fixer les conditions avec sagesse ; c'est qu'il ne voyoit pas quel étoit le signe éternel qui pourroit annoncer sans méprise où commenceroit la sortie du nécessaire, où finiroit celle du superflu (1). »

Les raisons qui empêchaient Colbert de fixer ce point essentiel sont expliquées alors par Necker. Colbert ne croyait pas que le prix des grains pût le faire connaître, parce que lui-même est le résultat d'une infinité de circonstances, subordonné à l'abondance de la denrée et de celle de l'argent, aux variations du taux de l'intérêt, aux besoins des peuples voisins, aux manœuvres du commerce. Il faut bien réfléchir que dans ce temps il n'y avait point de statistiques, que les renseignements étaient très incertains et très tardifs, et cela explique dans une certaine mesure pourquoi la liberté du commerce, dont on avait après tout essayé, n'avait pas donné à l'usage les résultats qu'on en

1. Académie, p. 30-31. — Lausanne, 207-208. — Staël, 34-35.

attend aujourd'hui. Mais Necker fournit une autre explication, très caractéristique aussi des temps troublés d'autrefois.

« Il est des circonstances importantes que le prix ne peut pas exprimer, parce qu'elles sont ignorées des acheteurs et des vendeurs, et que l'administration seule peut les apercevoir. Telles sont des lois prohibitives concertées au dehors, qui vont priver la nation des ressources auxquelles elle est habituée, et telles sont surtout les craintes d'une guerre qui troublera les communications, et qui dévastera les pays agricoles (1). »

En somme, les considérations de salut public qui, dans certains cas, empêchent aujourd'hui de laisser libre le jeu des intérêts économiques, étaient alors regardées comme d'application ordinaire, et il ne faut pas trop s'en étonner, quand on songe que les années de guerre étaient à peu près aussi nombreuses que les années de paix. On vivait ainsi tantôt sous le régime d'une espèce de blocus, tantôt sous la menace plus ou moins prochaine d'un blocus.

Au sujet de la liberté du commerce et de celle de la concurrence, « ces deux grands mots auxquels on veut réduire aujourd'hui toute la science de l'administration des grains », Colbert, dit Necker, « n'ignoroit pas sans doute que cette concurrence, à qui on accorde tant de pouvoir, rétablit tôt ou tard le niveau qu'elle a dérangé ; mais il savait aussi qu'elle n'y parvient qu'au bout d'un temps donné : intervalle indifférent et presque imperceptible

1. Académie, p. 32.

lorsqu'il s'applique à des marchandises de luxe ou de commodité, mais intervalle terrible lorsqu'il est question d'une denrée dont on ne peut pas supporter la privation pendant un jour (1) ».

Pour bien comprendre cette remarque de Necker, il faut se souvenir de la lenteur avec laquelle fonctionnaient alors, en ce qui concerne les grains, l'offre et la demande. Les blés venaient surtout par mer, de la Mer Noire, de la Prusse ou de la Nouvelle-Angleterre. Il fallait des mois en ce temps où le télégraphe n'existait pas et où la navigation se faisait à la voile, pour que les besoins fussent connus sur les lieux de production et les grains expédiés dans les ports, chargés sur des charrettes et roulés jusqu'aux provinces où la disette se faisait sentir. On comprend ainsi tout le luxe de prohibitions d'exportation et de greniers d'abondance, inutiles aujourd'hui, que nos aïeux regardaient comme nécessaires. Il suffit maintenant d'un câblogramme instantané pour déchaîner une avalanche de blés arrivant de Russie, des États-Unis et d'Argentine dans un délai variant entre une semaine et un mois, et la seule possibilité de cette avalanche suffit pour régulariser les prix.

Necker termine l'exposé des idées de Colbert sur le commerce des grains par une de ces remarques qui l'ont fait regarder quelquefois, et du reste bien à tort, comme un des pères du socialisme : « La libre exportation des grains est un droit de la propriété sans doute ; mais cette multitude d'hommes qui n'ont rien à échanger, qui ne

1. Académie, p. 32 ; Lausanne, p. 209 ; Staël, p. 31-37.

veulent que du pain pour le prix de leur travail, et qui en naissant ont acquis le droit de vivre, ils ont aussi leurs titres. La société est fondée sur une douce réciprocité de concessions et de sacrifices, et c'est par cette prudente harmonie que les hommes trouvent dans leur union, du bonheur, de la paix et de la sûreté (1). »

Necker loue ensuite Colbert des soins qu'il apporta à l'établissement des manufactures, pour la protection desquelles « Il fut obligé d'établir quelques lois prohibitives ; mais c'étoient des lois douces, dictées par la sagesse (2). »

Il le loue enfin des soins donnés au développement du commerce, et de l'élévation de la Compagnie des Indes, « longtemps l'objet de notre attachement ». L'auteur ne consacre d'ailleurs que deux paragraphes à cette compagnie, dont un affecté à démontrer que le privilège qui lui était attaché n'était point un bénéfice accordé à quelques personnes au détriment de plusieurs. C'est le dernier écho de la polémique contre Morellet. Il arrive enfin à quelques considérations sur le luxe.

» En établissant les arts et les manufactures, en étendant le commerce, en augmentant les richesses nationales, il n'a fait qu'augmenter le luxe, il a donc contrarié la force et la félicité publiques. Si cette proposition étoit juste, Colbert se seroit trompé dans son but, et l'édifice de sa grandeur crouleroit avec ses fondemens. »

Necker explique et définit ainsi le luxe : « La loi des propriétés produisit des inégalités de fortune, qui entraînèrent

1. Académie, p. 33 ; Lausanne, 210 ; Staël, 37.
2. Académie, p. 35 ; Lausanne, 211 ; Staël, 39.

des inégalités de jouissances, et la supériorité des unes sur les autres fut exprimée par le mot de luxe. » Il a sur la nécessité du luxe des idées dont les unes sont assez naturelles mais dont les autres provoqueraient aujourd'hui des réclamations.

« Il faudroit pour l'arrêter dans un pays tel que la France, interdire à la terre d'être fertile, aux hommes d'être industrieux, ou ordonner aux propriétaires de ne plus échanger contre le travail des subsistances superflues... Ces institutions austères, même infiniment modifiées, ne peuvent convenir qu'aux petites républiques, qui ne subsistent que par le plaisir de l'égalité ; mais dans un pays monarchique, où les rangs et la naissance accoutument de bonne heure aux distinctions, celles des richesses ne peuvent plus offenser, elles consolent au contraire en présentant au talent un moyen de s'élever ; et quant à ces hommes que la propriété condamne à ne chercher que le nécessaire, ils regardent les riches comme des êtres d'une espèce différente, et leur magnificence, comme un attribut de leur grandeur. Ce n'est point par ce spectacle que le pauvre est malheureux ; comme les rayons d'un grand jour, cette pompe éblouit ses yeux et le distrait du malheur de l'envie (1). »

Ces dernières observations portent la marque du temps. Elles convenaient à Genève et à la France de Louis XV ; Necker, qui est mort en 1804, a eu dix années et davantage pour observer les sentiments qu'inspire aux pauvres, dans certaines circonstances, le spectacle ou le souvenir de luxe des riches.

---

1. Académie, p. 43 : Lausanne, 220 ; Staël, 49.

Un peu plus loin nous rencontrons des réflexions singulièrement plus justes et plus profondes : « S'il est un luxe qui ne détruit pas le bonheur, il nuit toujours à la force nationale, en amollissant les mœurs ; il soumit aux Grecs l'empire des Perses, il renversa la République romaine. Les temps sont bien changés ; Colbert l'avoit sans doute aperçu ; il avoit promené ses regards sur ces nombreuses armées qui s'élevoient en Europe, et réfléchissant profondément sur la discipline rigoureuse qu'on établissoit, et qui devoit gouverner cent mille hommes par un seul mouvement et par une même volonté, il vit avec douleur que ces vieilles vertus de la Grèce et de Rome, l'amour de la patrie, le fanatisme de la gloire, ne seroient plus et ne pouvoient plus être l'unique force des États.

» Je m'arrête peut-être ici sur une triste vérité ; mais on ne sauroit attribuer trop d'influence à l'invention de cette discipline guerrière : en rendant les hommes égaux par la force de l'obéissance, elle a soustrait la puissance des Nations à l'antique influence des mœurs, à cette énergie des âmes qui disposoit autrefois du sceptre du monde. Oui, c'est la perfection de cette discipline qui a mis la force dans le nombre et qui fait sentir à Colbert que l'argent, ce signe général des valeurs, le prix du service des hommes deviendroient nécessairement le fondement essentiel de la puissance politique (1) ».

La quatrième et dernière partie de l'*Éloge* ne contient rien qui intéresse l'économie politique. Il n'en est pas de même des *Notes* imprimées à la suite du texte et qui font

---

1. Académie, p. 46 ; Lausanne, 221 ; Staël, 50.

un nombre à peu près égal de pages, exactement les pages 69 à 135 de l'édition de l'Académie. Ces *Notes* sont une série de courtes notices, presque toutes consacrées à des questions économiques. Elles ont pour objet apparent de préciser ce que les exigences de la rhétorique n'avaient pas permis d'insérer dans le contexte du discours, et quelques-unes sont d'une très réelle importance. Beaucoup d'ailleurs sont passées presque sans modification dans le texte de *la Législation des Grains*, et servent à montrer d'une façon très claire que ce dernier travail était conçu plusieurs années avant d'être écrit.

D'autres ne se retrouvent que dans l'*Administration des finances;* d'autres enfin restent tout à fait isolés et sont le seul témoignage que nous possédions au sujet des idées de Necker sur la matière, tout au moins à l'époque où fut écrit l'*Éloge*, c'est-à-dire au commencement de 1773.

Ces *Notes* ne sont pas reliées par des renvois au texte de l'*Éloge*. Elles constituent des réflexions ou groupes de réflexions qu'il est quelquefois difficile de raccorder à une partie déterminée du texte. On dirait que l'auteur a profité de l'occasion pour faire une sorte d'examen général de ses idées économiques. Quand on les pèse un peu, il semble bien que l'auteur n'ait pas toujours assez réfléchi, en tout cas n'ait pas assez clarifié sa pensée.

Ces *Notes* sont, de toutes les œuvres de Necker, l'endroit où il a le plus accumulé d'idées économiques et les plus variées On n'y trouve d'ailleurs rien de bien neuf. Cet homme, qui fait la figure d'un ministre de Louis-Philippe égaré dans un cabinet de Louis XVI, n'a jamais eu qu'une idée : imiter Colbert, être le Colbert de son siècle.

Il prend la peine de nous expliquer lui-même, au commencement de ses *Notes*, comment l'évolution des idées économiques lui est restée indifférente. « J'ai trouvé, en réfléchissant sur ces différents objets, qu'il y avoit souvent plus de vérité dans les opinions communes que dans les nouveaux systèmes. Il en est peut-être des principes de l'économie politique, passés en usage, comme de la morale transmise en proverbes. Les hommes un peu supérieurs aux autres les dédaignent souvent, par mépris pour ceux qui les suivent ou qui les citent sans pouvoir les approfondir ni les défendre ; mais le plus souvent cependant, ce sont des résultats donnés par le temps et par une suite d'observations dont personne n'a montré la chaîne, mais qui n'en a pas moins existé. »

Les *Notes* commencent par des réflexions sur les sociétés. Il y en a d'assez surprenantes : « Le plaisir d'aimer aurait pu réunir autour de l'homme quelques-uns de ses semblables ; mais la haine et le désir de la vengeance formèrent les grandes associations. » La haine, base des sociétés, n'est certainement pas une idée commune : elle n'est d'ailleurs peut-être pas tout à fait contraire à la vérité historique.

Necker revient sur les rapports de l'abondance et de la multiplication des hommes :

« Si l'abondance produit la multiplication des hommes ; si un heureux climat et de bonnes lois les attachent à leur société, et si le nombre des soldats est en raison du nombre des citoyens, il paroit que la population annonce le bonheur et la puissance.

» Mais, dit-on, ne vaudroit-il pas mieux, pour le bonheur, qu'il y eût moins d'hommes dans chaque société?

» Cette question est de pure spéculation : quel qu'en fût le résultat, toute loi qui limiteroit la population seroit une loi barbare. Car si tous les hommes sont appelés par la nature à se multiplier et à désirer de conserver leurs enfants, il faudroit, pour mettre des bornes à la population, savoir auparavant quelle est la portion de la société qui peut ordonner à l'autre de renoncer à ces sentiments naturels, et lui annoncer qu'elle est de trop. On répondra peut-être que ce sont les propriétaires de terre ; qu'eux seuls forment la société, et que tous les autres hommes ne sont que leurs salariés.

» *S'il est vrai que les propriétaires de terre constituent seuls la société.*

« Cette proposition, qu'on a quelquefois avancée, donne à la propriété une extension incompatible avec la nature des choses; on y confond l'importance de la terre, avec celle de sa propriété : l'une est la source de la vie, l'autre est un arrangement social.

» Pour qu'une telle proposition fût juste, il faudroit que chaque propriétaire eût apporté sa terre d'une planète voisine, et pût l'y rapporter; mais les propriétés étant une loi des hommes, elles n'ont pu s'établir que pour le bonheur commun, et elles ne peuvent subsister qu'autant que la société leur prête de la force. Ainsi, s'il eût été possible que la propriété eût trouvé sa convenance dans la destruction ou la diminution de l'espèce humaine, jamais les hommes n'auroient consenti à une telle loi (1). »

1. Académie, 71 ; L. 244 ; St. 74.

» Les hommes salariés sont les seuls qui ont intérêt à ce qu'il y ait moins de monde dans une société, car tout ce qu'ils ont, c'est de la force ; tout ce qu'ils peuvent vendre c'est du travail. Ainsi, plus leur nombre seroit petit, plus les propriétaires seroient obligés de les ménager. Mais ces mêmes salariés désirent d'avoir des enfants et de les nourrir ; ainsi, en même temps que la population nuit à leur aisance, chacun d'eux met son grand bonheur à concourir à cette même population (1). »

Necker donne ensuite son opinion sur les richesses ; ce qu'il en dit est d'ailleurs assez peu de chose. Il y reviendra un peu plus loin.

« J'entends par les richesses le produit du travail. Elles contribuent toutes au bonheur, en multipliant les jouissances, et elles augmentent la force par leur faculté d'être échangées contre les services des étrangers, ou contre les subsistances qu'ils possèdent, et avec lesquelles on augmente sa propre population.

» Si le même nombre d'hommes, dans des circonstances différentes, peut augmenter inégalement les richesses, ces richesses se sont pas toujours l'effet de la population.

» Certains pays du Nord, contrariés par leur climat, par leur sol et par leur situation, n'auront jamais de richesses, tandis que les autres nations de l'Europe sont appelées à les augmenter sans cesse (2). »

Viennent ensuite quelques pages relatives à l'agriculture,

---

1. Académie, p. 73 ; Lausanne, 246 ; Staël, 75.
2. Académie, p. 74 ; Lausanne, 247 ; Staël, 75.

aux manufactures et au commerce desquelles on ne saurait tirer grand parti. La fin seulement présente quelques propositions intéressantes, relatives à la théorie du commerce et à celle des richesses. Necker, d'ailleurs, se place toujours à son point de vue étroitement national.

« Si une pièce de drap vaut 30 septiers de bled dans un pays, et 35 dans un autre, ou seulement si elle en vaut 30 dans un temps et 31 dans un autre, on voit que, dans l'hypothèse la plus simple, la science du négociant contribue à augmenter la population ou la richesse ; et ce que je dis du troc d'un objet d'industrie contre les subsistances, s'applique également à d'autres échanges.

» On a voulu détruire cette vérité dans des livres modernes, sur le fondement que le négociant combat avec la même activité pour son intérêt contre ses compatriotes et contre les étrangers ; cela est sûr. Mais il n'en est pas moins vrai qu'en même temps qu'il désire d'acheter à bon marché chez lui, il veut vendre cher aux étrangers ; et que lorsqu'il cherche à tirer un haut prix des marchandises étrangères, il avoit auparavant appliqué tous ses soins à les obtenir à bon marché Ainsi, quoique son intelligence travaille pour ses intérêts envers et contre tous, il n'est pas moins vrai qu'en les soignant, il favorise ceux de son pays. Ce bienfait n'est pas l'effet de la volonté des négocians, mais le résultat de leur convenance, et ce sont les bienfaits de la meilleure espèce dans l'ordre social (1). »

Necker revient alors sur sa théorie des richesses, de leur

1. Académie, p. 77 ; Lausanne, p. 250 ; Staël, p. 78.

inégalité et des effets de cette inégalité : « L'étendue d'un pays, sa situation, la nature de son sol, l'industrie de ses habitans, et leur intelligence dans le commerce, voilà les causes de la différence des richesses entre les nations.

» Si deux pays inégaux en richesses, demeuroient isolés et sans communication, il ne résulteroit de ces richesses qu'une inégalité de jouissances, qu'on pourroit estimer à son gré. Mais ces mêmes richesses se convertissent, par les échanges, en supériorité de force.

» Quand une nation troque le produit d'un de ses arpens contre celui de 10 arpens d'un autre pays, quand elle échange le travail d'un de ses hommes contre celui de 10 étrangers, il est sûr que plus elle fait d'échanges pareils avec une autre nation, plus elle acquiert d'avantages sur elle.

» Pourquoi, dira-t-on? car ces deux nations n'auront échangé qu'une valeur contre une valeur égale ; l'une estimoit autant ce qu'elle recevoit, que ce qu'elle donnoit : cela n'est pas douteux. Telle est la condition inséparable de tout échange libre ; mais de ces trocs égaux en opinion, il ne résulte pas moins une inégalité réelle

» Comparons, en effet, deux sociétés A et B, ayant un million d'ouvriers chacune, et pour rendre cette comparaison sensible, supposons que A, l'une d'elles, obtint toujours le travail de 10 ouvriers de la société B, contre le travail d'un des siens ; alors la société A, avec 100.000 de ses ouvriers, obtiendroit le travail entier de la société B. Ces deux sociétés n'auront fait ensemble qu'un troc égal en opinion, j'en conviens ; mais il resteroit en superflu à la société A, le travail de 900.000 ouvriers, et voilà la supériorité établie, car avec cet excédent de travail, la société A pourra augmenter sa population, en achetant les subsistances de la société B, ou celles d'un autre pays.

« Il est donc clair qu'il y a une différence de richesses qui se termine en force par les échanges (1) ».

Après quelques considérations sans importance sur l'influence du Souverain sur la population et les richesses, l'auteur arrive à des notes beaucoup plus longues sur les lois prohibitives. Le développement qu'il leur donne permet de résumer, ce que je vais essayer de faire, en me servant autant que possible des expressions mêmes de Necker.

On entend par lois prohibitives celles qui défendent la sortie ou l'entrée de marchandises, ou qui y mettent des obstacles. Ces lois sont fort délicates à déterminer, parce qu'elles doiventtenir la balance entre le bonheur et la force.

Il faut pour le bonheur des propriétaires qu'ils puissent faire venir des pays étrangers tout ce qui leur plaît. Il faut pour la population et la force d'un pays, que les propriétaires emploient toutes leurs substances superflues, à nourrir leurs compatriotes. Les lois prohibitives qui existent dans les différents pays de l'Europe ne sont pas des institutions ignorantes et barbares, ce sont des lois de société, semblables à tant d'autres qui représentent un sacrifice fait en faveur de la puissance nationale, et une prime payée par le bonheur pour assurer sa conservation.

Il serait dur et contraire à l'esprit social de défendre dans un pays l'entrée des biens étrangers dont il est privé,

1. Académie 78 ; Lausanne, p. 252 ; Staël, 79.

lorsque ces biens contribuent essentiellement au bonheur de la vie, mais il est sage de défendre ou de contrarier par des droits l'entrée des manufactures qu'on peut établir dans son pays. Le bonheur ne souffre point de ce qu'on empêche en France l'introduction des draps d'Angleterre, tandis qu'on en fabrique en France qui sont à peu près semblables.

Lorsqu'on dit que les lois prohibitives mettent quelquefois la force en contrariété avec le bonheur, c'est toujours du bonheur des propriétaires dont on parle ; car le bonheur des salariés est toujours favorisé par ces lois, puisqu'elles multiplient les occupations, en protégeant les manufactures nationales.

Les lois prohibitives ne doivent s'exercer qu'à l'entrée du royaume ou des villes, et sont très difficilement applicables aux marchandises de petit volume.

Les nations les plus favorisées par la nature ont tout à la fois moins de motifs pour établir des lois prohibitives, parce qu'ayant plus de ressources pour s'enrichir, elles peuvent être moins sévères dans leurs institutions économiques, et plus de moyens pour le faire sans inconvénient, parce que la société qui présente à ces citoyens le plus grand nombre de jouissances, court le moins de risque à leur imposer quelques privations.

L'Angleterre est le peuple qui a les lois prohibitives les plus sévères et les plus étendues : c'est parce que les anglais mettent un prix infini à leur liberté politique, qu'ils se prêtent sans répugnance aux lois prohibitives qui assurent la conservation de cette liberté en augmentant la richesse nationale.

Entre les personnes qui déclament avec exagération contre les lois prohibitives, il en est qui les attaquent comme une barbarie entre les hommes qui devraient se traiter en frères, et se communiquer réciproquement et sans contrainte les productions qui leur sont particulières. Cette morale est très respectable ; mais toute société est aussi distincte d'une autre, qu'un homme l'est d'un autre homme. On leur prêcherait inutilement l'abandon d'eux-mêmes et la communauté des biens ; ils chercheront dans toutes les occasions à faire valoir leurs avantages.

Un pays ne peut acheter qu'autant qu'on reçoit ses propres richesses en paiement ; ainsi, refuser d'acheter de lui, c'est refuser de lui vendre, c'est détruire le commerce. Ce raisonnement, ajoute Necker, pourrait être juste si un pays ne pouvait payer qu'avec ses manufactures ; encore faudrait-il examiner quel intérêt on aurait à lui vendre pour n'être payé qu'en objets dont on peut se passer, ou qui contrarieraient des établissements intérieurs. Mais ce qu'il importe le plus d'observer, c'est qu'un pays peut payer, non seulement en travaux d'industrie, mais encore en subsistances, ou en argent, qui représente le pouvoir d'en acquérir partout. Ainsi, moins une société achètera d'objets d'industrie étrangère, plus elle aura de moyens pour obtenir en échange de la sienne ou des subsistances, ou de l'argent, seules fins de commerce qui augmentent la population et la richesse, tous les autres échanges n'étant qu'un troc de jouissances.

Une société qui laisserait entrer toutes les productions de l'industrie étrangère, tandis que les autres nations continueraient à interdire l'introduction des siennes, serait peu à peu obligée de payer en subsistances ou en argent ce qu'elle demanderait aux étrangers ; bientôt ses richesses et sa population diminueraient.

Toutes les idées de Necker que nous venons de résumer portent l'empreinte des théories les plus opposées à celles qui ont cours aujourd'hui, et qui commençaient à se répandre déjà au temps de Necker.

Il est très curieux de voir survenir brusquement à la suite des idées beaucoup plus modernes. « Lorsqu'une nation vous propose de laisser entrer chez elle une partie de vos objets d'industrie, à condition que vous permettiez l'introduction chez vous d'une partie des siens, il faut y consentir, si la chance d'acheter ou de vendre paraît à peu près égale. » Les nations pauvres ont toujours besoin de veiller sur leurs lois prohibitives. Les nations favorisées par la nature en ont établi quelquefois avec raison pour exciter l'intelligence de leurs habitants ; mais quand ces derniers sont parvenus à déployer toutes leurs forces, elles devraient désirer que tous les États, d'un commun accord, abolissent ces lois. Necker ajoute cette phrase de nature à provoquer la surprise : c'est le cas de la France ; elle y gagnerait sûrement. Mais tant que les autres pays maintiennent leurs lois prohibitives, il est sage et politique d'observer une juste réciprocité dans tous les objets qui n'intéressent pas les jouissances.

Ce qui doit toutefois tempérer la surprise, c'est que Necker n'écrit pas sous l'influence d'une vision subite des notions fondamentales du libre échange et des richesses qu'il fait naître, mais en considération de son idée qu'il ne faut pas sans utilité diminuer le bonheur, en l'espèce la faculté de tirer de l'étranger les marchandises que l'on désire.

Necker fait ensuite l'application de ses idées à l'exportation des blés. Ce qu'il dit ne fait guère que développer quelques points du texte et nous en retrouverons le fond et même la forme dans la *Législation des grains*.

La population irait sans cesse en augmentant, si elle n'était arrêtée par le défaut de subsistances, ou par des passions et des calamités destructives. Il n'est aucun souverain qui ne doive gémir, lorsque les grains, qui forment la principale subsistance, sortent habituellement de son royaume ; ce sont des hommes qui s'en vont, c'est une portion de la force publique qui s'évanouit.

L'homme qui serait nourri par ces grains exportés offrirait son travail en échange, et la propriété trouverait un accroissement de jouissances.

Chez les nations naissantes, l'exportation des grains doit être nécessairement libre. Les propriétaires de terre, qui sont presque les seuls qui existent chez une nation pauvre, doivent désirer l'exportation parce qu'ils ne trouveraient guère d'autres moyens pour acquérir les productions étrangères qu'ils envient. Si on ne leur permettait pas l'expropriation des grains, peut-être négligeraient-ils la culture.

Remarquez que Necker entrevoit ici la corrélation entre l'étendue des débouchés et le développement de la production. D'ordinaire il raisonne sur les blés comme si l'écoulement de la production au dehors ne devait pas déterminer une augmentation des emblavures. Il est vrai que pendant la période de liberté d'exportation que la France venait de traverser, les étendues emblavées n'avaient, paraît-il, guère augmenté, soit par défaut de ressources, soit par incertitude du lendemain, soit simplement par inertie.

Mais revenons aux *Notes* de Necker. Si l'on suppose un pays riche en culture et en toutes sortes d'établissements d'industrie, il serait bien extraordinaire qu'il pût désirer le commerce d'exportation des grains. Quelques réflexions simples le feront sentir.

« Il n'est que trois sortes de richesses : les denrées de première nécessité, qui sont les sources de la vie, et le germe de nouveaux hommes.

« Les objets d'industrie, qui sont le fruit du travail, et qui satisfont le faste et la commodité.

» L'argent enfin, qui représente le pouvoir d'acquérir toutes les autres richesses.

» Or, lorsqu'un pays par le seul échange de ses productions de luxe et de ses objets d'industrie, peut obtenir non seulement toutes les marchandises étrangères qu'il désire, mais encore de très grosses sommes en argent, pourquoi souhaiteroit-il de vendre des grains ? Pour avoir encore plus d'argent, dira-t-on. Mais il en auroit peut-être autant, en nourrissant des hommes et vendant leur travail » (1).

Les hommes aiment a être gouvernés par une institution fixe et constante, mais il serait possible que l'exportation des blés ne pût pas être déterminée par une loi permanente.

---

1. Académie, p. 92 ; Lausanne, 266 ; Staël, 90.

Les grains, dans deux circonstances différentes, sont une marchandise absolument dissemblable. La somme de blé proportionnée à la population, est presqu'aussi nécessaire que l'air. Le blé qui excède et les besoins d'une année, et la provision de précaution pour la suivante, est la plus inutile de toutes les marchandises, parce que la subsistance de l'homme est marquée par la nature.

« Quoique rien ne soit plus dissemblable que le blé nécessaire et le blé superflu, la ligne qui les sépare est très difficile à trouver, et encore plus difficile à marquer par des signes certains dans une loi permanente ; et comme la loi est obligée de s'expliquer d'une manière simple, elle ne pourrait guère établir, pour règle, que le prix : mais le prix lui-même ne peut être une règle fixe, pour marquer le point où finit la sortie du superflu, où commence celle du nécessaire.

» D'un autre côté, abandonner une affaire aussi importante que l'exportation des blés aux hasards de la liberté du commerce ; compter qu'elle aura toujours l'art de rapporter au moment précis du besoin le nécessaire qu'elle aura fait sortir ; espérer enfin que les lois prohibitives des autres nations répondront par leur condescendance à nos propres convenances ; c'est avoir une bien haute idée du résultat d'une infinité de combinaisons personnelles inspirées par l'ignorance et la cupidité aussi souvent que par l'intelligence (1). »

Quand l'administration se réserve de manifester chaque année les intentions du Souverain sur la sortie des grains,

1. Académie, p. 95; Lausanne, 270; Staël, 93.

il devient bien important qu'elle mette tout en usage pour avoir une connaissance aussi exacte qu'il est possible de la population et du produit des récoltes. Il faut non seulement permettre par une loi publique la sortie de l'excédent, en désignant la quantité, mais il faut encore exciter dans l'intérieur la plus libre circulation, car la spéculation ne peut alors tomber que sur la partie qui excède les besoins de l'année, spéculation excellente pour la société, puisqu'elle tend à soulager ceux qui sont pressés de vendre, par l'assistance de ceux qui peuvent garder. Quand les spéculations portent sur les portions d'un tout qui est à peine équivalent au nécessaire, elles peuvent occasionner une hausse ou une rareté dangereuse.

Necker emploie ensuite neuf pages à nous faire connaître ses idées sur les impôts. Il définit ainsi l'impôt : « L'impôt est la contribution des citoyens aux besoins de la société. Cette contribution peut avoir lieu en travail, ou en subsistances, ou en d'autres richesses, ou en argent enfin, qui les représente toutes ». Si le Souverain prélève des impôts qu'il applique à nourrir des hommes inutiles, il diminue la quantité du travail productif, parce que cet argent aurait été appliqué à un travail qui eut accru les richesses nationales. Si les impôts obligent, par leur complication, à entretenir une grande quantité d'employés, la somme du travail utile est encore diminuée.

La détermination de l'impôt par la loi, et jamais par l'autorité, est une des principales conditions qu'exige le bonheur. Il y a deux sortes d'impôts : sur les productions, qui se prélèvent sur les fruits même, ou en raison d'un revenu annuel qu'on présume, sur les consommations, au moyen des douanes. La perception des impôts sur les consommations oblige à entretenir une foule de gardes. La fraude conduit à des fautes qui avilissent les mœurs et des punitions qui répugnent à l'esprit social. L'avantage est de présenter l'impôt sous la forme d'une contribution volontaire, proportionnée au désir de dépenser.

Lorsqu'un pays a le bonheur de tenir une sorte de biens particulière et qui sera nécessairement recherchée par des étrangers, c'est leur faire payer une portion de nos dépenses de société que de mettre un impôt sur ces marchandises. Tous les impôts sur l'exportation des objets qui ne sont pas particuliers à une nation, ne sont ni sages, ni politiques, c'est se nuire à soi-même.

Les impôts aux entrées des grandes villes ont un objet d'utilité, puisqu'ils servent à tempérer l'attrait de leur séjour, en haussant le prix des consommations.

Les impôts sur la consommation des denrées de nécessité peuvent toujours être remplacés, sans inconvénient, par une addition d'impôts sur la terre, mais les impôts sur les consommations particulières aux riches sont dans un cas différent ; ils n'influent point sur les prix élémentaires des choses.

L'auteur s'occupe ensuite des monnaies et de la circulation monétaire. Il y a peu à noter dans ces pages.

Les monnaies, dans un pays qui n'aurait aucune communication avec d'autres, ne seraient qu'un signe des valeurs, et une facilité d'échanger. Dans un pays qui commerce, elles sont en même temps de métaux qui donnent le pouvoir d'acquérir les biens étrangers de toute espèce. Ce sont ces deux qualités des monnaies qu'il ne faut pas perdre de vue, sans quoi l'on est facilement induit en erreur.

A mesure qu'il y a plus d'argent, toutes les choses de la vie haussant de prix, il faut une plus grande quantité de monnaie. Mais cette augmentation n'est pas proportionnée à la hausse des prix, plus la circulation est rapide, moins il faut de monnaie. « Si l'argent que l'Espagne envoie chaque année dans les autres pays de l'Europe n'était applicable qu'à leur circulation intérieure, ce seroit une grande duperie de la part des nations que d'échanger les productions de leur terre et les fruits de leur industrie, contre une augmentation d'embarras dans leurs échanges. Mais l'argent étant un métal estimé également partout, la somme des monnoies qui excède la quantité nécessaire pour les échanges journaliers devient une richesse active, qui peut servir à acquérir les autres biens de l'univers : et sous cet aspect, elle est la plus précieuse de toutes ; elle se termine en population, par l'acquisition des subsistances des autres pays ; elle se change en force, par les subsides ; elle se convertit en jouissances, par l'acquisition des productions étrangères ; et en attendant, cet argent est jouissance lui-même en représentant sans cesse à son propriétaire la faculté d'acquérir (1). »

Necker fait ensuite l'éloge de l'Angleterre, où la circulation est faible en métal et très grande en billets de banque. Mais des traces des préjugés mercantilistes l'amènent aussitôt à des conclusions fautives. L'argent inutile dans l'intérieur s'appliquerait à acquérir au dehors des créances

1. Académie, 108 ; Lausanne, 285 ; Staël, 104.

à intérêt, ou à faire valoir une nouvelle colonie, ou à ouvrir de nouvelles branches de commerce, ou à rembourser aux étrangers la dette nationale; et d'une manière ou d'autre, l'État gagnerait en jouissance l'intérêt annuel de cet argent. Jusqu'ici, tout va bien, du moins en gros, mais voici la conclusion de Necker :

« Il ne faudroit pas que plusieurs nations voulussent suivre cet exemple; car, comme chaque nation ne peut tirer parti de son argent qu'en l'appliquant à acquérir des biens chez l'étranger, et que cette acquisition suppose nécessairement l'estime que les étrangers font de cet argent, si chaque nation vouloit suppléer par du papier à l'argent qui circule chez elle, aucune ne pourroit tirer un avantage particulier de cette opération; elles nuiroient seulement en commun à l'Espagne et au Portugal, qui ne sauroient que faire des métaux du Brésil et du Mexique, si toutes les nations pouvoient imiter l'exemple de l'Angleterre et instituer chez elles des billets de banque qui jouiroient de la confiance publique; mais la nature des gouvernements de l'Europe rend le succès d'un pareil projet impossible (1). »

Les considérations suivantes sont plus sages. Necker signale les dangers de panique de l'opinion dans les pays dont le papier est la base de la circulation. Il fait remarquer qu'il serait dangereux de donner à cette circulation une certaine étendue dans un pays de pouvoir absolu. Necker dit même monarchique, comme si la monarchie et le pouvoir absolu étaient inséparables. Voici ses raisons « parce

1. Académie, p. 114; Lausanne, 291; Staël, 109.

que la confiance publique y dépendant toujours de l'opinion qu'on a du prince et de son ministre, il est dans la nature des hommes qu'elle ne soit pas durable ; mais en Angleterre, où l'ordre est l'effet des lois et de l'harmonie du gouvernement, la confiance dans les billets de banque peut durer longtemps (1). »

Necker s'élève contre le cours forcé des billets avec une grande énergie : « Les billets de monnoie établis par la force sont, de toutes les opérations injustes, la moins raisonnable ». Tout ce que peut faire l'État, c'est de payer ses créanciers avec ses billets, et il est obligé de les déprécier lui-même, pour qu'on ne les rapporte pas en paiement des impôts, parce qu'avec une telle monnaie il ne pourrait lui-même rien acquérir. De même, l'exagération de la valeur numéraire des monnaies, qui constitue une banqueroute partielle dans les paiements de l'État, et aboutit à une hausse proportionnelle dans le prix des denrées. Necker trouve cependant naturel que le Souverain donne à la valeur des monnaies une certaine majoration équivalente aux frais de fabrication et un bénéfice d'un ou deux pour cent, qui empêche ces monnaies de sortir et d'entrer selon la variation des changes et du prix des métaux.

Viennnent ensuite les idées de Necker sur l'intérêt de l'argent et le crédit public. Il a soin d'observer d'abord : « Ce que je dis de l'intérêt est sous un point de vue politique, et n'a point de rapport avec les respectables maximes de la Religion sur ce point ». Voici comment il justifie et définit l'intérêt :

1. Académie, p. 115 ; Laussanne, 292 ; Staël, 110.

« L'intérêt de l'argent tire son origine de la nature : la terre a besoin de la semence, et la semence a besoin de la terre. Celui qui fournit la semence au propriétaire de la terre a un droit sur sa récolte. Ce que je dis de la semence s'applique à mille objets semblables. Le droit de part à toute reproduction, lorsqu'on a concouru à cette reproduction, s'appelle un intérêt; et rien au monde n'est plus juste : et l'on dit communément l'intérêt de l'argent, parce que l'argent set l'image de toutes les richesses (1). »

L'intérêt dans un pays est haut ou bas, en raison de la rareté et de l'abondance de l'argent, du nombre et de l'utilité des emplois que cet argent peut trouver. Le prix de l'intérêt n'est donc pas une marque positive de la prospérité ou de la pauvreté d'un État. Le prix de l'intérêt doit être libre, comme celui d'une marchandise, puisqu'il est le point de réunion entre les convenances de deux parties, le prêteur et l'emprunteur.

Necker, si embarrassé et si en retard sur son temps dans les questions purement économiques, écrit au contraire avec netteté et dans un esprit tout moderne, dès qu'il s'agit de finances. Ce qu'il dit du crédit public serait à retenir presque en entier.

« Un besoin de cent millions survient dans une société. Il y a deux manières d'y pourvoir, ou d'ordonner une contribution pour cette somme ou de l'emprunter, en n'établissant un impôt que pour l'intérêt annuel de cent millions.

» Quand la confiance permet la réussite de cette der-

1. Académie, p. 119. — Lausanne, p. 296. — Staël, p. 113.

nière manière, elle est la plus facile et la plus commode pour toute la société ; car, elle satisfait aux désirs de ceux qui auroient besoin d'emprunter pour payer leur part aux cent millions nécessaires, sans contrarier ceux qui aimeroient mieux payer cette même part en capital, puisqu'ils peuvent le placer dans l'emprunt, et retirer un intérêt annuel équivalent à l'impôt annuel établi... »

« Le crédit fait le succès d'un emprunt ; l'emprunt rend la levée des impôts plus facile ; et les impôts pourvoient aux demandes du Souverain... »

« Imposer un capital, ou l'emprunter, en n'imposant que son intérêt, revient à peu près au même en soi, ainsi que nous venons de le présenter ; mais il est des circonstances morales qui doivent déterminer la préférence. Quand le besoin est considérable et pressé, et qu'il y a du crédit, il faut employer l'emprunt, parce que la levée d'un gros impôt seroit difficile, et occasionneroit des convulsions. Mais, pour des besoins modérés, il faut toujours préférer l'impôt, tant pour simplifier les opérations, et suivre plus facilement l'équilibre des finances, que pour ménager le crédit public, et le prix de l'intérêt, par la rareté des emprunts.

» J'observerai seulement encore en faveur des emprunts, comparés à l'impôt pour le capital entier, que l'augmentation annuelle, en Europe, des métaux précieux, adoucit le poids des tributs en argent qu'on paye au Souverain, et diminue la valeur des intérêts qu'il répartit aux rentiers : car, un million vaut beaucoup moins aujourd'hui qu'il y a vingt ans, puisque, pour ce même million, on auroit eu dans ce temps-là beaucoup plus de productions de la terre, ou d'ouvrages des hommes, qu'on n'en obtiendroit aujourd'hui pour la même somme.

» On objecte avec force contre les emprunts publics, qu'ils sont la source des rentiers, et par conséquent des hommes oisifs. Il me semble qu'on exagère cet inconvénient.

» C'est une propriété quelconque qui entraîne l'oisiveté, en dispensant de travailler ; mais les emprunts publics n'augmentent pas la somme des propriétés ; ils ne font que les déplacer. S'il n'y avoit pas de propriétaires de richesses mobilières, inutilement ouvriroit-on un emprunt ; et s'il y en avoit, ils trouveroient, d'une manière ou d'autre, le moyen d'échanger ces richesses contre une part annuelle aux productions du travail d'autrui, en restant eux-mêmes dans l'oisiveté. On ne sauroit cependant se dissimuler que la facilité d'obtenir de gros intérêts, par les emprunts publics, n'encourage, jusqu'à un certain, point cette oisiveté, en présentant au propriétaire d'argent un revenu plus considérable que celui qu'il pourroit retirer de la même somme, appliquée à des objets d'agriculture, de commerce et d'industrie.

» On est quelquefois induit en erreur par la somme immense d'intérêts que paye un État. On voit cent millions de rentes distribués dans la société, et l'on croit qu'il en résulte des hommes oisifs en même proportion ; mais l'on ne prend pas garde qu'en même temps il y a cent millions d'impôts établis pour pourvoir à ces intérêts, et que souvent la plus grande partie de ces impôts sont payés par ceux mêmes qui ont des rentes (1). »

---

1. Académie, p. 123-124 ; L. 301 ; St. 117.

Il n'est point de propriété plus respectable que celle des fonds publics. Toute infraction volontaire à la dette publique est un déplacement de propriétés aussi injuste qu'inutile. Il n'est qu'une dette plus respectable encore, ce sont les pensions accordées à ces citoyens qui ont exposé leur vie et bravé les dangers pour la défense de leur pays, et qui n'ont souvent que quatre à cinq cents livres de rentes pour consolation de leurs infirmités, et pour prix de la plus noble des vertus sociales, celle du courage.

Il faut bien dire que si Necker est souvent un économiste attardé, ses opinions en matières financières sont beaucoup plus voisines des idées modernes. Il prévoit et explique nettement jusqu'à l'évasion des richesses mobilières et de leurs propriétaires, « du moment que les impôts sur les consommations renchériraient trop le prix de toutes les jouissances ».

Voici la fin des alinéas qu'il a consacrés à cette question : « La dette publique et les impôts sont immenses en Angleterre, si on les compare à la reproduction : aussi tout y est fort cher : mais les charmes de la liberté servent jusqu'à présent de dédommagement. Cependant, comme l'Amérique Angloise offre la même liberté, si des circonstances extraordinaires occasionnoient en Angleterre de nouveaux besoins publics considérables, elle ne pourroit peut-être y pourvoir par de nouveaux impôts, sans occasionner une émigration, et sans contrarier ses établissements d'industrie (1). »

Necker consacre ensuite quelques paragraphes aux

1. Académie, p. 125 ; L. 303 ; St. 119.

colonies et au commerce exotique. Il a quelques vues particulières.

Si une colonie était aussi facile à défendre qu'une province frontière il n'y aurait aucune raison pour la traiter différemment ; car la séparation par la mer ne romproit pas plus l'identité qu'une séparation par une rivière, s'il n'en résultait pas « une beaucoup plus grande difficulté de conserver ». C'est à cette circonstance, et non à aucun principe économique, qu'il faut rapporter les lois prohibitives qui sont particulières aux colonies.

On doit les pourvoir de tout ce qui leur est nécessaire, mais leur défendre tout commerce direct avec les étrangers ; il convient de ne pas lever des contributions dans les colonies, mais d'établir l'impôt en Europe sur leurs productions. Au reste, ces ménagements et ces lois prohibitives seraient bien moins importantes pour la nation qui se croirait certaine d'être maîtresse de la mer.

Comme on le voit, Necker, à la modération près, partage les idées coloniales des Espagnols et des Anglais ; il n'avait pas encore l'idée de la liberté des colonies.

Ce qu'il dit du commerce des Indes montre aussi la différence de ses vues et de celles qui ont prévalu depuis.

Il relève la contradiction apparente de la faveur donnée à ce commerce, et des principes qu'il avait établis sur l'importance de multiplier et de protéger tous les travaux intérieurs. L'explication qu'il en donne relève de ce grand principe de la spécialisation des pays dans les productions qui leur conviennent le mieux, mais il ne tarde pas à en faire une application discutable.

« Quand une nation possède beaucoup d'objets d'échange,

elle ne doit pas employer son terrain et ses hommes à des objets pour lesquels elle n'a pas des avantages naturels.

» Si, pour planter du tabac, il falloit sacrifier un terrain propre à des vignes, avec le produit duquel on pourroit obtenir celui d'un plus grand nombre d'arpens étrangers produisant du tabac, certainement on feroit une mauvaise combinaison ; de même s'il y avoit un pays comme les Indes, où par la nature du sol, du climat et des usages, les hommes fabriquassent une certaine manufacture à infiniment meilleur marché que les Européens, il pourroit convenir à une nation industrieuse, comme la France, d'employer ses hommes à d'autres travaux, d'échanger le produit de ces travaux contre de l'argent, et de porter ensuite cet argent aux Indes.

» Par exemple, si par le travail de dix mille François, les uns faisant des toiles, des chapeaux, etc., les autres les portant à Cadix pour avoir des piastres qu'ils transportent au delà du cap de Bonne-Espérance, on pouvoit obtenir aux Indes une quantité de mousselines qu'on n'auroit pu fabriquer en France qu'avec quinze mille hommes, on doit préférer d'acheter ces mousselines aux Indes, puisqu'il reste en bénéfice le travail de cinq mille hommes (1). »

Ce qui suit peut être considéré comme une adhésion à l'idée que la Compagnie des Indes avait fini par ne plus avoir de raison d'être :

« Ce fut par de telles considérations que le commerce des Indes fut trouvé raisonnable et politique par Colbert,

1. Académie, p. 131. — Lausanne, p. 310. — Staël, p. 123.

quoiqu'il fut jaloux de multiplier en France toute espèce de manufactures; mais, depuis cette époque, toutes ces proportions ont changé. Les toiles des Indes ont coûté beaucoup plus à la France, tant par la hausse du prix de la main-d'œuvre que par les vexations exercées par les souverains du pays et par les grandes dépenses de guerre et de souveraineté que ces établissements ont occasionnées; dès lors l'économie politique ne peut plus conseiller ce commerce; il seroit préférable de favoriser en France l'établissement de ces manufactures et de quelques autres semblables, en prohibant celles des étrangers, mais si d'autres considérations importantes excitoient la France à conserver des établissements dans un pays où d'autres nations en possèdent de très considérables, alors le commerce cesseroit d'être le motif principal; mais il deviendroit l'adoucissement d'un malheur politique, et c'est peut-être la manière d'envisager aujourd hui cet objet (1). »

Une rubrique suivante nous fixe sur les rapports réciproques des *Notes* et de l'*Éloge*. Cette rubrique est ainsi conçue : « Compagnie exclusive pour le commerce des Indes et de la Chine ». Voici tout ce qu'elle renferme : « Voyez l'*Éloge de Colbert*, page 39 ».

Le dernier sujet que les *Notes* traitent est le luxe. A propos du sort des salariés, meilleur en Angleterre que ne le comporterait le principe que les propriétaires font toujours la loi, Necker l'explique par des raisons politiques. Cette différence tient à une circonstance particulière à l'Angleterre; c'est que le peuple y est propriétaire d'une

1. Académie, p. 132. — Lausanne, p. 311. — Staël, p. 124.

valeur qu'il dispense aux riches et avec laquelle il les force à de la modération dans leur droit. Cette valeur et la faculté de les élire, ou de ne pas les élire pour membres du Parlement ; mais les Anglais sont les seuls peuples de l'Europe qui jouissent d'un tel bonheur (1).

Le luxe le plus contraire aux principes de l'économie politique est celui qui contrarie la population. Tel est celui des parcs, des chemins fastueux et des chevaux, parce qu'il emploie une grande portion de terre, capable de multiplier les subsistances. Entre les autres luxes, il faut préférer celui qui s'applique aux richesses durables. Ainsi le luxe des tableaux vaut mieux que celui de la musique, celui de la vaisselle que celui des feux d'artifice. Mais la loi du bonheur, la première de toutes, exige qu'on laisse, à cet égard, la plus grande liberté. Il ne faut pas acheter la force nationale par un trop grand sacrifice, car cette force elle même n'est un bien qu'autant qu'elle est un garant du bonheur.

C'est sur cette phrase hédoniste que se terminent les *Notes*.

Cette analyse longue, sèche, mais nécessaire autant que fastidieuse, nous montre que les rapports des *Notes* avec l'*Éloge* sont d'une nature factice. Entre les deux ouvrages

1. A l'époque où il écrivait l'*Éloge* et la *Législation*, Necker admirait déjà la Constitution anglaise, mais ce qu'il dit prouve qu'il ne la connaissait point. « L'homme industrieux » c'est-à-dire l'ouvrier des manufactures, celui qui loue sa force aux fermiers, et tous les « salariés » n'avaient point le droit de vote comme il l'imaginait. Tout le monde ne votait pas dans les villes, et dans les campagnes il n'y avait guère que les petits propriétaires et les tenanciers qui possédassent le droit de vote. Ce suffrage, très restreint, paraît cependant bien être la cause de l'effet signalé par Necker.

il n'y a pas parallélisme, le style même des *Notes* est tout autre, sans qu'il convienne d'ailleurs de s'en plaindre. Le morceau d'éloquence. complet en soi, n'ayant pas besoin de ce supplément pour être couronné (1), comment se fait-il que Necker se soit donné tant de peine pour écrire ces longues *Notes ?* C'est que l'*Éloge* était destiné à l'Académie, mais que les *Notes*, appelées à venir au jour avec l'ouvrage couronné, et à participer à sa renommée, étaient faites pour montrer comment le Colbert futur comprenait toutes les questions économiques et financières de son temps. Elles constituent une profession de foi de candidat au ministère. « Ce travail avait de l'importance en ce sens qu'il était ce qu'on nomme actuellement un discours-ministre ; seulement au lieu de s'adresser à une Chambre, il s'adressait au public (2).

Cette profession de foi, qui parut mercantiliste au moment où les physiocrates étaient à l'apogée de leur faveur, ne pouvait manquer de produire une émotion, d'autant que son auteur était un homme déjà en évidence. Sa prudence, son respect des traditions et son éloignement pour toutes les formules absolues firent louer Necker par les hommes d'opinion moyenne. Les physiocrates le critiquèrent au nom des principes : et de fait l'*Éloge* ne se dis-

---

1. Lire dans la *Correspondance inédite* de Grimm (Paris, Furne, 1829, in-8°), le compte rendu de la séance de l'Académie du 25 août 1773, où fut faite, par d'Alembert, la lecture de l'*Éloge* (p. 381 et suivantes). Tout ce qui se rapporte aux menées qui conduisirent Necker au pouvoir a un intérêt historique.

Lors de la publication de la *Correspondance* en 1813, les censeurs de Napoléon coupèrent ce compte rendu, pour faire leur cour à l'ennemi de Mme de Staël ou peut-être par son ordre.

2. Blennerhassett, I, p. 101.

tingue pas seulement par son dédain des principes nouveaux, mais encore plus peut-être par son défaut de principes. Il y a une opposition de méthode entre la logique *a priori* et l'inflexibilité mathématique de la plupart des physiocrates, et le constant opportunisme de Necker. Ces critiques n'allaient pas tarder d'ailleurs à trouver une occasion de s'exercer encore.

A peine l'*Éloge* avait-il paru, que le diplomate genevois commençait, en effet, une publication d'une plus grande étendue : son traité *Sur la Législation et le Commerce des grains*, qui sortit des presses moins de deux ans après. C'est le grand ouvrage économique de Necker, du moins quant au nombre des pages ; mais avant d'entreprendre l'analyse de ce livre, il faut expliquer pourquoi Necker a choisi un tel sujet. Il est nécessaire pour comprendre ce choix, de se rappeler l'importance de la question au moment où le livre fut écrit, et les nombreux ouvrages et mémoires qui avaient déjà paru sur ce sujet.

CHAPITRE III

Sur la Législation et le Commerce des grains.

La question des subsistances au temps de Necker. — Législation des grains. — Analyse de l'ouvrage de Necker *Sur la législation et le commerce des grains*. — Critiques de Morellet, de Condorcet et de Baudeau.

Il faut un peu de réflexion pour comprendre comment la question des subsistances, et celle du blé en particulier, se posaient au temps de Necker. Les conditions économiques et la législation sont tellement différentes aujourd'hui que nous avons peine à saisir son importance.

Du monde entier, les subsistances affluent chez les approvisionneurs, et il suffit de quelques dépêches ou de quelques coups de téléphone pour mobiliser, détourner de leur route, précipiter sur un point voulu des masses énormes de froment. Il n'y a plus de pays où la culture soit découragée, faute de débouchés, ni de pays où les vicissitudes des saisons fassent alterner la cherté et l'avilissement des prix, la surabondance et les famines.

La vapeur et l'électricité ont supprimé en quelque sorte les distances, régularisé la répartition des subsistances, jusqu'à égaliser les prix dans l'espace et le temps. L'hygiène contribue maintenant à cette égalisation, en imposant aux classes riches une alimentation qui se trouve à peu près celle dont se servaient autrefois les classes pauvres. La perte des habitudes de suralimentation n'a pas profité qu'à la santé publique, elle a rendu disponible une quantité très notable de subsistances qu'utilisent les classes moins aisées.

En même temps que s'augmentait et se régularisait la masse des subsistances disponibles, que la consommation individuelle tendait à s'égaliser, l'opinion que l'on avait autrefois de la quantité d'aliments indispensable à la vie et de leur nature se modifiait profondément.

Au temps de Necker, comme aux siècles précédents, une opinion très fausse des besoins de l'organisme imposait, du haut en bas de l'échelle sociale, une suralimentation aussi copieuse que possible, et tolérait la consommation des vins jusqu'à l'ivrognerie. Ce régime, qui ajoutait à chaque génération plus d'arthritisme et d'alcoolisme aux hérédités ancestrales ; est avec la syphilis et l'hérédo-syphilis, la cause de la dégénérescence physique et mentale des classes supérieures de l'ancien régime (1). Les

1. La dégénérescence constante des classes dirigeantes, historiquement constatée dans tous les temps et dans tous les pays, était regardée jusqu'à nos jours comme une conséquence de circonstances sociales, et une rançon inévitable de l'élévation des familles. On l'explique aujourd'hui par la plus grande facilité que donnent la richesse et la puissance de contracter les tares transmissibles produites par l'abus de la bonne chère, des vins généreux et des amours vénales. Une étude de pathologie rétrospective, faite à l'aide des Mémoires du temps, éclairerait certainement la genèse de la Révolution, et fournirait sans doute l'explication tant cherchée de l'impuissance tragique de tant de gens intelligents et remplis de bonnes intentions, mais chez qui la volonté, la coordination des actions et le jugement paraissent abolis, type mental d'observation courante dans la clientèle des cliniques des maladies nerveuses.

classes moyennes et inférieures s'alimentaient d'après les mêmes principes, et si nous étudions la ration du soldat ou l'ordinaire des ouvriers nourris par leurs patrons, nous retrouvons, réduit mais encore excessif, surtout quant à la viande et au vin, le régime de suralimentation.

On était amené ainsi, à prêter à la question des subsistances une importance plus grande qu'il n'aurait été légitime de le faire, et à regarder comme un régime de disette la consommation des légumes et des herbes cuites. C'est ainsi que la pomme de terre, cultivée en grand depuis plus d'un siècle, était encore regardée comme propre seulement à l'alimentation des bestiaux.

Avec un régime où la viande et le pain comptaient presque seuls, on comprend combien la moindre variation dans la récolte des céréales prenait de l'importance. Tandis que le blé nous paraît d'une importance alimentaire assez secondaire pour que l'on cherche à rendre impossible toute importation, par des droits protecteurs qui laissent filtrer le blé seulement dans les années de très mauvaise récolte, on a vécu jusqu'à la fin du XVIIIe siècle sous la hantise permanente de la possibilité d'une famine.

De là un danger sans cesse imminent de troubles qui entraîna les pouvoirs à prendre des mesures, si mal comprises d'ailleurs qu'elles avaient plutôt pour effet de rendre le mal plus grave et plus étendu.

Ces mesures avaient pour objet de rendre la vie facile aux habitants des villes, race plus remuante et qui menaçait de plus près les pouvoirs publics, en contraignant les paysans à leur vendre leur blé très bon marché. Ce système était désastreux pour ces derniers, et tout autant pour la petite noblesse qui n'avait pas pour supplément à ses ressources agricoles, l'émolument des charges ni les pensions des gens de la Cour.

L'idée fondamentale était d'assurer l'approvisionnement par les paysans d'alentour, et la vente directe au consommateur. De là, une série de dispositions qui entravaient les transports à longue distance, et l'action régulatrice du commerce. Les blatiers ou détaillants, les boulangers étaient soumis à des règlements qui ne leur permettaient d'acheter qu'après les consommateurs, et en petites quantités juste suffisantes pour donner satisfaction aux personnes trop pauvres pour acheter d'un coup un setier de blé. Quant au commerce en demi-gros, ou en gros, il était pratiquement rendu impossible par des mesures qui, du jour au lendemain, renversaient les conditions du marché, et rendaient la ruine plus probable que le gain. Il n'était possible que par accident, en vertu d'autorisations exceptionnelles ou pendant de courtes périodes d'abondance, où les autorités se relâchaient de leur sévérité.

A partir du moment où les citadins cessèrent de fabriquer leur pain, cette situation devint si intolérable à Paris qu'il fallut bien permettre aux boulangers de s'approvisionner plus largement. Ce système d'approvisionnement direct et local aggravait singulièrement les dangers de famine dans les régions où l'intempérie des saisons venait compromettre les récoltes, et des disettes locales pouvaient se produire même dans les années moyennes. Alors on organisait, soit par voie de tolérance ou d'autorisation, soit d'une manière officielle, un commerce et des transports auxquels manquaient les organes les plus nécessaires, c'est-à-dire des voies de communication, des engins de transport, et surtout la compétence, le crédit d'approvisionneurs pratiquant régulièrement les affaires de gros. On créait une insuffisance et une cherté factices sur les marchés, à volumes d'affaires restreint, qui fournissaient l'approvisionnement. Faute de voies toujours praticables, beaucoup de transports devaient se faire à dos d'âne, et dans le Lyonnais, par exemple, le blé se comptait par ânées. Craignant l'eau, les farines ne pouvaient emprunter les voies où il y avait des gués. Les transports opérés dans ces conditions étaient toujours compliqués au départ et à l'arrivée, guère moins longs et tout aussi coûteux dans la partie du trajet qui pouvait se faire par chariots sur les grandes routes mieux entretenues.

Arrivé à destination souvent trop tard, le blé revenait si cher qu'il fallait parfois le vendre à perte, faute d'acheteurs en état de le payer.

Il reste peu de documents qui puissent permettre d'apprécier en chiffres les écarts de prix que laissait subsister entre les provinces un régime aussi maladroitement protecteur. Des statistiques qu'Afanassiev a retrouvées et publiées (1), montrent les écarts énormes des prix à peu de distance. En janvier 1768, le blé est à 19 livres à Châlons, et à 23 à Soissons. A la même époque, il se vend 17 livres à Tours, 25 à Paris. En 1769, aussi en janvier, le prix est de 21 livres à Châlons, de 26 à Soissons ; il est de 25 à Tours, 28 à Rouen, à Amiens et de 34 livres à Paris.

1. *Commerce des céréales*, p. 545.

On pouvait tirer quelques ressources du dehors, de Pologne, de Russie, des pays barbaresques, mais par de mauvais et lents voiliers, la marchandise étant pondéreuse, et il fallait du temps pour informer les marchands de ces pays, et pour que les quantités nécessaires fussent concentrées dans les ports. Par Marseille on recevait de Constantinople, ou même directement de Kozlov, d'Akkerman et d'Otchakov, avec une licence de la Porte, et quand les corsaires barbaresques ne les capturaient point, des cargaisons assez importantes de blé ; on en recevait de Kœnigsberg, de Danzig et de Riga, presque toujours par les entrepôts de Hambourg et d'Amsterdam. L'importation était libre, même par moment favorisée par des primes. Le remède toutefois était inefficace : les blés arrivaient trop tard dans les provinces disetteuses.

Les difficultés résultant des distances ne pouvaient être supprimées, mais le plus grand danger de famine venait des institutions même, des édits, des règlements et des usages. Cette législation, qu'il aurait suffi de faire disparaître pour rendre les prix bien plus stables et la répartition plus régulière, avait ses origines historiques dans l'égoïsme des bénéficiaires de taxes, dans la sottise haineuse des masses toujours pressées de s'assurer la possession des blés aux dépens du prochain, et tous ces vices la rendaient inébranlable.

La prodigieuse complication des mesures de police et des taxes qui en dépendaient s'explique par l'origine indépendante de chaque système local, et par une superposition ultérieure d'imitations. L'entrée en contact de toutes ces légalités, dans une monarchie de plus en plus centralisée, aboutit à des absurdités qui n'existaient pas au temps où chacun de ces sortes de tout petits États avait réellement une vie propre, et formait une unité aussi fermée et définie que les grands États d'aujourd'hui. Les rois s'efforcèrent d'accommoder ces systèmes compliqués et souvent discordants, mais l'histoire de leurs tentatives est celle de la plus décourageante série d'échecs que les essais de réforme royale aient subie dans la suite des siècles.

Le premier coup efficace fut porté par la déclaration du 25 mai 1763. Encore le progrès fut-il momentané ; la coalition des intérêts lésés et des préjugés populaires reprit bientôt le dessus, et la lutte dura encore plus d'un demi-siècle. Il fallut que l'explosion terrible de la Révolution anéantit les intérêts particuliers des officiers locaux et des bénéficiaires de taxes, dispersât ou détruisît les intéressés, que l'ordre matériel fût rétablie par la main de fer de Bonaparte, que la restauration de la voirie, le télégraphe de Chappe et les premiers vapeurs vinssent faciliter les communications, pour que la circulation régulière des céréales s'établit en France, et qu'il cessât d'y avoir des émeutes autour des convois de blé.

En vertu d'une série d'édits, d'arrêts et d'ordonnances, qui se répètent depuis Philippe le Bel jusqu'à l'arrêt du Parlement du 13 juin 1662 et à l'arrêt du Conseil du 19 avril 1723, le propriétaire était obligé d'envoyer son blé au marché de la ville ; il n'avait pas le droit de le vendre ailleurs et particulièrement chez lui, même à son voisin le plus proche. Cette mesure avait pour but de tenir les marchés garnis. Il n'y avait qu'une exception, motivée par la nécessité d'approvisionner Paris. Les marchands parisiens avaient le droit d'acheter directement dans les fermes et châteaux, depuis l'arrêt du Conseil du 16 octobre 1708.

Le blé conduit au marché ne pouvait être vendu à un prix supérieur à celui qui avait été annoncé, mais il pouvait l'être à un prix plus bas. Aux termes de l'article 11 de l'ordonnance de 1577, le grain devait être amené ou vendu par le propriétaire lui-même, ou quelqu'un des siens, sans aucun intermédiaire. Le marché fini, le blé invendu ne pouvait être remporté, le propriétaire pouvait seulement le confier aux officiers du marché, pour le remettre en vente aux deux marchés suivants. Au troisième, il devait le céder au prix qu'on lui offrait. On cherchait ainsi à décourager le propriétaire pour l'amener à faire des conditions meilleures aux acheteurs.

Le propriétaire ne pouvait vendre sa récolte à l'avance, et, chose inouïe, cette prohibition n'a été abrogée que de nos jours, par l'article 14 de la loi du 9 juillet 1889. Le propriétaire, paysan, seigneur ou abbé, ne pouvait pas davantage garder son blé au grenier pour attendre une année de cherté. L'ordonnance du 21 novembre 1577 défendait de conserver le blé plus de deux ans, sauf celui nécessaire à la consommation personnelle.

Les autorités locales ne manquaient d'ailleurs pas, quand elles le jugeaient utile pour garnir le marché ou faire baisser les prix, d'ordonner aux détenteurs de blés de les porter sur le marché, et ceux qui cherchaient à se soustraire à l'ordre étaient traités comme accapareurs. Afanassiev raconte en détail (p. 14 et suiv.), les persécutions exercées contre des personnes de toute condition, par application de cette règle. Le cultivateur ne risquait rien moins que les galères à faire une déclaration fausse de la quantité de blé contenue dans ses magasins ; peu importait même que la déclaration fût supérieure et non inférieure à la réalité, faite de bonne foi, et par mandataire. Heureusement, les agents n'étaient pas incorruptibles, et leur sensibilité les portait à garnir leur bourse plutôt que les bancs des rameurs du roi.

Si le rôle du producteur était un peu sacrifié, celui de l'acheteur n'était pas toujours dépourvu de soucis.

Le consommateur était relativement favorisé. On lui réservait les premières heures qui suivaient l'ouverture du marché. Il ne pouvait d'ailleurs pas acheter plus que ce qui était nécessaire à la consommation de sa maison, pendant une durée assez courte qui variait suivant les règlements de marché. En général, pas plus d'un setier, et il en fallait trois en moyenne pour nourrir une personne pendant un an. Tout approvisionnement illicite était sévèrement puni et le blé renvoyé au marché. Le particulier était donc obligé d'aller souvent au marché, et autant de fois au moulin pour porter le blé, et encore tout autant pour aller chercher la farine. Visiblement, le temps n'avait pas alors beaucoup de prix.

Le boulanger et le regratier, le marchand en général, ne pouvaient acheter qu'après les particuliers. L'ordonnance de 1672, qui fut en vigueur jusqu'à Turgot, tolérait l'achat quotidien par chaque boulanger de Paris de 2 muids de blé et 1 muid de farine. Comme à Paris les fours particuliers devenaient rares, la boulangerie employait dès le commencement du XVIIIe siècle plus d'un millier de muids par jour. Les négociants en gros, que l'on n'oserait guère appeler ainsi aujourd'hui, ne pouvaient avoir en magasin plus de 2 muids d'avoine et de 8 setiers des autres grains. Les hôteliers et regratiers ne pouvaient pas acheter tous les jours, mais seulement chaque jour de marché, et jusqu'à 6 setiers d'avoine et 2 de grains, sans plus.

Négociants et boulangers pouvaient d'ailleurs acheter en dehors de Paris, sur les marchés, et quelquefois chez les particuliers, ce que les marchés et les ports parisiens ne leur fournissaient pas en suffisance. Les achats qui se faisaient en province ne pouvaient se faire qu'en dehors d'un « arrondissement », de 8 lieues de rayon autour de Paris pour les boulangers, et de 10 lieues (Ordonnance du 8 janvier 1622) pour les blatiers. La Déclaration royale du 8 septembre 1737 étendit d'ailleurs aux boulangers l'interdiction de se pourvoir dans le rayon de 10 lieues. L'établissement de cette zone de banlieue avait pour but de favoriser les achats directs des particuliers, mais défavorisait singulièrement les acheteurs de pain et les acheteurs de blé au détail, c'est-à-dire les classes les plus pauvres, et tous les citadins dépourvus de four et peu soucieux de faire moudre, masse qui allait sans cesse en croissant dans la capitale.

Cette disposition se complétait par une interdiction de laisser sortir de l'arrondissement les blés une fois entrés, quelle que fût leur provenance, ce qui avait pour résultat d'empêcher le transit entre le haut bassin de la Seine et le bassin inférieur, et par toute voie de terre passant par Paris.

Les villes de province étaient pourvues de règlements très variables, mais conçus dans le même esprit que celui de Paris, et des chicanes équivalentes rendaient partout difficile la situation du consommateur comme celle du producteur de blé. Quant à la situation des blatiers, des regratiers, elle était partout très précaire et très dangereuse. Pour compléter le contrôle exercé sur ces marchands, une autorisation, ou tout au moins une inscription sur des registres spéciaux, et des mesures très analogues à celles qui permettent encore aujourd'hui le contrôle du commerce des vins, venaient rendre encore plus gênant l'exercice de la profession. Aussi les honnêtes gens évitaient-ils ce genre de commerce, de sorte que le commerçant en grains, suspect légal, finissait par être en réalité digne de suspicion.

La circulation des grains dans chaque province, et de province à province, était de son côté soumise à des difficultés administratives de toutes sortes. On peut dire que pratiquement les convois pouvaient être légalement arrêtés par les autorités sur tous les points de leur parcours. Quand le pouvoir central voulait bien autoriser la circulation, et quand les autorités locales ne jugeaient pas à propos de l'empêcher, soit d'une manière formelle, soit en multipliant les formalités, les blés pouvaient faire d'assez longs voyages à l'intérieur.

Les frais de transport se trouvaient d'ailleurs très augmentés par les droits de passage, péage, douanes intérieures ou octroi que les blés avaient à payer à la traversée des villes, des villages, des ponts, etc., mais surtout au passage d'une province dans une autre. Dans la zone des cinq grandes fermes, les blés pouvaient faire de longs trajets sans se heurter à la douane, mais il n'en était pas de même dans les autres provinces.

La faculté de faire circuler les blés à l'intérieur était soumise à d'incessantes fluctuations, qui rendaient trop aléatoire l'organisation d'un commerce sérieux. Un arrêt du Conseil du 21 août 1703, pour ne point remonter plus haut, avait permis le libre transport d'une province à une autre, substituant ainsi un régime fixe aux autorisations temporaires pratiquées antérieurement : mais il ne fut pas exécuté. L'arrêt du Conseil du 9 novembre 1710, par une concession renouvelable et qui fut renouvelée, puis celui du 28 octobre 1719, affranchirent de tout droit et sans terme, la circulation intérieure des grains. Après des alternatives, l'arrêt du 26 octobre 1740 rétablit les droits qui de fait n'avaient jamais cessé d'être perçus, et supprima la liberté de circulation à l'intérieur. L'arrêt du 17 septembre 1743 autorisa de nouveau la circulation, sous des conditions strictes qu'élargit celui du 17 septembre 1754.

Toutes ces mesures étaient d'ailleurs pratiquement paralysées par une infinité de règlements locaux qui permettaient les choses défendues, et surtout défendaient les choses permises par le roi. D'autre part, les taxes douanières établies entre la zone des cinq grosses fermes et celle des provinces réputées étrangères, ou entre ces dernières, l'innombrable quantité des péages locaux, aboutissaient à un total de droits véritablement prohibitif, quand l'écart des prix n'était pas extrême entre les provinces intéressées par le trafic, ou quand cet écart ne dépassait pas beaucoup le prix toujours élevé des transports. On peut voir en détail dans l'ouvrage d'Afanassiev (chapitres VI et VII), la complication prodigieuse de ces dispositions fiscales. Relevons seulement que le nombre des péages était d'environ 5.000, chiffre déjà inquiétant, mais le nombre des taxes de marché était à peu près décuple.

La circulation par mer, le cabotage, n'était pas plus libre que les transports par terre. Régi par l'ordonnance douanière de février 1687 *sur le fait des cinq grosses Fermes*, par les arrêts du Conseil du 27 septembre 1710, du 28 octobre 1719, du 30 septembre 1721, du 3 mai 1723, etc., le cabotage des grains était soumis à des vexations et à des incertitudes de toute sorte. D'ordinaire, il était permis, à charge de se pourvoir d'un acquit à caution, et de représenter un certificat de descente, dans un délai et à une autorité d'ailleurs variable, tantôt fiscale, tantôt administrative. Ces permissions étaient temporaires, quelquefois de quelques mois seulement, comme par terre, leur renouvellement incertain. Les taxes de mer étaient aussi onéreuses et aussi compliquées que celles dont étaient grevés les transports fluviaux, par bât ou par roues. Le cabotage était d'autant plus défavorisé, qu'il était regardé comme la principale voie de contrebande.

Quant au commerce extérieur, l'importation était libre, et les droits de douane étaient purement fiscaux, sans tendance prohibitionniste ou même protectionniste. Cette liberté ne fut que très rarement limitée, dans des cas particuliers et tout à fait exceptionnels. On estimait qu'il n'y avait jamais trop de grains en France. Le même motif faisait qu'en revanche l'exportation était sévèrement surveillée. Tantôt tolérée, plus souvent interdite, elle n'était jamais encouragée.

L'ordonnance de François Ier, de novembre 1539, essaya de mettre un peu d'unité et de fixité dans la législation de l'exportation des grains. Elle avait été jusqu'alors régie surtout par des usages locaux. On posa le principe que l'exportation était prohibée, sauf autorisation du roi ; l'édit de juin 1571 renouvela l'affirmation du droit exclusif du roi à autoriser l'exportation, et cette affirmation fut renouvelée encore dans l'édit de janvier 1639. Ces répétitions montrent que les exportations se faisaient alors assez couramment pour que la nécessité d'une autorisation fut sans cesse menacée de tomber en oubli. A partir de cette époque, les autorisations sont très fréquentes, mais de plus courte durée.

Sous Colbert, l'instabilité est de plus en plus grande ; suivant l'abondance de la récolte, on autorise l'exportation avec droits de sortie, ou sans droit de sortie, ou bien on la prohibe entièrement. Les autorisations ne sont données que pour un nombre limité de mois ; elles peuvent d'ailleurs, comme de tout temps, être limitées à certaines provinces ou a certaines issues. Sous ses successeurs, moins diligents, l'application du système continue, mais avec une telle inintelligence des situations qu'il se produisit des désastres.

L'exportation finissait par être envisagée surtout au point de vue des droits de sortie, et l'intérêt des fermes aidant, on l'autorisait sous le prétexte d'excédent, même quand la récolte était déficitaire. L'autorisation du 2 juin 1708, rendue dans ces conditions, a contribué à la terrible famine de 1709. Un arrêt du Conseil de septembre 1910, en vint alors à punir de mort les exportateurs. Cela ne fit d'ailleurs qu'exciter la contrebande, qui payait des droits d'exportation aux agents chargés de la surveiller au lieu de les payer au fisc. Le blé fuyait toujours, mais les fermes ne touchaient plus rien. L'arrêt du commerce d'exportation ne fut pas long, mais les sorties ne reprirent sérieusement qu'après l'arrêt du Conseil du 13 mars 1720, autorisant l'exportation en payant triple droit. Le commerce commençait à peine à s'organiser imparfaitement, et dans certaines régions seulement, quand l'exportation fut de nouveau prohibée le 3 mai 1723. Ces mesures incohérentes se succédèrent indéfiniment, au gré des circonstances, jusqu'en 1763.

Toutes ces vicissitudes ne s'expliquaient pas seulement par le soin de retenir le blé. L'intérêt national était le prétexte, mais souvent la cause efficiente était l'intérêt particulier. Des spéculateurs influents faisaient ouvrir ou fermer les débouchés par des octrois d'autorisation, des retards d'autorisation, des prohibitions qui surprenaient tout le monde sauf les intéressés, agioteurs et prévaricateurs. Les opérations qui portaient toujours sur des quantités médiocres, et par suite ne rapportaient pas de gros bénéfices, causaient de grands dommages en troublant le marché, mais les coupables étaient toujours sûrs de complicités qui leur assuraient l'impunité, malgré les colères populaires.

Le gouvernement finit par être mêlé lui-même à ces tripotages, et pour avoir voulu par des procédés subreptices assurer le pain à bon marché, il favorisa des spéculations contraires à ce but. Ces opérations ont donné lieu à la légende célèbre du Pacte de famine, qui a disparu seulement à une époque récente, après les publications de Biollay, de Bord et d'Afanassiev.

Le commerce n'étant pas en état d'assurer dans les cas

graves l'approvisionnement de la France, et en particulier celui de Paris, le gouvernement se croyait obligé d'y subvenir par des expédients, qui consistaient surtout à faire acheter par des agents secrets les blés nécessaires, que l'on revendait à des prix abordables et souvent à perte. Ces achats se faisaient tantôt en province, tantôt à l'étranger, avec des précautions destinées à prévenir la panique, mais qui étaient toujours éventées. A la fin du règne de Louis XVI, il s'agissait d'approvisionner une ville de 600.000 habitants, habitués au pain de boulanger. On fut amené à procéder d'une manière à peu près officielle, et pour servir de volant à cette machine d'un fonctionnement très irrégulier, des greniers d'abondance avaient été constitués sur divers points de la banlieue.

Le fameux Pacte est une soumission faite par Malisset et consorts, le 28 août 1765, au ministre L'Averdy, pour l'entretien et le renouvellement de ce fonds de roulement. L'original a été retrouvé aux archives nationales dans la liasse des opérations de la société, F. [11], 1194.

Dans l'exercice de son mandat, la Compagnie Malisset commit beaucoup d'imprudences et beaucoup d'abus. Malisset fit peu de bénéfices, environ 110.000 livres. Les opérations se faisaient d'ailleurs sur un pied médiocre. L'approvisionnement normal était de 40.000 setiers de froment, de quoi nourrir 10 à 12.000 personnes pendant un an. Du 19 octobre 1767 au 21 janvier 1769, le receveur de la caisse des grains Malavaud encaissa 2.483.306 livres, 17 sols, 4 deniers de ventes. Finalement Malisset lui-même demanda, au bout de trois ans, la résiliation de la soumission, après avoir par ses opérations beaucoup nui au commerce, dont il entravait les achats par l'importance relative des moyens financiers dont il disposait.

L'opinion s'établit que le gouvernement spéculait, Louis XV en devint odieux, ses ministres impopulaires, l'écho des haines se fit jour pendant la Révolution, les livres d'histoire qui datent de vingt ans parlent encore avec horreur du Pacte de famine : tout cela simplement parce que le gouvernement, ignorant des lois économiques, désireux d'assurer le bas prix du pain, avait pratiqué une politique des subsistances tout à fait conforme au désir des masses, mais désastreuse pour leurs intérêts. Cet exemple montre quelle était la mentalité populaire au milieu du XVIIIe siècle.

Le règne de Louis XV vit pourtant le commencement d'une politique des grains conforme aux exigences de l'économie politique. Dès 1719, un arrêt du Conseil avait proclamé le principe que le développement de l'agriculture a pour condition essentielle la liberté du commerce des grains. L'arrêt du 17 septembre 1754 permit la libre circulation des grains entre les provinces. La déclaration du 25 mai 1763 autorisa le libre transport des grains et denrées d'une province dans une autre, sans déclarations ni permissions préalables, sans droits de péage, passage, pontonage ou travers. Cette dernière était l'œuvre du contrôleur général des Finances Bertin, partisan convaincu de la liberté du commerce des grains. L'Édit du 19 juillet 1764, qui était aussi son œuvre, permettait à tous, même nobles et privilégiés, de pratiquer le commerce des grains, soit avec les régnicoles, soit avec les étrangers, et de faire à cet effet tels magasins qu'ils jugeraient nécessaires. Le blé exporté payait un droit de sortie d'un et demi pour cent.

Dans ces mesures on sentait l'influence des idées économiques de Herbert, de Quesnay et des physiocrates. Elles eurent surtout pour effet de marquer une tendance au changement des doctrines et de permettre au commerce de s'organiser sur des bases plus puissantes. Quant au reste, les titulaires des droits innombrables et l'obstination populaire empêchèrent presque partout leur application, et peu à peu forcèrent le gouvernement à les atténuer.

Justement à cette époque il y eut une série de mauvaises récoltes. Le populaire s'émut, il y eut des troubles dans les marchés, plusieurs Parlements intervinrent, restreignant ou supprimant par des arrêts les libertés établies par les arrêts du Conseil (Paris, Dijon, Rouen, Bordeaux). A son tour, le Conseil cassa ces arrêts. Les Parlements du Midi, Aix, Toulouse, Grenoble, prirent au contraire parti pour la liberté commerciale. Les officiers des villes prennent des arrêtés pour et contre. De simples procureurs fiscaux en prennent aussi. Dans beaucoup de régions les lois établissant la liberté du commerce des grains ne furent même pas promulguées.

Bref, le pouvoir central fut réduit à l'impuissance, et il finit par capituler. Bertin laisse la place à Maynon d'Invau, qui est libéral, celui-ci à l'abbé Terray, qui est l'adversaire des libertés économiques. Le 23 décembre 1770, le Conseil rendit un arrêt qui, sans abroger ceux de 1763 ni ceux de 1764, restaura l'ancien régime des grains en rétablissant l'inscription des marchands, l'interdiction aux cultivateurs, privilégiés, etc., de se mêler de commerce, la défense d'acheter hors des marchés. La circulation intérieure restait nominalement autorisée, mais elle était pratiquement impossible, faute de quantités suffisantes entre les mains des marchands, réduits au rôle de détaillants ; l'exportation est de nouveau interdite. A son tour ce nouvel arrêt trouva des oppositions : le Parlement de Toulouse paraît ne l'avoir jamais reconnu. Un arrêt du Conseil du 14 février 1773 acheva l'immobilisation en imposant au cabotage des conditions qui le rendaient impossible. Toutes ces mesures rendirent l'approvisionnement tellement difficile que Terray fut obligé de développer de plus en plus le système odieux de la caisse des grains, des magasins royaux, et des commissionnaires acheteurs et revendeurs des grains du roi.

En 1774, Louis XVI monte sur le trône. Terray est renvoyé, le ministre de la Marine, Turgot, le remplace comme contrôleur général des Finances, un peu par hasard, parce que le roi voulait placer M. de Sartines, lieutenant de police, qui eut la Marine. Le choix était heureux. Turgot, un des hommes les plus instruits et les mieux organisés de son temps, arrivait au pouvoir avec un programme déjà défini dans les célèbres *Lettres* adressées à Terray. Appelé au pouvoir le 24 août 1774, dès le 13 septembre il fait rendre un arrêt du Conseil qui rétablit la liberté effective du commerce des grains. Le préambule de cet arrêt, écrit par Turgot, est une admirable leçon d'économie politique

L'article premier du célèbre arrêt de Turgot dispose que les articles 1 et 2 de la Déclaration du 25 mai 1763 sur la liberté de la profession de négociant en grains, seront exécutés suivant leur forme et teneur. L'article 2 fait défense à tous officiers du roi et des seigneurs de mettre aucun obstacle à la circulation des grains et farines de province à province, de contraindre les détenteurs de blé de les porter au marché, ou de les empêcher de les vendre où bon leur semblera. L'article 3 déclare que le gouvernement renonce à faire des achats ou ventes de blé. L'article 4 permet l'entrée des blés étrangers, avec faculté de réexportation. Pas un mot de la liberté d'exportation, « qui serait une épouvantail à chènevière pour le peuple », disait Baudeau. Rien non plus au sujet des règlements de Paris et des péages, les grands obstacles pratiques à la réforme.

L'opinion des classes éclairées fut cette fois bien plus favorable à sa réforme. Par malheur, le commerce désorganisé était hors d'état de faire face aux besoins, et une nouvelle période de mauvaises récoltes fit éclater de tous côtés des troubles qui prirent à Paris et autour de Paris le caractère d'une émeute organisée. Le 2 mai 1795, les émeutiers sont à Versailles, le roi intimidé les reçoit, leur promet que le prix du pain sera abaissé. Le 3, ils sont maîtres de Paris pendant toute la matinée. Ce fut ce qu'on a appelé la Guerre des farines.

Turgot ne s'en émut pas beaucoup, et profita de la circonstance pour suspendre la perception des droits d'octroi et de marché dans les localités où sévissait la disette. Il supprima aussi beaucoup d'autres droits, et c'était la véritable manière d'arriver à rendre effective la liberté de circulation. En 1776 et 1777, la liberté d'exportation fut organisée à son tour. Assurément tous les obstacles n'étaient pas détruits, il s'en fallait, mais le commerce pouvait espérer et préparer son essor. Cet essor ne devait pas tarder à être brisé par Necker.

Ces vicissitudes de la législation du commerce des blés ne sont plus la simple conséquence de fluctuations économiques ou de besoins fiscaux, comme à l'époque de Louis XIV, mais le résultat de l'évolution politique. Dans une phrase célèbre, Voltaire dit qu'à partir de 1750 les conversations des salons se détachèrent de la littérature et de la philosophie pour se porter sur les blés. Ces conversations, de tendance plutôt frondeuse comme le voulait l'esprit de l'époque, firent peu à peu brèche dans le système des idées établies, et c'est ainsi que les vues des personnages au pouvoir commencèrent à changer.

Le premier ouvrage économique qui passe pour avoir exercé une influence sur la législation fut l'*Essai sur la police générale des grains*, dont la première édition et la seconde parurent à Londres, en 1753, et la troisième plus que double comme nombre de pages, à Berlin, en 1755. Ce livre assez documenté d'après les statistiques anglaises, est un plaidoyer en faveur de la liberté du commerce des grains. On y montrait que l'assurance des débouchés développe la production, et que la liberté de la circulation entraîne la régularité de l'approvisionnement et la modération des prix. Ce livre d'Herbert a beaucoup contribué à faire croire que l'Angleterre permettait constamment l'exportation des blés, alors que de nombreuses restrictions étaient pratiquement apportées à ce principe dans les années de cherté. Cette publication passe pour avoir inspiré l'arrêt du 17 septembre 1764, permettant la libre circulation des grains entre les provinces.

L'influence la plus considérable fut cependant exercée par l'école physiocratique. L'agriculture que Sully avait rendue si prospère avait périclité après lui et fut un peu dédaignée pour l'industrie pendant la vogue du mercantilisme. Les physiocrates la divinisèrent presque. Pour eux, l'agriculture possède le privilège exclusif et merveilleux de donner un produit net, ce qui excède le remboursement des avances étant un don gratuit de la nature. La terre est donc l'unique source des richesses, elle seule est créatrice de matière nouvelle et de valeur nouvelle, car elle est seule à donner naissance à la matière, et la matière est seule à donner naissance à la valeur.

Pour remplir son objet, l'agriculture a d'ailleurs besoin de capitaux, et de grands capitaux : il faut donc que l'agriculteur soit riche, qu'il ne soit plus sacrifié comme par le passé. Cette notion de la grande agriculture, qui passionne les physiocrates, est en opposition complète avec les principes et les pratiques du gouvernement en ce qui concerne la culture, la vente et le commerce des grains. Pour la réaliser il faudra que toutes les entraves légales soient brisées. De là la nécessité d'affranchir la culture d'une infinité d'usages, de droits et de règlements qui la paralysent, et la vente des produits de toutes les mesures qui ont pour objet d'assurer le bas prix des grains. Ce qu'il faut tendre à réaliser, c'est au contraire le bon prix, que pour le blé les physiocrates finissent par fixer à 18 livres le setier de 156 litres.

Cette théorie de la nécessité du bon prix devient un bélier avec lequel les physiocrates battent sans cesse la législation restrictive. Le but avéré de cette législation était d'abaisser le plus possible le prix de vente des blés pour rendre la vie plus facile aux acheteurs, sans tenir compte des intérêts des producteurs ; dans les années d'abondance les fermiers arrivaient ainsi à dépenser parfois 12 à 17 livres pour produire un setier de blé qu'ils vendaient seulement 10, 12, 14 livres (1). Après avoir supporté les impôts, tous les frais, et vendu finalement avec perte, ils diminuaient leurs emblavures, et pour peu que la saison fût mauvaise, la disette venait l'année suivante.

Pour augmenter les prix, il faut que la circulation facilite sans cesse la vente : à quoi bon améliorer les terres et augmenter les emblavures, faire de la grande et riche agriculture, si les blés produits ne parviennent pas à se vendre ? « Que ferons-nous de nos grains, nous ne trouvons pas à les vendre ! » Telle est, d'après les physiocrates, la réponse du cultivateur. C'est exactement, on le voit, l'opposé du point de vue pessimiste de Necker, sans cesse hanté par le spectre de la disette.

Le grand consommateur, c'est le peuple. Pour consommer, et par suite pour faire produire, il faut que le peuple soit riche. Pour Quesnay, la hausse des salaires est indispensable au bonheur général.

« Ce n'est jamais le débit qui manque, c'est le prix. On peut toujours débiter à vil prix. Et il n'y a que le haut prix qui puisse procurer et maintenir l'opulence par les succès de l'agriculture. Voilà l'alpha et l'oméga de la science économique. » C'est encore l'opposé de la doctrine

1. Weulersse, *Mouvement physiocratique*, I, p. 481 et suiv.

de Necker, qui regarde la concurrence des travailleurs comme devant toujours abaisser le salaire au minimum, sans enchérissement possible.

Les impôts sur la circulation équivalent à des taxes de consommation, ils diminuent le bon prix. Quesnay demande au gouvernement d' « abolir ou modérer les droits excessifs de rivière et de péage ; ils détruisent les revenus des provinces éloignées, où les denrées ne peuvent être commerçables que par de longs transports. » En 1768, Baudeau réclame aussi l'abolition « des droits d'entrée et de sortie, des péages et autres exactions de cette sorte, levés sous quelque prétexte et au profit de qui que ce soit ». Les seigneurs qui possèdent de tels droits « se rendroient illustres et deviendroient cent fois plus chers, cent fois plus respectables à la nation, s'ils en faisoient le sacrifice ».

Ces impôts sont d'ailleurs un avantage illusoire pour le gouvernement. Baudeau (1) le dit expressément : « Si la cupidité retenoit encore quelques-uns de ces exacteurs, ou si la crainte de diminuer le revenu royal pouvoit empêcher de détruire les péages et les douanes, nous devons avertir qu'elle perd cent fois plus qu'elle ne gagne à gêner le commerce des blés. Le bon prix des grains, leur valeur presque uniforme assurée par la liberté, augmenteront tous les baux à ferme, toutes les ventes de fonds, tous les droits seigneuriaux et royaux qui en sont la suite : et on n'a qu'à calculer ici si ce n'est pas une très grande et très avantageuse compensation. »

1. *Éphémérides*, janvier 1768, p. 216.

Les économistes réclament, pour faciliter la circulation, la mise en état des chaussées, l'établissement de nouveaux canaux.

Liberté d'acheter, liberté de vendre, liberté de faire circuler, liberté de constituer des magasins, si considérables qu'ils soient, tels sont, disent les économistes, les vrais moyens d'égaliser les prix et d'empêcher les disettes. Plus de greniers publics, qui nuisent aux vendeurs, plus de commissionnaires, ni de monopoles officieux ; encore moins de ces permissions particulières de faire circuler et d'exporter qui, vendues par les bureaux ou procurées par des protections puissantes, donnaient lieu aux spéculations les plus abusives.

Les économistes et Quesnay, dès ses premiers articles, revendiquaient avec la même énergie la liberté d'exportation : « Tel est le débit, telle est la reproduction » Weulersse nous cite (I, p. 546) une série d'auteurs qui sont sur ce point de l'opinion des physiocrates. Quesnay pensait que la production pourrait augmenter ainsi de vingt à trente millions de setiers. Cette opinion aussi était assez générale en dehors de l'École (1). On proposait même d'établir des primes à l'exportation, regardant celles établies depuis 1689 par l'Angleterre comme la cause qui avait changé la face de ce royaume et appris l'art de cultiver. C'était l'opinion de Melon, de Dupin, de Herbert, de Dangeul, de Goudar, de Marcandier (2).

Quant à l'importation, elle doit être libre et franche

1. Weulersse, I, p. 553.
2. Weulersse, p. 566.

d'après la plupart des économistes du temps, et Mirabeau la recommande, même quand elle se fait sous pavillon étranger. Bien que par sa nature elle ne soit pas propre à faciliter la vente à bon prix, elle contribue à régulariser les prix et à prévenir ou corriger les disettes.

Parmi les très nombreux écrits de ce temps où il est question du commerce des grains, un seul ouvrage notable a pour objet de réclamer la prohibition de l'exportation. C'est le livre fameux de Galiani, dirigé contre l'édit de 1764, et qui passe pour avoir inspiré celui de Necker.

Cet ouvrage parut en 1770 et obtint un vif succès, dû à sa forme spirituelle et facile plutôt qu'à la force de ses arguments et à l'importance de ses conclusions, car il finit un peu en queue de poisson : *desinit in piscem*.... Le marquis de Roquemaure et le chevalier de Zanobi dialoguent dans un style mi-sérieux, mi-frivole. Le chevalier achève l'éducation du marquis sur le fait de la politique des grains. Un président opine du mortier. Voici à peu près l'argumentation de Zanobi.

On ne peut pas appliquer partout la même politique des grains. L'Espagne pourrait permettre l'exportation, parce que la province nourricière, la Vieille Castille, est centrale ; en France, c'est près des frontières que se produit le plus de blé, et il peut s'exporter à peu de frais. Il y aurait donc un grand danger de le voir sortir, alors qu'il manquerait dans l'intérieur, où il coûterait plus cher à transporter. Il ne faut pas risquer de s'exposer à la disette. Le blé est le plus continu des besoins des hommes. La viande, les herbes, les laitages ne peuvent alimenter, même quelque temps, le peuple. Sans pain on ne peut plus rien manger, une fièvre épidémique et mortelle attend quiconque ose imaginer d'échapper à la famine autrement qu'en se procurant du pain. Il est très douteux que la France surabonde de blé, en prenant l'année commune sur dix années consécutives, et encore ne peut-on savoir ce qu'il en est que vers la fin de la saison. La prudence exige donc de mettre des bornes à l'exportation. Pour empêcher la sortie du blé des provinces frontières, et pour le faire refluer vers l'intérieur, l'auteur propose un impôt de cinquante sous par setier exporté. On n'aura donc intérêt à exporter que si le blé est très bon marché à l'intérieur, car ce droit compensera la différence des prix de transports qui inciterait autrement à vendre plutôt à l'étranger. Quant aux farines, un impôt de dix sous par quintal suffirait.

La question en était à ce point quand parut la *Législation des grains*.

Necker écrivait son livre pendant le ministère de Turgot; on a pensé que l'ouvrage était une critique des actes du ministre, et avait pour but de lui nuire Il n'en est rien, puisque ce volume, comme nous en aurons bientôt la preuve, est un développement de l'*Éloge* et des *Notes*. Bien plus, un passage des *Mémoires* de Morellet nous montre la très grande loyauté de Necker dans cette affaire.

« M. Necker avait offert à M. Turgot de lire son ouvrage manuscrit et de juger si l'on pouvait en permettre l'impression. M. Turgot répondit un peu sèchement à l'auteur, parlant à sa personne, qu'il pouvait imprimer ce qu'il voulait, qu'on ne craignait rien, que le public jugerait, refusant, d'ailleurs, la communication de l'ouvrage; le tout avec cette hauteur dédaigneuse qu'il avait trop souvent, en combattant les idées contraires aux siennes. Ce que je rapporte là, je ne le tiens pas d'un autre, car je l'ai vu de mes yeux et entendu de mes oreilles ; j'étais alors chez M. Turgot : M. Necker y vint avec son cahier ; j'entendis les réponses que l'on fit à ses offres, et je le vis s'en allant avec l'air d'un homme blessé, sans être abattu (1) ».

Par une rencontre singulière, l'ouvrage de Necker parut juste au moment de la guerre des farines, et il devint aussitôt le livre de chevet de tous les ennemis de la liberté commerciale, et en particulier de ceux de l'exportation des grains Le succès de librairie fut tel que les exemplaires s'enlevèrent par dizaines de mille. Beaucoup, bien reliés en veau ou habillés de ces cartonnages qui commençaient à se répandre, trouvèrent asile dans les bibliothèques, et l'édition originale ou les réimpressions successives se rencontrent de temps en temps en librairie (2).

Je n'aurai donc pas à procéder pour ce livre comme pour les ouvrages précédents, qui sont très rares, et tout en analysant exactement, je ne ferai que rarement de longues citations textuelles.

---

1. *Mémoires*, t. I, p. 231.

2. L'édition princeps est anonyme, comme d'ailleurs toutes les réimpressions qui se succédèrent avec rapidité. Le titre porte : *Sur la législation et le commerce des grains* — à Paris chez Pissot, libraire, quai des Augustins, près la rue Gît-le-Cœur, 1875 — avec approbation et privilège du roi. L'ouvrage est donc anonyme, mais non clandestin ; son cas est celui de l'*Éloge*, non celui de l'*Administration des Finances*. Il y a deux volumes in-8°, l'un de 236 pages comprenant les deux premières parties, le second de 184 pages.

L'ouvrage forme le tome IV de l'édition de Lausanne, le tome Ier de l'édition Staël. Il a été réimprimé dans le t. XVI de la *Collection* des principaux économistes publiée chez Guillaumin, avec des notes critiques de Molinari.

Il y a d'autres raisons pour procéder ainsi. Le style de l'*Éloge* et des *Notes* est d'une telle concision et d'une telle précision qu'il est souvent difficile ou dangereux de vouloir le résumer. La *Législation des grains* est au contraire écrite d'une façon je ne dirai pas abstraite, ni diffuse, mais tellement large que la difficulté de résumer réside au contraire dans celle de trouver une phrase en quoi puisse se condenser la page.

L'ouvrage commence par les considérations d'usage sur l'importance de la question traitée. On insiste en particulier sur la différence des points de vue et sur celle qui en résulte dans la façon d'apprécier la législation des grains. Le propriétaire ne voit dans les blés qu'un produit dont il veut disposer comme de ses autres revenus. Le négociant n'aperçoit dans cette denrée qu'une marchandise qui se vend et s'achète; il veut pouvoir l'acquérir ou la revendre au gré de son intérêt. Il demande que cette circulation soit soumise aux lois générales du commerce. Le peuple, sans réfléchir, envisage le blé comme un élément nécessaire à sa conservation, il réclame des lois de police qui lui répondent de sa subsistance. C'est au milieu de ce choc d'intérêts et d'opinions que le législateur doit chercher la vérité. Le sentiment de Necker se manifeste par cette phrase humanitaire :

« Il (le législateur) doit être le protecteur de cette multitude d'hommes, qui n'ont point d'orateurs pour exprimer leurs plaintes, dont il faut étudier les souffrances, parce que leur voix ne s'élève que dans la détresse ; qui ne voient que le moment, et qu'on ne peut servir que par prévoyance ; qu'il est impossible de rendre jamais assez heureux pour en être aperçu, ni pour jouir de leur reconnaissance, mais qu'il est si doux de défendre contre l'oppression et le malheur, sans éclat et sans récompense (1). »

Il donne ensuite la division de son ouvrage. Dans la première partie, on discutera l'exportation des grains ; dans la seconde, la liberté intérieure ; dans la troisième, les modifications applicables au commerce des grains. « Dans la quatrième, dit-il, on finira par hasarder son opinion sur la loi qui obvieroit au plus grand nombre d'inconvéniens. »

Première partie

Nous voyons d'abord reparaître la théorie de la prospérité de l'État basée sur l'équilibre du bonheur et de la force ; l'affirmation que la population contribue plus à la force que les richesses : tout cela dit plus longuement que dans l'*Éloge*, mais sans une idée de plus.

Necker revient sur sa notion particulière des richesses : « Ce sont les biens surabondans de toute espèce qui s'amassent par le temps dans une société, et qui, susceptibles d'êtres échangés contre les services des étrangers, peuvent augmenter la force publique. Ces biens consistent principalement aujourd'hui dans les matières précieuses, telles que l'or et l'argent (2) ».

Reviennent aussi les mêmes idées sur le rapport de la richesse avec le bonheur. Il ne suffit pas qu'un pays soit

1. Éd. princeps, 1, 8 ; Lausanne, t. IV, p. 6 ; Staël, I, 6 ; Molinari, 213.
2. Ed. princeps, I, 18 ; Lausanne, 14 ; Staël, 16 ; Molinari, 217.

puissant, il faut qu'on y soit heureux ; car la force n'est un bien qu'autant qu'elle est un garant de bonheur. La quantité d'argent qui s'accumule dans un pays n'a aucun rapport direct avec le bonheur ; cette introduction est le résultat général du commerce. Une nation composée de propriétaires sans économie dépenserait tous ses revenus et demanderait aux étrangers une plus grande quantité de leur production ; elle garderait davantage les siennes et recevrait par conséquent moins d'argent, mais tous ses désirs étant satisfaits, elle serait également fortunée.

On savait déjà que l'argent ne fait pas le bonheur ; mais Necker en fait la démonstration à l'aide d'un autre argument, de ceux qui l'ont fait classer si à tort parmi les précurseurs du socialisme :

« Bien plus, si le système social qu'on a toujours envisagé comme le plus conforme à la félicité publique, si l'égalité des propriétés pouvait tout à coup s'introduire et se maintenir, l'État dans lequel ce projet chimérique se réaliseroit, quelque favorisé qu'il fût par la nature, ne recevroit plus d'argent des pays étrangers ; cependant une telle société seroit, sans contredit, la plus digne d'envie (1) ».

Tout un chapitre sur le rapport de la population avec le bonheur n'est que le développement de ce que nous avons vu dans les *Notes*. Dans le chapitre VII, Necker cherche à démontrer que la liberté constante d'exporter des grains n'est pas nécessaire au progrès de l'agriculture en France. Cette liberté est utile dans les pays qui n'ont

1. Princeps, 26 ; Lausanne, 20 ; Staël, 22 ; Molinari, 219.

pas d'autre ressource, mais la France n'a plus besoin de vendre ses grains pour acquérir de l'argent ou d'autres productions étrangères. Elle est sûre d'obtenir tous ces biens par l'échange des fruits de son industrie, véritable commerce d'un État dans sa perfection, et le seul qui entretienne sa prospérité en accroissant à la fois sa population et sa richesse.

L'échange des blés contre l'industrie nationale est beaucoup plus sûr et plus encourageant pour les propriétaires, que l'échange de ces mêmes denrées contre les productions des autres pays. Plus les arts et les manufactures qui plaisent aux propriétaires des subsistances sont établies près d'eux, plus ils peuvent avoir d'objets de luxe et de commodités en échange de leur blé, puisqu'ils ne sont point obligés d'en donner une partie pour acquitter des frais de transport. Necker ne se demande pas si l'étranger ne produirait point à meilleur marché. Il répond, au contraire, à l'objection que l'industrie dépeuple les campagnes, mais il est assez difficile de comprendre sa réponse : les ouvriers, dit-il, sont nourris par les subsistances superflues, mais ces subsistances n'ont pu exister que par la culture, et après que tous les hommes employés à la terre ont reçu leur entretien. Un physiocrate lui répondrait que ces excédents auraient nourri de nouveaux producteurs qui auraient mis de nouvelles terres en culture.

La défense de l'industrie est toujours une préoccupation du bon colbertiste qu'est Necker. Voici comment il termine son chapitre IX : « Qu'on finisse donc de déclamer contre les arts et les manufactures, ou que ceux qui les proscrivent trouvent les moyens de faire partager les terres également, et de renouveller encore ce partage toutes les années ; sans cet expédient, impossible à réaliser, la variété des établissements d'industrie sera l'unique moyen d'exciter les possesseurs de vastes domaines à perfectionner la culture, et d'admettre la multitude au partage des fruits de la terre (1). »

Les établissements d'industrie sont l'unique moyen d'élever la consommation au niveau de la plus grande culture. La force souveraine peut bien empêcher les propriétaires de vendre leurs blés au dehors, mais elle ne peut pas les obliger à cultiver leur terre avec activité. Il faut donc nécessairement que le pays soit rempli de tous les établissements d'industrie qui peuvent plaire aux propriétaires des blés. L'exportation, au contraire, suffit pour répandre une inquiétude générale et causer des secousses ; sous cet aspect, la liberté constante d'exporter des grains serait une loi funeste au repos et à la prospérité de la France.

Dans le système de la liberté absolue, on ne pourrait être à l'abri d'une exportation nuisible au bien général.

Tous ces raisonnements d'interventionniste impénitent ne sont en somme, que des mots, et Necker ne cherche même pas à sortir des généralités. Tout le chapitre XIII, sur l'importance des inconvénients attachés à la libre exportation des grains, parait un essai de démonstration avec chiffres, qui n'a rien non plus de bien nouveau, mais ce chapitre est loin de satisfaire. Voici ce que l'on en peut tirer.

1. Édit. princeps, I, p. 47. — Lausanne, p. 35. — Staël, p. 40.

Pendant les trois années qui ont suivi la loi de liberté donnée en 1764, il n'est guère sorti en moyenne plus de quatre à cinq cent mille setiers par an, ce qui aurait suffi à nourrir 250.000 personnes. Cette très modique exportation a suffi pour causer des désordres.

Si tous les habitants d'un royaume achetaient au commencement de la récolte nouvelle, les deux setiers de blé nécessaires à leur subsistance pendant une année, l'on reconnaîtrait avec certitude la quantité dont on aurait besoin. Supposons que ces habitants achètent leur pain ou chaque semaine ou chaque jour, non seulement le vide sera connu beaucoup plus tard, mais le danger s'accroîtra d'une manière terrible. Dans le premier cas, le vide de 400.000 setiers a pu contraindre 200.000 hommes à émigrer, mais si le partage ne se faisait que tous les trente jours, le vide ne s'apercevant qu'au commencement du dernier mois, 2.400.000 hommes se trouveraient sans pain jusqu'à la fin de l'année. Enfin, une nation de 24.000.000 d'hommes pourrait mourir de faim si elle faisait sa provision tous les trois jours, parce que les trois derniers de l'année, il n'y aurait plus de blé.

Ces calculs rappellent un peu les exercices de rhétorique de Quintilien, et Necker aurait bien dû citer un pays où les gens fussent assez simples pour ne pas apercevoir assez vite l'insuffisance de la récolte, et prendre les mesures nécessaires pour la pallier.

Necker constate ensuite que la permission constante d'exporter des grains doit tenir les prix plus hauts que la loi de prohibition. C'est un point que l'on peut lui concéder, mais il ajoute à tort que cette liberté doit augmenter les écarts de prix en ajoutant aux causes intérieures celles de l'extérieur. C'est supposer que les causes s'additionneront, ce qui pourra arriver quelquefois, mais non toujours.

Il ajoute encore et sur ce point il se met en contradiction précise avec les Physiocrates, que le haut prix constant des blés n'est pas nécessaire à l'encouragement de l'agriculture. Necker se base sur le raisonnement suivant.

Que gagnera un propriétaire à vendre les subsistances dont il dispose pour une valeur d'argent plus ou moins considérable, si le travail qu'il veut acheter en échange renchérit à proportion? Quel encouragement aura-t-il de plus à cultiver ?

Il faut distinguer le haut prix constant, d'avec le renchérissement ; le haut prix constant des blés n'améliore point le sort des propriétaires de terre, parce que le prix du travail s'y conforme ; mais le renchérissement, c'est-à-dire le passage du bas prix au haut prix, et les premiers temps de cherté, procurent un avantage réel à ces mêmes propriétaires. Tandis qu'ils augmentent le prix de leurs denrées, ils résistent à hausser celui du travail ; ils combattent du moins contre les prétentions des ouvriers, et tant qu'une des proportions subsiste, les propriétaires profitent de toute la souffrance de l'homme de peine, et ils aperçoivent ainsi dans la culture un bénéfice nouveau qui peut les engager à des défrichements ; cet avantage disparaît à mesure que l'homme industrieux parvient à renchérir le prix de son temps, et que les anciens rapports se rétablissent.

Necker est profondément convaincu de cet antagonisme des classes et de la nécessité de ne pas laisser le riche poursuivre son avantage jusqu'au bout :

« Lorsque le pain étoit à un prix modéré, l'artisan nourrissoit sa famille, et ménageoit une petite réserve pour suppléer à quelque maladie ; si le prix vient à monter sensiblement, il est contraint de renoncer à cette épargne salutaire ; il faut peut-être qu'il diminue la nourriture habituelle de ses enfants ; il faut qu'il se rende sourd à leurs larmes, ou qu'il se prive lui-même de la subsistance nécessaire à l'entretien de ses forces. Enfin, à mesure que le pain renchérit, l'empire du propriétaire augmente ; car dès que l'artisan ou l'homme de campagne n'ont plus de réserve, ils ne peuvent plus disputer ; ils faut qu'ils travaillent aujourd'hui sous peine de mourir demain, et dans ce combat d'intérêt entre le propriétaire et l'ouvrier, l'un met en jeu sa vie et celle de sa famille, et l'autre un simple retard dans l'accroissement de son luxe. Souvent même, l'industrie n'est point arrêtée, et la détresse n'est que domestique ; car le propriétaire qui ne jouit que du travail qu'on lui consacre, se contente de snpputer ce qu'il faut à la subsistance de l'homme qu'il emploie, et il ne regarde pas derrière ce malheureux, la femme et les enfants qu'il doit nourrir ; c'est ainsi que la misère s'accroît de la misère même » (1).

Le renchérissement bénéficie quelque temps aux propriétaires et à l'homme industrieux, en ce sens que les impôts restent d'abord les mêmes, mais comme il faut bientôt tenir compte des soldats et des employés de l'État qui souffrent du renchérissement, il faut augmenter les impôts pour les payer davantage, et l'équilibre se rétablit.

1. Edit. princeps, I, 87-88 ; Lausanne, 63 ; St. 73 ; Molinari, 242.

Dans son chapitre XX, Necker établit une distinction entre l'intérêt des propriétaires de blé, et les engagements nécessaires à l'agriculture.

Le bénéfice du propriétaire est toujours le résultat d'une comparaison faite entre le capital de la terre qu'il possède et le revenu qu'il en tire. S'il possède une terre achetée pour 80.000 francs, qui lui rend au denier quarante, 2.000 livres de rente, tant que les grains sont à 20 livres, s'il parvient à obtenir des lois qui fassent monter le prix à 30 livres, sa terre lui rend alors le denier trente. Le revenu de ce domaine est ainsi passé de 2.000 à 3.00 livres et si le denier quarante est le taux général établi pour le prix des biens fonds, l'immeuble se vendra 120.000 livres. Le nouveau propriétaire ne tirera plus de sa terre que le denier quarante et il lui faudra demander, au nom de l'agriculture, que le prix monte à 45 livres, afin d'avoir à son tour le denier trente. Ce renchérissement qui sert l'intérêt des propriétaires n'encourage en rien l'agriculture elle-même.

Les renchérissements nuisent aux manufactures en tenant les ouvriers dans un état d'inquiétude qui les force quelquefois à transporter ailleurs leur industrie. Le haut prix constant des blés nuit aussi à tous les ouvriers qui peuvent craindre la concurrence étrangère, par exemple, ceux qui travaillent des marchandises précieuses ou de petit volume, de transport facile et peu coûteux. La concurrence étrangère n'est pas entièrement arrêtée par les lois prohibitives établies à l'entrée du royaume ; on évalue son effet à 8 à 10 0/0, selon la vigilance des hommes préposés par la ferme.

L'influence de la liberté d'importation sur l'abaissement des prix et par suite sur le bien-être de la population ne touche pas Necker : « Ce raisonnement est illusoire. L'avantage de l'État ne peut jamais être l'effet du bénéfice de quelques particuliers, si ce bénéfice nuit à la richesse publique... Supposons que les étrangers puissent fournir 1.000 aunes d'étoffe pour 1.000 septiers de blé, tandis qu'il en faut 1.100 aux ouvriers nationaux, afin d'obtenir d'eux le même travail; les consommateurs libres dans leur choix profiteront certainement de cette différence, mais la société sera exposée à perdre les habitants que cette fabrication occupoit et que ces mille septiers fournis aux étrangers pouvoient nourrir (1). »

Il n'ignore pas l'objection « que si la liberté qu'on réclame détruisoit quelques manufactures, les ouvriers de ces manufactures s'appliqueroient à d'autres ouvrages qu'on vendroit aux étrangers, et qu'ainsi la population et la richesse ne seroient pas contrariés (2) ».

Il répond que ce raisonnement ne serait juste « qu'autant qu'une réciprocité de commerce seroit établie ; elle n'existe pas ».

Necker reproche encore à la liberté constante d'exporter des grains, de nuire au commerce des manufactures nationales avec l'étranger. Entre tous les moyens donnés à la France pour payer les biens qui lui manquent, selon Necker, les plus avantageux sont la vente de ses ouvrages d'industrie ; ce commerce vaut mieux que celui de ses vins, quoique ce dernier soit préférable à la vente des blés.

1. Edit. princeps, I, 125-126. — Lausanne, p. 91. — Staël, 105.
2. Edit. princeps, I, 129. — Lausanne, p. 93. — Staël, 105.

L'on doit acheter annuellement 100.000 quintaux de tabac de la Caroline. Si l'on accomplit ce paiement avec 100.000 setiers de blé, produits par 20.000 arpents de terre, on prive le royaume du nombre d'hommes que ces 20.000 arpents peuvent nourrir. Si l'on paie cette même quantité avec le produit de 5.000 arpents de vigne, on ne diminue la population que du nombre d'habitants que ces 5.000 arpents peuvent entretenir : l'on aura bien mieux fait que de payer en blé. Mais si l'on peut payer ce tabac avec le simple travail des hommes, l'on fera bien mieux encore ; car on ne vendra que leur temps, et non le produit d'une terre qui peut les nourrir ; c'est donc ce genre d'échange qui donne à la population sa plus grande étendue.

Necker relève d'ailleurs à cette occasion l'erreur des économistes qui ne tenaient pas assez compte de la valeur productrice de l'industrie : « Je scais bien que presque tous les objets d'industrie sont composés d'une production du sol ; mais quand le prix de ces ouvrages dérive principalement du travail, la portion de terre consacrée à la matière première, est presque imperceptible.

» Si le lin, produit par un arpent, étoit la matière première de dentelles estimées cent mille francs ;

» Si les vers à soie, nourris par un mûrier, devenoient celle d'une étoffe précieuse par la perfection de l'art et du goût ;

» Si l'arbre d'une forêt étoit la matière première des travaux ingénieux et multipliés d'un habile sculpteur ; si un pouce quarré de métal étoit celle d'une montre de Julien Le Roy ; une once de couleur, celle d'un tableau de Vernet, certainement, on pourroit considérer le prix de tous ces objets précieux, comme dérivant uniquement du travail des hommes (1) ».

A propos de l'inquiétude qui s'empare du peuple à la moindre augmentation du prix des blés, et contre laquelle tous les raisonnements restent impuissants, Necker se livre à d'intéressantes constatations, qui marquent bien la différence des temps.

« La faculté de savoir et d'entendre est un don général de la nature... mais dans l'inégalité des fortunes, effet de l'ordre social, l'instruction est interdite à tous les hommes nés sans propriétés... Que les propriétaires veuillent les nourrir sans exiger le dévouement de toute leur journée; qu'ils leur donnent en même temps des livres et des instituteurs, alors ce peuple pourra raisonner sur la prospérité publique ; il entendra peut-être, par l'étude d'un calcul économique, que plus le pain est cher plus on doit être heureux; jusque-là son ignorance est notre ouvrage ; à ce titre, nous devons la ménager, et ne pas nous irriter, lorsque par hasard le seul sentiment que ce peuple peut avoir, et le seul intérêt que nous lui avons laissé, blesse nos convenances.

» D'ailleurs, si l'aveuglement du peuple pouvoit être dissipé par la force de l'évidence, effet de la science moderne, est-il bien sûr que cet accroissement de lumières fût un avantage pour les propriétaires ?

» Si le peuple étoit capable de se rendre aux vérités abs-

(1) Édit. princeps, I, p. 138. — Lausanne, p. 99. — Staël, p. 115.

traites, n'auroit-il pas en même temps la faculté de réfléchir sur l'origine des rangs, sur la source des propriétés, et sur toutes les institutions qui lui sont contraires ? Est-il bien sûr enfin que cette inégalité de connaissances ne soit pas devenue nécessaire au maintien de toutes les inégalités sociales qui l'ont fait naître? Mais toutes ces inégalités ne cesseront jamais, et le peuple de tous les tems sera toujours le même ; il n'entendit jamais raison sur la cherté du pain, et ne l'entendra jamais (1) ».

Il est permis, je crois, d'inférer de ce passage que Necker se préoccupait beaucoup moins du côté économique que du côté politique de la question. C'est peut-être ce qui nous explique pourquoi les théoriciens étaient presque tous favorables à la liberté du commerce des grains, tandis que les hommes chargés des responsabilités du pouvoir ont tous été, sauf Turgot, partisans de la restriction. Il semble bien que la plupart d'entre eux aient été inspirés surtout par la crainte des mouvements populaires.

Necker, un peu plus loin, fait remarquer qu'en Angleterre les peines et les mécontentements du peuple sont connus presque dès leur naissance ; en France, le moindre attroupement est prévenu, et il n'en est aucun de légal de sorte que le Souverain n'est informé que quand il est trop tard.

Necker regarde les lois sur les grains comme presque les seules qui puissent adoucir la misère du peuple. D'où vient cette misère dans tous les temps, dans tous les pays et quelle en sera la source éternelle? C'est le pouvoir

1. Édit. princeps, p. 156. — Lausanne, p. 113. — Staël, p. 130.

qu'ont les propriétaires de ne donner en échange d'un travail qui leur est agréable, que le plus petit salaire possible, c'est-à-dire, celui qui représente le plus étroit nécessaire. Cet empire, dit Necker, ne changera jamais, et il augmente, au contraire, par l'effet de deux circonstauces.

L'une, c'est que les propriétés tendent plutôt à se rassembler qu'à se diviser; la seconde c'est qu'à mesure que la société vieillit, il s'amasse une très grande quantité d'ouvrages d'industrie dont la durée surpasse la vie des hommes, établissant une concurrence sourde et permanente contre le travail des ouvriers, et rend leur prétention plus impuissante.

Supposons que vingt sols soient le prix auquel les propriétaires peuvent réduire la journée d'un homme obligé de se nourrir avec sa famille, que ce journalier paie un sol par jour au Trésor public. Si cet homme est déchargé de cet impôt, sa journée ne tardera pas à être réduite à dix-neuf sols, parce que les propriétaires tendent toujours à user de leur puissance, et que celle des journaliers ne peut y résister.

Ainsi, quelle que soit la distribution des impôts, le peuple est condamné à n'obtenir jamais que le nécessaire en échange de son travail. La puissance législative ne peut exercer sa bienfaisance envers le peuple, qu'en lui assurant du moins ce nécessaire auquel il est réduit, et tous ses soins, toutes ses précautions dépendent uniquement de la sagesse des lois sur les grains.

Ici, Necker est bien près du socialisme, avec cette théorie que d'ailleurs nous lui connaissons déjà ; de la réduction du salaire au minimum nécessaire à la vie, et de l'État Providence.

C'est d'ailleurs cette notion de la charge d'âmes incombant au roi, qui explique, combinée avec la crainte de l'émeute, toute la législation annonaire de l'ancien régime.

Necker croit être arrivé à démontrer les inconvénients attachés à la liberté constante d'exporter des grains ; il se demande si une loi permanente pour défendre l'exportation des grains serait convenable. Il remarque que le blé se gâte assez promptement ; ainsi, mettre obstacle à sa sortie, lorqu'il y a un superflu évident, c'est empêcher de convertir un bien périssable dans un bien durable, qui est l'argent. D'ailleurs, une grande abondance ferait baisser le prix sensiblement, et si les propriétaires ne pouvaient pas se dédommager de cette baisse, par la vente de ce même superflu, ils souffriraient un grand dommage. Entre la liberté ou la gène absolue, il est temps de chercher quelques modifications raisonnables, mais il est convenable, d'examiner auparavant la question de la liberté intérieure qui sera l'objet de la seconde partie de l'ouvrage.

Deuxième partie

Necker commence par des considérations générales sur la liberté du commerce des grains dans l'intérieur du royaume.

Une province a du superflu, une autre est dans la disette ; il n'est rien de plus conforme à la justice, et au principe de société, que de permettre à ces deux provinces de s'entr'aider mutuellement. Les agents naturels de ces sortes d'échange, ce sont les marchands.

Quand il y a une grande distance entre ces prix du blé dans différents endroits du royaume, le marchand commence par s'assurer un bénéfice, en transportant de la province abondante dans celle où il y a disette. Lorsque le niveau est établi, ou lorsque les disproportions ne sont pas suffisantes pour exciter sa spéculation, il achète pour revendre, avec profit, dans un autre moment, soit sur le lieu même, soit ailleurs. S'il fait ces achats avec modération et lorsque les prix sont bas, il est encore utile. S'il achète dans une année très fertile avec le dessein de garder jusqu'à la suivante, il rend encore service. Dans ces deux cas il travaille à régulariser les prix.

Mais s'il achète quand une hausse serait nuisible à l'harmonie générale, les prix renchériront, et son action sera nuisible. Plus il intervient d'agents successifs entre les propriétaires et les consommateurs, plus le prix de la denrée renchérit pour ces derniers Souvent la seule inquiétude qu'inspirent leurs achats, occasionne la hausse qu'ils désirent, mais leur intervention hausse encore le prix par des considérations plus essentielles.

Il serait difficile de connaître la quantité de blé qui existe dans le royaume, et l'étendue des besoins. Ce n'est donc que par l'effet d'une opinion que le peuple est inquiet ou tranquille sur la provision de grain.

Que des négociants accaparent le blé, la quantité existante paraît diminuée, la crainte d'en manquer augmente ; quelques propos répandus, quelques acheteurs simulés qui montrent de l'empressement peuvent exciter l'inquiétude et produire des révolutions dans les prix.

L'intervention des marchands renchérit encore les blés.

en diminuant le nombre des vendeurs avec lesquels les consommateurs ont à traiter. Les partisans de la liberté illimitée font un raisonnement tout contraire. Plus il y a de liberté, disent-ils, plus il y a de concurrence ; plus il y a de concurrence, plus les excès dans les prix sont prévenus. Le principe de ce raisonnement n'est pas exact, dit Necker.

En effet, sans l'intervention des marchands, le nombre des personnes qui vendraient des blés aux consommateurs serait égal au nombre des propriétaires ou des fermiers. Alors un marchand devient seul vendeur d'une quantité de blés qui, sans son intervention, aurait peut-être été débitée par deux ou trois cents propriétaires. Ces négociants peuvent vendre ensuite aux blatiers, qui débiteront aux consommateurs, mais cette espèce d'augmentation du nombre des ventes et des vendeurs multiplie les bénéfices en augmentant les charges des acheteurs.

L'intervention des marchands contribue d'une autre façon au renchérissement des prix, en augmentant la puissance naturelle des vendeurs de blé sur les consommateurs. Les propriétaires ou les fermiers sont obligés de vendre pour dépenser, ou pour acquitter les impôts. Au contraire, les blés, dans les magasins des négociants, ne représentent plus un revenu, mais un capital qu'ils peuvent garder comme leur argent, ou comme toute marchandise quelconque, aussi longtemps que leur intérêt ou une spéculation bien ou mal combinée les y engage.

On peut s'étonner que Necker, homme d'affaires expérimenté, ait oublié que les marchands plus que personne ont intérêt à vendre promptement, pour multiplier les opérations et tirer de leur argent le plus grand nombre de bénéfices successifs dans un même temps. Il se résume dans la conclusion suivante : « Concluons des observations contenues dans ce chapitre et les précédents, que l'intervention des marchands renchérit nécessairement le prix des grains ; d'abord, en raison du profit équitable qui appartient à tout agent de commerce, mais encore parce que cette intervention agite l'opinion, diminue la concurrence utile aux consommateurs, et augmente la force naturelle des vendeurs de blé, sur ces mêmes consommateurs (1) ». Necker est très effrayé des résultats possibles des spéculations sur les blés, résultats qu'il s'exagère à plaisir. On soutient que les spéculations ne peuvent jamais avoir une grande influence sur les prix, la masse des blés qui circulent dans le royaume étant un objet immense dans laquelle la force des marchands se perd ou devient insensible. Il répond qu'en effet, au commencement d'une nouvelle récolte ordinaire, il y a pour plus d'un milliard de grain en France, et qu'alors les manœuvres des marchands, abandonnés à la plus grande liberté, ne pourraient mouvoir l'opinion que bien faiblement. Mais vers la fin de l'année, le blé nécessaire à la subsistance de tous les habitants du royaume n'est plus qu'un petit objet, comparé à deux milliards d'argent monnayé qui circulent en France, et à l'étendue du crédit qui augmente encore les moyens des spéculateurs. La subsistance en blé, nécessaire à cinq cent mille hommes pendant quinze jours, ne vaut qu'un million.

1. Edit. princeps, I, 213. — Lausanne, p. 153. — Staël, p. 176.

Qu'on ait assez de crédit seulement pour obtenir cent mille francs sur ses engagements, qu'on distribue ensuite cette somme, par forme d'arrhes, on pourra se rendre maître pendant quelque temps d'une valeur en denrée dix fois plus grande.

Necker n'est pas très sensible aux arguments tirés de l'expérience. Il estime que la corrélation de la prohibition et du prix excessif ne signifie rien, ou plutôt que la prohibition a été motivée par le prix excessif et non l'inverse, et ainsi de suite. Il est sceptique à l'égard des statistiques.

« Que fait-on encore ? On forme une table des prix dans différents endroits du royaume, et dans divers moments de l'année ; sur ces bases l'on établit un prix commun, et on le compare avec un autre prix commun d'une époque plus éloignée ; mais comment suivre assez exactement un pareil calcul ? Son résultat d'ailleurs ne pourrait devenir une autorité suffisante qu'après la discussion d'une infinité de rapports ; il faudrait au moins s'être assuré, si les années qu'on assimile sont égales par le produit des récoltes, par la population, par la tranquillité intérieure, et par mille autres considérations (1) ».

Troisième Partie

Cette partie consacrée aux diverses modifications relatives au commerce des grains ne nous fournira rien de bien nouveau.

1. Edit. princeps, I, 231. — Lausanne, p. 166. — Staël, p. 191.

Les modifications que Necker étudie sont relatives aux quantités, aux prix, aux époques ou aux lieux. On peut prescrire la quantité de blé qu'il sera permis d'exporter tous les ans. On peut ordonner que la sortie n'aura lieu qu'à un prix déterminé, pendant certains mois, et dans telle ou telle province. On peut enfin modifier l'exportation par l'établissement d'un impôt.

« Nous allons voir, dit Necker, si ces diverses conditions obvieroient aux inconvéniens dont l'État doit se défendre. »

La loi de 1764 crut mettre obstacle aux abus de l'exportation, en la défendant lorsque le prix s'éleverait à trente livres le setier. Mais le dessein d'empêcher que le prix des blés en France excédât trente livres, n'était nullement rempli par la loi qui défendait l'exportation à cette limite.

La même exportation, en effet, qui n'avait pas élevé le prix à trente livres, à l'époque où elle s'est faite, c'est-à-dire immédiatement après la récolte, peut être cause qu'il monte à quarante ou cinquante vers la fin de l'année. C'est à ce moment que l'on s'aperçoit qu'il ne reste plus assez de blé.

On peut fixer par une loi permanente le prix auquel la sortie des grains sera permise ; mais ce n'est que par une loi promulguée tous les ans, qu'on peut modifier cette sortie par la simple limite des lieux et des quantités. C'est en effet, seulement à la récolte, que l'on connaît les provinces fournissant des excédents.

L'impôt qui serait mis à la sortie des grains, n'empêcherait pas qu'on exportât dans les temps de cherté générale, et le peuple croirait bientôt que c'est pour enrichir le fisc.

Ce n'est qu'en Angleterre qu'on accorde une rétribution déterminée par la loi, à ceux qui font sortir des blés lorsque cette denrée est à un certain prix. Le but de ces primes est de faire en sorte que le bled superflu puisse sortir dans le temps même que les prix sont hauts, de manière que ce superflu ne puisse jamais servir à les modérer. Necker explique ainsi le mécanisme de ces primes :

« Si, lorsque la mesure du bled en Angleterre valoit vingt-sept livres, il n'y avoit pas eu une prime de trois livres accordée à la sortie, les étrangers qui en ont exporté à ces conditions, parce que le bled ne leur revenoit qu'à vingt-quatre livres, auroient attendu que le bled fût réellement tombé à ce dernier cours, s'ils avoient été privés de la gratification accordée par le gouvernement : et comme l'effet d'un superflu, vraiment inutile, est de tempérer les prétentions et le pouvoir des vendeurs, il est certain que, sans la rétribution de sortie, les bleds auroient baissé en Angleterre, aux prix auquel les étrangers pouvoient en acheter ; et l'État cependant auroit reçu d'eux la même somme d'argent pour des ventes faites sans prime à vingt-quatre livres, que pour celles à vingt-sept, sur lesquelles le trésor public bonifiait trois livres.

Ces primes d'exportation sont donc simplement un moyen imaginé pour faire hausser le prix des grains dans l'intérieur d'un pays. Le renchérissement de cette denrée favorise les propriétaires de terres, aussi longtemps que la somme des impôts, le prix de la main-d'œuvre, et celui des autres productions du sol, ne s'y proportionnent pas (1). »

1. Princeps, II, p. 16. — Lausanne, p. 181. — Staël, p. 208.

Ces primes furent établies par le roi Guillaume pour plaire au parti *tory* composé principalement de *landlords*. Il eut mieux valu les favoriser, en modérant les impositions, ou accorder une prime de défrichement; on aurait atteint le même but sans hausser le prix général des subsistances et, à sa suite, celui de la main-d'œuvre. Cette hausse est en partie la cause de la supériorité qu'ont acquise dans le commerce de l'Europe, la plupart des manufactures rivales de celles d'Angleterre.

Necker passe ensuite, dans le chapitre VIII, à l'étude des gênes apportées au transport des blés, à leur conservation et à leur vente.

Il réprouve d'abord l'obligation, pour les marchands, de faire enregistrer leur nom aux greffes des juridictions.

L'interdiction aux receveurs des deniers publics et aux fermiers de campagne de faire le commerce des grains, et la prohibition de vendre ailleurs que dans les marchés, ne lui paraissent pas davantage justifiées.

Ce n'est pas la connaissance des personnes qui font un commerce, qui peut être important au bien de l'État, c'est tout au plus celle de leurs opérations. On pourrait, ici, faire observer à Necker que l'inscription a précisément pour but de permettre le contrôle des opérations. Quant au commerce il n'y a aucun inconvénient que les fermiers le fassent, c'est une opération dans le district de leur intelligence, au lieu que les négociants peuvent appliquer leur industrie à beaucoup d'objets.

La défense d'acheter ailleurs que dans les marchés ne se justifie pas en alléguant que des ventes faites ailleurs diminuent nécessairement l'abondance dans les marchés publics, car ceux qui auront acheté dans les greniers ne seront plus acheteurs au marché. Cette défense paraît, d'autre part, faire prendre au souverain une sorte d'obligation de garnir les marchés. L'intention du législateur, en défendant de vendre ailleurs que dans les marchés, vient du désir d'obliger les propriétaires et les consommateurs à traiter ensemble, en prévenant l'intervention des marchands. On arrive ainsi à contrarier les grands achats par spéculation, dans les cas où il est nécessaire de faire des envois de blé d'une province à l'autre.

Il faut compter, parmi les dispositions arbitraires, les ordres donnés, sans aucun principe fixe, aux fermiers ou aux propriétaires d'apporter des blés, tel jour, dans tel marché : le bonheur public réclame contre cet usage.

Les règlements sur le commerce des grains peuvent-ils être confiés à chaque province ? Entre toutes les précautions, celle-ci paraît la moins convenable ; elle n'a que des inconvénients, sans aucun avantage. Plus on divise les lois et l'administration relatives aux grains, plus on met en péril l'harmonie générale. On fait alors de chaque province un royaume particulier.

Conviendrait-il de fixer le prix des grains ? il existe une ordonnance de Philippe le Bel à ce sujet, mais qui ne fut pas de longue durée. On peut fixer le prix de tous les objets dont la concurrence n'est pas étendue ; mais un milliard de blé et un milliard de besoins ne peuvent jamais être soumis à une pareille règle.

Sur l'intervention du Gouvernement dans les approvisionnements, les opinions de Necker sont éclectiques.

L'effet de son intervention, lorsqu'on l'aperçoit, est

communément d'éloigner tous les autres marchands ; par ce que n'agissant que pour gagner, ils craignent d'opérer en concurrence avec le trésor public qui peut et qui veut perdre. Alors, la fonction du Gouvernement augmente chaque jour ; il n'avait d'abord voulu porter qu'un secours modéré, il faut bientôt qu'il pourvoie à tous les besoins. Par un second inconvénient, dans le temps qu'il perd, il est soupçonné de gagner, et le peuple attribue à des vues intéressées les secours qu'il reçoit de sa bienfaisance.

Si, cependant, l'administration voit les négociants découragés ; si elle craint que la subsistance d'une partie du royaume soit incertaine ; alors les encouragements généraux qu'on pourrait donner aux négociants ne suffiront plus, et un commissionnaire sera chargé promptement d'acheter une certaine quantité de blé, et de la faire passer dans les lieux où l'on craint la disette.

Il est encore d'autres circonstances où le Gouvernement peut ordonner des achats de grain : si des événements politiques, qu'il ne veut pas faire connaître, l'engagent à former des magasins, ou pour les provisions des troupes. Enfin, lorsque les grains sont chers partout, aucun négociant ne veut en envoyer dans une province pauvre ; il craint que la multitude ne puisse pas acheter au prix auquel il est obligé de vendre pour ne pas perdre ; nouvelle circonstance où le Gouvernement est obligé d'intervenir.

« C'est ainsi, conclut Necker, qu'en économie politique et en administration, il n'est rien d'absolu. »

Les primes d'importation sont nécessaires lorsque les blés, à haut prix dans un royaume, le sont aussi dans les pays étrangers. Les négociants n'apercevant alors aucun profit à tirer des blés du dehors pour les vendre dans leur pays, le Gouvernement peut trouver convenable d'exciter leurs opérations par des primes. Il est d'ailleurs plus facile de trouver les sommes nécessaires pour le paiement des primes que pour l'achat des blés.

L'emploi des primes exige du discernement, d'autant qu'il instruit avec éclat de l'inquiétude du gouvernement, qu'il accroît ainsi les alarmes et renchérit les prix.

Le chapitre XV a pour objet l'étude des avantages et inconvénients d'une loi sur le commerce des grains' renouvelée tous les ans. On suppose que Necker va mettre en balance les avantages d'une loi annuelle basée sur l'état de la récolte, et les inconvénients d'une instabilité qui ne permet pas au commerce de préparer de longue main ses opérations. Il n'en est rien, ce sujet lui inspire seulement une belle page d'éloquence :

« S'il y avoit constamment, à la tête de l'administration, un homme dont le génie étendu parcourut toutes les circonstances, dont l'esprit moelleux et flexible sçût y conformer ses desseins et ses volontés; qui, doué d'une âme ardente et d'une raison tranquille, fût passionné dans la recherche du bien, et calme dans le choix des moyens; qui, juge intègre et sensé des droits des différentes classes de la société, sçût tenir d'une main assurée la balance entre leurs prétentions; qui se faisant une juste idée de la prospérité publique, la secondât sans précipitations et considérant les passions des hommes comme un fruit de la terre, proportionnât sa marche à cette nature éternelle, et ne se fit un tableau de la perfection, que pour exciter son propre courage, et non pour s'irriter des obstacles ;

» A un tel homme, la société pourroit dire avec prudence : Nous préférons la constance de vos lumières à la permanence de la loi ; suivez nos besoins et nos récoltes ; examinez au dedans et au dehors ce qui peut nous convenir ; permettez, défendez, modifiez l'exportation de nos grains, selon l'abondance de l'année, selon les loix des autres nations, selon la situation de la politique, selon notre caractère ; regardez avec soin, prononcez avec sagesse ; et puisqu'il est hors du pouvoir des hommes de fixer des circonstances que la nature a rendues mobiles, que la loi qui émanera de vos conseils soit renouvellée tous les ans, afin qu'elle soit toujours conforme à notre plus grand bonheur. (1) »

Ce passage est célèbre, il a été regardé comme une apologie du bon tyran. Je crois plutôt que Necker a écrit cette page simplement pour nous donner le plaisir de la lire. Le chapitre continue sur le même ton et se termine ainsi : « S'il existoit un administrateur capable de varier sans cesse les lois sur les grains d'une manière conforme au bien de l'État, et de n'être pas effrayé par cette entreprise, on devroit peut-être à ses vertus de le préserver d'un semblable écueil. »

Quatrième Partie

Necker commence par constater que les recherches précédentes n'ont abouti à rien de précis et que la stabilité

1. Éd. princeps, 67 ; Lausanne, 218 ; Staël, 250 ; Molinari, 320.

des dispositions législatives paraît incompatible avec les besoins des habitants. En ce qui regarde l'exportation, dans un pays tel que la France, la défense d'exporter des grains doit être la loi fondamentale, mais cette prohibition ne doit pas être absolue. La loi devrait :

Ne laisser sortir que les farines.

Ne permettre cette exportation que lorsque le blé serait tombé à vingt livres le sétier, ou au-dessous, pendant deux marchés consécutifs dans les lieux de sortie.

N'être établie que pour dix années.

Ordonner qu'il y eut une une provision modique dans les mains des boulangers, depuis le 1er février jusqu'au 1er juin.

Permettre dans toutes les circonstances l'exportation des blés qui seraient venus de l'étranger.

Plus généreux que les physiocrates dans la fixation du bon prix des blés, Necker estime « que si le prix commun de cette denrée se maintenoit en France de vingt-trois à vingt quatre livres le septier, ce royaume pourroit conserver sa supériorité dans le commerce des ouvrages d'industrie ». Ce prix, très avantageux pour les propriétaires, suffit pour accorder au défrichement les encouragements raisonnables. La limite qu'on doit établir pour l'exportation doit être inférieure à ce prix, vu qu'au moment où le prix tombe à cette limite, il suffit souvent d'une exportation très médiocre pour faire disparaître la partie du superflu qui avait fait baisser les prix, et pour les relever sensiblement.

Il y aurait un moyen de procurer à la France une plus forte somme d'argent sans augmenter la limite d'exportation, ce serait de ne permettre que la sortie des farines; alors les étrangers auraient à payer, outre le prix des grains, les frais de mouture. « Enfin, dit-il, il est une convenance essentielle que j'appercevrois dans l'obligation de n'exporter que des farines, c'est qu'elle engageroit à une sorte de mesure et de lenteur qui seroit salutaire. Supposons, en effet, qu'on put exporter cent mille septiers à la fois, si on avait la permission de faire sortir les bleds mêmes, tandis qu'on seroit obligé de diviser ses exportations par quantités de vingt mille septiers, s'il étoit indispensable de convertir auparavant ces bleds en farines; il résulteroit de cette dernière condition, que lorsque la sortie de vingt mille septiers suffiroit pour relever les prix, on ne seroit pas exposé à une exportation de cent mille (1). »

Il est très rare que Necker se lance dans une controverse économique, d'ordinaire il se borne à exposer doctrinairement ou doctrinalement sa propre opinion. Dans la note qui termine le chapitre III, il s'écarte de cette habitude. On a écrit plusieurs fois que le peuple gagnait aux renchérissements parce que le propriétaire, ayant alors plus de revenus, il dépensait davantage. N'est-il pas clair que cette augmentation de fortune pour les propriétaires de blé, n'est composée que de la diminution de celle des autres membres de l'État? car il n'y a pas de nouveaux biens descendus du ciel ou sortis de la terre. Si on ne grave pas cette vérité simple dans son esprit, on sera sans cesse balloté par les raisonnements les plus ineptes (du

1. Edit. princeps, II, 96.— Lausanne, 238. — Staël, 273.— Molinari, 330.

temps de Necker ce mot n'était pas encore si injurieux), sur de prétendus gains de société, qui ne sont autre chose qu'une conquête momentanée faite par une classe de cette société sur le sort de l'autre. « C'est sur des principes absolument contraires à ceux que j'avance, que sont fondés ces fameux calculs de produit net, si célébrés dans les ouvrages économistes ; on ne peut trop applaudir au zèle pur et bien reconnu des personnes infiniment honnêtes qui se distinguent par leur attachement à ces opinions, et l'on y rend un sincère hommage ; mais on croit pouvoir se permettre quelques observations sur un sujet d'une si grande importance.

» J'ai vu d'abord qu'on avait cherché, sous différens rapports, quel étoit le bénéfice du propriétaire, après le paiement des impôts et des frais de culture : on l'a trouvé, on a nommé ce bénéfice le produit net, à la bonne heure ; jusque-là nulle lumière nouvelle n'étoit répandue, mais voici où commence un des raisonnements essentiels, et à sa suite, une théorie qui ne me paraît pas juste.

» On a trouvé que les bleds vendus, par exemple, à vingt livres le septier, donnaient tant de bénéfice ou de produit net, et l'on a dit : Si le prix monte à vingt-cinq ou trente livres, le produit net sera tout à coup augmenté d'une telle somme.

» Cette augmentation applicable à toutes les terres du royaume, fera plusieurs cent millions d'accroissement dans le produit net général.

» Ainsi, plus les blés seront chers, plus le produit net augmentera, et plus la richesse nationale sera considérable. »

» Mais nous avons déjà montré que cette manière de juger de la richesse d'un pays étoit absolument erronée. S'il suffisait de faire appeler un septier de bled quarante livres au lieu de vingt, pour rendre un royaume deux fois plus riche, les monopoleurs seroient les plus respectables soutiens de la prospérité d'un État ; une exportation sans mesure et sans limite deviendroit la plus sublime combinaison d'administration et une récolte médiocre seroit le plus grand bienfait qu'on pût tenir de la Providence (1). »

Cette discussion montre une fois de plus combien Necker était hanté par le spectre de la disette (2). Il ne s'aperçoit pas que, si la cherté du blé suppose une récolte médiocre, le produit net peut être très bas ou nul malgré la cherté, et tout le reste de son raisonnement ne vaut pas davantage.

---

1. Edit. princeps, t. II, p. 103.— Lausanne, p. 243. — Staël, p. 279.

2. Montyon, ennemi de Necker, mais homme sincère, dit de Necker : « Il y avait même quelque dérangement dans son organisation : car son cerveau était dans une fermentation qu'il ne pouvait calmer, qu'en se faisant jeter tous les matins une grande quantité d'eau froide sur la tête ; et une faim continuelle l'obligeait à manger beaucoup, souvent, et hors des repas ». *Particularités sur les ministres des Finances*, p. 201.

Donc Necker prenait des douches, hygiène excellente, mais peu pratiquée à la Cour, et il était boulimique. Cette boulimie est établie par d'autres témoignages, sous une forme plus désobligeante. Il n'y a pas très longtemps que beaucoup de gens ne se seraient point couchés sans avoir un morceau de pain sur leur table de nuit, dans la croyance qu'une frigale subite pouvait expédier un homme bien portant, s'il n'avait pas sous la main quelque chose à manger aussitôt. Il n'est pas impossible que cette affection bizarre et ce préjugé soient responsables de la hantise de la famine qui se manifeste dans les écrits de Necker. Cet homme si froid et de tant de jugement ne peut aborder ce sujet sans tomber dans des exagérations qui peuvent être la manifestation d'une phobie.

Necker est partisan de l'utilité d'une provision modique dans les villes, pendant une partie de l'année et c'est l'objet de son chapitre IV. Les boulangers ont déjà, pour la plupart, une provision plus ou moins forte ; il ne serait donc question que de l'accroître. Ils pourraient se la procurer presque sans capital, et sur le simple crédit qu'ils obtiendraient des propriétaires.

L'époque où les blés sont au plus bas prix, c'est depuis le commencement de novembre jusqu'à la fin de janvier. C'est à ce moment qu'il convient seulement de faire des achats, non seulement pour l'avantage des boulangers, mais aussi pour tâcher de prévenir l'exportation, en soutenant le prix.

Necker se prononce formellement en faveur du principe de la liberté de réexportation : « On doit permettre en tout temps, et sans aucune exception, la sortie des blés venus de l'étranger. Il faut les obtenir à prix d'argent quand on en a besoin ; mais les retenir par autorité, c'est éloigner de nouveaux secours, et se nuire à soi-même. Cette vérité sensible n'a pas besoin d'être développée davantage (1). »

Le chapitre VI a pour objet le commerce intérieur, et voici comment Necker résume lui-même ses projets de réglementation :

« Tant que les blés n'ont pas atteint le prix auquel ils peuvent s'élever sans grands inconvénients, il faut laisser la liberté la plus entière d'acheter et de vendre, soit dans les greniers, soit qu'on veuille transporter dans une province, soit qu'on veuille revendre sur le lieu même.

1. Edit. princeps, t. II, p. 121. — Lausanne, p. 254. — Staël, p. 293. — Molinari, p. 339.

« Mais dès que la denrée seroit parvenue à un haut prix, je voudrois prévenir tous les renchérissements qui dérivent de l'intervention inutile des marchands ; je voudrois alors rapprocher les propriétaires des consommateurs, en ordonnant que passé un tel prix l'on ne pourroit plus vendre hors des marchés ; et comme il faudroit encore mettre obstacle aux achats qu'on pourroit faire dans ces marchés mêmes, par simple spéculation, je voudrois qu'à ce même prix, il fût défendu d'acheter sans destination, et dans le dessein uniquement de revendre plus cher dans un autre moment.

» Il suffiroit, ce me semble, que le prix jusques auquel il seroit permis de vendre et d'acheter, sans aucune gêne ni restriction, fut au-dessous de trente livres le septier ; car il me paroît convenable d'étendre la liberté du commerce intérieur, aussi loin qu'il est possible, sans un grand danger (1). »

De telles mesures, Necker attend ce résultat chimérique d'arrêter par la seule force de l'opinion les hausses excessives, et de concentrer, en quelque manière, entre vingt et trente livres, « les disputes d'intérêt des propriétaires, des marchands, et des consommateurs ».

Dans le chapitre VII, Necker insiste sur la nécessité de concourir à l'égalité des prix. Les variations de prix sont une source d'inquiétude pour les hommes qui vivent de leur travail. Les seigneurs ou leurs fermiers peuvent balancer une année par une autre, mais il n'en est pas ainsi du journalier. Ces inégalités viennent de la force extraordinaire que donnent, tantôt aux vendeurs, tantôt

1. Édit. princeps, 122 ; Lausanne, 255 ; Staël, 294 ; Molinari, 340.

aux acheteurs l'abus de la liberté, les interdictions exagérées, les changements de système. Il résume une fois de plus les mesures propres à empêcher les oscillations des prix et il en ajoute une relative aux droits de halle et de minage.

Ces droits, entre les mains des personnes qui les perçoivent, sont une propriété aussi respectable que toute autre. On ne peut les abolir, qu'en donnant au titulaire un dédommagement. Ces droits sont évalués à une perception annuelle de huit millions. Supposons que cette somme soit demandée à l'impôt foncier en remplacement des droits de halle. Il est parfaitement égal pour les propriétaires, de payer un impôt en vendant leur blé ou en le récoltant ; il est très indifférent aux hommes qui vivent du travail de leurs mains, que ce soit par l'un ou l'autre de ces mêmes impôts que le souverain pourvoie aux dépenses publiques.

Ce n'est point en raison de leurs richesses, ni d'aucun principe d'équité, que les propriétaires fixent le prix de leurs denrées, et celui du travail qu'on consacre à leur usage, c'est en raison de leur force, c'est en raison de la puissance invincible que les possesseurs des subsistances ont sur les hommes sans propriété. Soit que les propriétaires disposent en entier de leurs revenus, soit qu'ils en donnent une portion au souverain, la part du peuple vivant du travail de ses mains sera toujours la même.

Dans les pays tempérés de l'Europe, le peuple a du pain, parce qu'il ne peut vivre sans cet aliment ; dans ceux où les fruits et les légumes peuvent y suppléer en partie, il est contraint de s'en contenter. Partout on a calculé ce qui lui était exactement nécessaire, pour n'attribuer que ce prix à son travail ; et au milieu des trésors de l'Hindoustan, quatre ou cinq sols par jour sont le salaire du peuple, parce qu'il ne lui faut que du riz, dont le terrain abonde.

« S'il était possible qu'on vînt à découvrir une nourriture moins agréable que le pain, mais qui pût soutenir le corps de l'homme pendant quarante-huit heures, le peuple seroit bientôt contraint à ne manger que de deux jours l'un. » Ayant ainsi répété, sans utilité bien apparente, cette théorie pessimiste qui suppose l'offre de travail toujours égale ou supérieure à la demande, Necker propose de ne point racheter les redevances de minage, mais de les augmenter tant que le blé serait au-dessous d'un prix convenu, et de cesser de les percevoir lorsque la denrée serait plus chère. Necker néglige de dire qui payerait les receveurs de taxes, et à quoi ils seraient employés, quand le blé serait cher. Il termine le chapitre par cette comparaison des propriétaires et de ceux qui vivent de leur travail : « Ce sont des lions et des animaux sans défense qui vivent ensemble ; on ne peut augmenter la part de ceux-ci, qu'en trompant la vigilance des autres, et ne leur laissant pas le temps de s'élancer (1). »

Dans les chapitres suivants, Necker ne fait guère que se répéter en parlant des mesures à prendre dans les temps de disette et de cherté, et des précautions qu'exige l'approvisionnement de la capitale. Il revient en particulier, sans ajouter rien de nouveau, sur l'influence de la crainte sur le renchérissement, sur la force irrésistible de la propriété qui ramène bientôt les hommes de travail à la condi-

1. Princeps, II, 149 ; Lausanne, 274 ; Staël, 316 ; Molinari, 349.

tion dont ils étaient sortis. Cette fin d'ouvrage est extrêmement diffuse et vide ; on ne trouve rien dans le chapitre XI, *Sur la manière d'étudier la question des grains et l'économie politique en général.* Il n'y a rien non plus dans le chapitre XII intitulé : *Conclusion.* C'est une espèce de postface où l'on ne trouve aucune conclusion, ni rien à retenir sauf peut-être l'avant-dernière phrase, très sage mais bien creuse : « Je les ai cherchées, ces vérités, sans esprit de parti, sans humeur et sans crainte ; mais je n'ose faire hommage que de mes efforts : il en est une cependant dont je crois être sûr : c'est que la modération est la condition essentielle de toute administration sage, et de toute législation durable, en matière de subsistances (1). »

Cet ouvrage de Necker venait si à propos et répondait si bien au désir des interventionnistes qu'il obtint aussitôt un immense succès de librairie. L'impression causée par les écrits de Turgot, par le livre de Galiani et la réponse de Morellet, par les mesures de liberté dans lesquelles se manifestait l'esprit nouveau, par les craintes de disette, était déjà assez profonde pour attirer sur ce livre l'attention générale, mais le fait qu'il parut juste au moment de l'émeute ne pouvait manquer de relever son actualité. Les adversaires de la liberté du commerce des grains lui firent une telle célébrité, et les partisans de la liberté l'achetèrent tellement que ce livre eut une vingtaine d'éditions.

Très discutable comme forme, comme opinions et comme programme, il fut très discuté. Les plus célèbres

---

1. Princeps, 173 ; Lausanne, 291 ; Staël, 335 ; Molinari, 358.

des réponses qui furent faites sont celles de Morellet, de Condorcet et de Baudeau.

De la plume qui avait répondu à Galiani, Morellet écrivit une analyse de l'ouvrage de Necker qui en est la démolition par l'auteur lui-même (1).

Rappelant l'inconséquence de Galiani, qui, après avoir diverti avec tant d'esprit ses lecteurs aux dépens de la liberté et de la propriété, et chargé de tous les péchés d'Israël le commerce des grains, se borne à proposer deux remèdes, ne permettre l'exportation que par la marine nationale, et mettre sur chaque setier de blé cinquante sols de droits à la sortie, Morellet reproche à Necker la même inconséquence, la même disproportion entre l'importance démesurément enflée du mal et la mesquinerie des mesures destinées à lui porter remède. Le titre d'*Analyse* est bien approprié à ce travail, car, à partir de la page 12, il n'est fait que de centons classés avec méthode, et on peut ajouter avec art.

Il relève d'abord les sentences sur la propriété et les propriétaires, qui montrent ces derniers comme des lions, des crocodiles, et les travailleurs comme des animaux sans défense, celles où les malheureux qui travaillent de leurs mains sont voués à une vie misérable, limités dans les ressources de leur existence par un salaire le plus petit possible. Si d'ailleurs on se reporte aux pages du livre de Necker, indiquées à la suite de chaque fragment, on s'aperçoit que les passages bien que guillemetés ne sont

1. *Analyse de l'ouvrage intitulé: la Législation et le Commerce des grains.* A Amsterdam, et se trouve à Paris chez Pissot, 1775, in-8°, 59 p.

pas textuellement reproduits ; ils sont coupés, précisés, et il y a de l'artifice à les présenter ainsi avec des guillemets. Les renvois de pagination ne sont pas exacts, ou correspondent à une édition autre que celles que j'ai pu me procurer. Dans son ensemble, ce bloc artificiel de cinq pages de citations est un des plus violents réquisitoires contre la propriété, contre les capitalistes, un des exposés les plus tranchants de la loi d'airain qui aient jamais été écrits.

C'est probablement pour avoir pris pour argent comptant ce pastiche que l'on a fait de Necker un des pères du socialisme. Quant à Morellet, on peut trouver qu'il s'est fait la partie belle pour conclure comme il suit :

« On pourra désapprouver un ouvrage, où l'on recueille et on réchauffe les semences de cette guerre sourde, de cette aversion aveugle des pauvres contre les riches, des hommes sans propriété contre les propriétaires ; aversion qui n'a jamais éclaté sans troubler et bouleverser les Empires, et sans causer cent fois plus de maux qu'on ne prétendoit en guérir (1). »

Morellet énumère ensuite « les principales lois, par lesquelles on a donné en divers temps atteinte à la liberté du commerce des grains dans l'intérieur du royaume :

» 1° L'obligation imposée à tous ceux qui font le commerce des grains de se faire connoître et inscrire dans un registre public ;

» 2° La défense faite aux capitalistes, et particulièrement aux financiers, de faire cette espèce de commerce ;

---

1. *Analyse*, p. 18.

» 3° La défense d'acheter et de vendre ailleurs que dans les marchés ;

» 4° Les ordres donnés arbitrairement aux fermiers ou aux propriétaires de faire garnir les marchés dans les momens de besoin ;

» 5° Les défenses faites par les administrateurs des provinces de laisser sortir des grains de leurs districts, lorsqu'ils craignent la cherté et la disette ;

» 6° La fixation du prix des grains ;

» 7° L'intervention du gouvernement, soit pour approvisionner une province qui est dans le besoin, soit pour faire venir des blés de l'étranger ;

» 8° Des primes d'importation de l'étranger ;

» 9° Des primes appliquées à la circulation intérieure. Deux opérations qui, quoique moins directement contraires à la liberté, ne laissent pas d'y donner atteinte en dérangeant les spéculations du commerce libre ;

» 10° Des embargo et défenses momentanées de faire sortir les grains, même étrangers, qui se trouvent dans les ports ;

» 11° Les approvisionnemens pour les grandes villes, et en particulier pour la capitale, établis sur les défenses de vendre les grains de certains territoires voisins, ailleurs que dans les marchés qui fournissent à la capitale :

» 12° Les magasins ou greniers d'abondance formés par l'administration ou par les corps municipaux, etc. (1) ».

Morellet reprend toutes ces lois, en têtes de chapitre ; au-dessous il cite à sa façon les passages de Necker qui

---

1. *Analyse*, p. 20-22.

s'y rapportent, et montre qu'en somme, sur tous ces points, Necker professe des opinions toutes de nuances et de transactions, en opposition avec ce qu'il devrait conclure, s'il regardait vraiment les propriétaires comme des lions et des crocodiles, et les travailleurs comme réduits par nature au salaire le plus bas, sans cesse menacés de la famine. On voit, conclut Morellet, que les opinions de Necker (il dit M. N**.) sont sur chaque point « aussi favorables à la liberté que ses principes généraux y sont contraires. Il apporte cependant à la liberté deux exceptions : la première, qu'il soit défendu de vendre hors des marchés, dès que le blé est au-dessus de 30 livres le septier ; la seconde, qu'on oblige chaque boulanger d'avoir une provision équivalente à son débit, pendant un mois, sauf, dit-il, à augmenter encore cette quantité, d'après l'expérience (1) ».

La *Lettre d'un laboureur de Picardie à M. N...*, auteur prohibitif à Paris, œuvre anonyme de Condorcet, ne fait point honneur à son illustre auteur. C'est un pamphlet, parfois grossier, jamais sincère, plein de digressions, mais écrit avec esprit. Le procédé consiste à prêter à Necker des opinions qu'il n'a pas eues, ou même à le dépeindre partisan des mesures qu'il critique, et à partir de là pour le ridiculiser ou le rendre odieux. Popiel, duc de Lithuanie, mangé par les rats, les deux millions d'hérétiques égorgés par l'Église, et le bon roi Henri IV tué par un ex-feuillant comme ennemi du Saint-Siège, l'exportation des châtaignes bouillies et des omelettes ajoutent à cela un piment.

---

1. *Analyse*, p. 40-41.

Tout autrement sérieuse est la critique de Baudeau. Elle s'étend tout le long des tomes VI, VII et VIII des *Nouvelles Éphémérides économiques* (1775).

Baudeau relève d'abord, comme Morellet, les passages où Necker attaque ou paraît attaquer la propriété et les propriétaires, et expose son système de contrat social. Les citations ne sont pas truquées. Il fait remarquer que l'homme n'a jamais vécu en dehors de l'état social, et que le sort des sauvages n'est agréable que dans les livres. Quant à la propriété, elle ne résulte ni de conventions ni de partages, parce que la nature ne produit ni prés, ni terres, ni vignes, ni vergers. Mettre en culture, c'est incorporer au sol des capitaux considérables, et le prix de vente « ne fait que rembourser les avances du fondateur ».

Les vraies richesses d'un État sont les avances foncières et les avances de la culture, la population et le bonheur sont les effets de ces richesses, alors que Necker efface « d'un trait de plume du catalogue de nos vraies richesses toutes les propriétés foncières et tous les capitaux de la culture » (VI, 97).

Il critique de même, en alignant des citations, les idées de Necker sur les prohibitions d'un côté, la nécessité du bas prix des denrées de l'autre : « Au moyen de ce bas prix des subsistances, les marchands qui doivent porter tous ces objets aux riches étrangers les achèteront à bon marché. » Tout ce système est destiné à enrichir les fabricants aux dépens des propriétaires et des cultivateurs.

Il s'élève contre l'exagération de Necker qui regarde les cultivateurs comme ne possédant rien. Necker n'entend rien aux choses de la campagne et ne les a jamais obser–

vées. La culture n'est possible que si l'on dispose de capitaux, qui peuvent être de plusieurs dizaines de mille livres dans les campagnes du Nord de la France. A la doctrine colbertiste de Necker, il oppose une doctrine de Sully qui n'est peut-être pas historiquement très exacte, et soutient que si l'application de ce système avait été continuée, la situation économique de la France serait bien plus florissante (VII).

Quant au système de Necker sur la législation même du commerce des grains, Baudeau répond que toutes les mesures contraires à la liberté du commerce sont précisément la cause des disettes. « Nous ne voulons point de bas prix dans les bonnes années, parce que c'est la ruine des fermiers, des propriétaires, du clergé, de la noblesse... C'est ce bas prix qui cause ensuite les chertés excessives... les terres sont abandonnées, on les cultive mal... une partie de la denrée a été gaspillée... La disette venant, les gens de la ville achètent fort cher le bled des pays étrangers, ou de quelques monopoleurs privilégiés (V, 179). » Et Baudeau établit par des statistiques ces conséquences de la recherche du bas prix.

Dans ces critiques, Baudeau tient peut-être plus de compte que de raison de l'attitude interventionniste de Necker, car la plupart ne portent plus si l'on s'en tient aux conclusions finales de la *Législation*, mais il est de bonne foi, et ne prête point à son adversaire des opinions trop éloignées de la réalité.

CHAPITRE IV

NECKER MINISTRE

Chute de Turgot. — Clugny. — Necker directeur du Trésor, puis directeur général des Finances. — Emprunts et tentatives de réorganisation des finances. — Analyse des actes officiels de Necker. — Analyse du *Mémoire sur les administrations provinciales*. — Analyse du *Compte rendu au Roi*. — Chute de Necker.

La publication du livre de Necker faillit conduire sur-le-champ son auteur à la Bastille. On accusa l'auteur de complicité avec les organisateurs de l'émeute, et voici comment Morellet réfute cette accusation : « Comme la publication de ce livre concourut avec un mouvement du peuple, et de quelques provinces voisines de la capitale, et servant à ses approvisionnements ; des amis de la liberté se laissant aller un peu à l'esprit de parti, dirent et se persuadèrent que M. Necker avait eu le projet d'exciter cette fermentation pour déplacer M. Turgot ; qu'il avait tramé ce plan avec le prince de Conti, quelques gens du parlement, et autres ennemis du ministre. J'ai toujours regardé comme calomnieuses ces imputations faites à Necker ; je les crois injustes même pour le parlement et le prince : l'insurrection était une suite des circonstances du moment.

Si le livre avait pu contribuer à exciter le mouvement qui fit piller les boulangers, l'effet en eût été bien rapide, car les premiers exemplaires n'en furent mis en vente que le jour même de la sédition (1). »

Sénac de Meilhan (2) raconte que Turgot dut intervenir auprès du ministre,qui proposait d'embastiller l'importun. Sénac est une mauvaise langue, un ennemi très personnel de Necker. Le ministre d'alors était déjà Maurepas, qui plus tard appela Necker au pouvoir, ce qui n'infirme pas le récit, mais n'ajoute point à sa vraisemblance.

Les projets de réforme de Turgot avaient blessé trop de préjugés et mis en danger trop de privilèges. Ce grand homme, le seul qui, peut-être, aurait pu réaliser les plus urgentes des réformes, préparer les autres et procurer à la France l'économie d'une révolution sans exemple, fut prié de se retirer, sous l'action d'une cabale où Maurepas et la reine jouèrent les principaux rôles (12 mai 1776). Il fut remplacé par l'incapable Ogier de Clugny, qui administra seulement quatre mois et mourut en octobre 1776.

Clugny avait cherché dans une grosse loterie l'équilibre des finances. Ce n'était peut-être pas suffisant, d'autant qu'il avait rouvert la porte à tous les gaspillages de la Cour. Au moment du renvoi de Turgot, les Necker fai-

1. *Mémoires*, I, 231.

Il faut toutefois s'entendre. Les *Mémoires secrets* de Bachaumont annoncent le 28 avril la publication de la *Législation* en donnent l'analyse à la date du 30 avril : à ce jour l'édition princeps est épuisée. Les émeutiers entrent en contact avec le roi à Versailles, le 2 mai, et le 3 sont maîtres de Paris pendant toute le matinée. C'est avec le mouvement aux environs de Pontoise que coïncide à peu près l'apparition du livre.

2. *Du Gouvernement*, p. 308.

saient avec Suard un voyage en Angleterre (1). A son retour, Necker écrivit un mémoire dans lequel il se faisait fort de rétablir le crédit du Trésor, et de couvrir les dépenses des caisses royales, même en cas de guerre, car déjà l'on entrevoyait la probabilité d'une reprise de la guerre avec les Anglais, à la suite des événements d'Amérique.

D'après les uns, ce mémoire avait été demandé par Maurepas ; d'après les autres, il aurait été transmis au roi par Masson de Pezay, compatriote de Necker et aventurier politique, dont l'influence venait de s'affirmer en faisant installer au ministère de la guerre, comme directeur, le prince de Montbarey dont la femme était sa maîtresse.

Clugny allait être renvoyé quand il mourut. Le 22 octobre 1776, le roi nomma contrôleur des finances Taboureau des Réaux, mais « ayant jugé convenable au bien du service de distraire de la charge et de se réserver la direction du Trésor royal » il appela Necker à cette direction. Le représentant de la petite République de Genève devenait presque un ministre, et n'allait pas tarder à le devenir davantage, mais il ne le devint tout à fait qu'à son second ministère.

C'était une grande nouveauté que d'appeler à de si hautes fonctions que le contrôle des Finances, un personnage comme Necker, banquier, Genevois et protestant : la chose ne pouvait se faire d'un coup. Voici comment Droz (2) explique la manière dont la difficulté fut tournée :

---

1. Sur ce voyage, voy. Blennerhassett, t. I, 124.

2. *Histoire du règne de Louis XVI pendant les années où l'on pouvait prévenir ou diriger la Révolution française*, t. I, p. 220.

« Appeler au contrôle général un étranger, c'était déclarer qu'aucun Français ne convenait à cette place ; un protestant, c'était s'exposer à soulever le clergé ; un banquier, c'était changer les usages ; on ne prenait les contrôleurs généraux que dans les familles de magistrats ou parmi les intendants.

» Les difficultés furent éludées, par le moyen dont Pezay s'était servi lorsque, désirant frayer la route du ministère au prince de Montbarrey, il l'avait fait nommer directeur de la guerre. Maurepas proposa au roi de choisir un contrôleur général, et de lui adjoindre Necker en qualité de directeur du Trésor. C'était créer une place nouvelle, aucun usage ne pouvait donc être invoqué contre celui qu'on appelait à la remplir. »

On n'avait pas à cette époque des idées aussi arrêtées que les nôtres sur la nationalité, et le patriotisme était moins ombrageux qu'il ne l'est devenu. Des étrangers avaient été bien des fois appelés à de très hautes charges, et même à commander nos armées. L'aventure de Law ne remontait guère qu'à un demi-siècle, elle était de nature, d'ailleurs, à ne pas encourager l'enthousiasme à l'égard des financiers étrangers. Plus graves étaient l'ancien métier de Necker, et son défaut de naissance. Quand un ministre arrivait au pouvoir, c'était tout un monde de parents et d'alliés, tous personnages de qualité, qui étaient honorés en sa personne. Le ministère des Finances était moins recherché par la noblesse de Cour, mais on ne devenait contrôleur général qu'après des années passées dans la magistrature ou l'administration. Necker n'avait ni parenté, ni alliance puissante, et, à part son argent et son talent de financier, ne comptait que comme un simple bourgeois. Aussi le marquis d'Albertas disait, et il ne fut pas le seul sans doute, qu'il était venu comme un champignon. La grosse affaire, toutefois, était celle de la religion.

Bien que l'on fut au temps des encyclopédistes, et que le scepticisme fleurit jusque dans le haut clergé, il restait des ménagements à garder. Il n'y avait guère plus de quatorze ans qu'un arrêt du Parlement de Toulouse avait condamné à mort le pasteur François Rochette, comme atteint et convaincu d'avoir exercé les fonctions de son ministère, et il avait marché au supplice pieds nus, tête nue, la hart au col, portant un écriteau sur lequel était écrit : « Ministre de la religion prétendue réformée. » Les derniers des protestants qui peuplaient les galères sortaient à peine du bagne. Toutes les incapacités légales dont les religionnaires avaient été frappés subsistaient L'entrée d'un protestant au Conseil, conséquence de la charge de contrôleur général des finances, aurait été contraire au droit public français.

Maurepas, d'autre part, était convaincu de la nécessité de recourir à l'expérience financière de Necker. Il avait eu l'occasion d'apprécier son habileté dans la conduite des affaires politiques, en tant que ministre de la République de Genève, et la façon dont il avait fait sa fortune en dix ans donnait l'espoir qu'il saurait tirer les finances de la France de leur situation chaque jour plus périlleuse. Sa décision lui était d'ailleurs dictée par un grand courant d'opinion. Le parti des neckrolâtres n'avait pas la puissance qui lui vient bientôt, mais il comptait déjà nombre de personnes de marque, les protecteurs et les obligés de

Necker, les Choiseul, le maréchal de Castries et le duc du Châtelet, le duc de Nivernais, la duchesse d'Anville, beaucoup d'écrivains et d'hommes d'affaires, beaucoup de lecteurs de ces écrivains, beaucoup de gens intéressés à la meilleure marche de l'État, ou de la banque, ou du commerce. Les vendredis de Mme Necker, les *Mémoires* sur la Compagnie des Indes, l'*Essai* et ses *Notes*, le livre *Sur la Législation et le Commerce des grains,* avaient déterminé un tel mouvement que d'après les témoignages du temps, dès le premier ministère. Necker semble avoir été l'homme imposé, l'élu de la nation.

C'est qu'à défaut d'instruction générale, de sens économique et de talent politique, Necker possédait à un très haut degré les qualités du politicien, l'art de manier et de mener les gens de tous les états. Il fait une figure à part au milieu de ces grands seigneurs, de ces prélats et de ces parlementaires que furent les ministres de l'ancien régime. Il est le premier des ministres modernes, le premier politicien parti des rangs du peuple avec la volonté de devenir ministre, et d'arriver par les moyens qu'emploient aujourd'hui ses semblables. Dans ses livres, il s'était attaché d'une manière bien consciente ou non, à reproduire les idées de la nation, et dans sa conduite publique, il s'est beaucoup plus préoccupé de sa popularité que de principes politiques ou économiques.

Après neuf mois de collaboration avec Taboureau, et de désaccords au sujet du personnel, des querelles de femmes aidant, celui-ci disparut et Necker réunit les services sous le titre de directeur général des Finances. Ce titre correspondait d'ailleurs à une diminution de la fonction des contrôleurs généraux, non quant aux attributions techniques, mais en ce qui regarde le pouvoir politique. Le nouveau titre ne donnait point entrée au Conseil. Necker ne pouvait par suite participer à la direction de la politique générale, ni même à la discussion de ses propositions et de ses plans ; immense désavantage pour un administrateur qui se proposait de modifier les errements du passé.

Pas de grande réforme, des réformes de détail, peu de plans, chaque jour ce que les circonstances permettent ; renvoyer les difficultés à plus tard, telle est la méthode qu'il suivit, et qui diffère beaucoup du programme dont la pompe remplit les pages de ses livres. Il ne changea point de système, même quand son influence plus grande ôta de l'importance à son absence du Conseil. C'est qu'en surplus des difficultés de sa situation, il eut dès le premier jour à faire face aux armements, à la création d'une nouvelle flotte, en prévision de la guerre future, puis bientôt aux dépenses présentes de la guerre, après que le traité du 6 février 1778 avec les insurgents eut fait éclater les hostilités avec l'Angleterre. Ce n'était peut-être pas le moment d'effaroucher les emprunteurs en leur proposant de nouveaux modes d'emprunt, ni d'essayer une refonte des impôts, la seule chose qu'il eût pu faire, car la faiblesse de ses conceptions ne lui permettait pas d'aborder avec fruit les réformes économiques.

C'est un grand tort que de reprocher à Necker d'avoir fait peu de chose, et les historiens sont injustes à son égard ; assurément il n'était pas le grand homme qu'il se croyait, mais les circonstances lui ont imposé une attitude qui ne nous permet pas de juger par ce qu'il a fait de ce qu'il aurait pu faire. Il a répondu lui-même aux critiques de la postérité par cette page de son *Mémoire au Roi sur l'établissement des Administrations provinciales* présenté au mois de mai 1778 ;

« J'entends une dernière objection. La guerre est-elle un temps favorable pour un changement important, de quelque nature qu'il soit?

» Je conviens qu'il en est malheureusement plusieurs en administration, auxquels le temps de guerre n'est point favorable, et je n'ai pu l'appercevoir sans regret, quelquefois même sans une douleur personnelle.

» C'est ainsi qu'on est obligé, par esprit de sagesse, de renvoyer à une autre époque les modifications dont la gabelle, les aides et les traites seroient susceptibles. Deux importantes considérations doivent engager à ce parti : l'une est, qu'en temps de guerre on ne peut risquer ni une privation de revenus, ni une suspension même dans leur perception ; l'autre, c'est que dans un temps où chacun connoît au gouvernement des besoins extraordinaires, le changement le plus conforme à l'ordre et au bonheur des peuples, et celui où Votre Majesté, bien loin de gagner, feroit des sacrifices, seroit toujours envisagé comme une opération fiscale, qui essuieroit, sous ce point de vue, un surcroît d'obstacles, en même temps que les intentions bienfaisantes de Votre Majesté seroient méconnues (1). »

Appelé au pouvoir pour remettre de l'ordre dans les finances, Necker s'est occupé avant tout de questions finan-

1. *Œuvres*, édit. Staël, III, p. 362.

cières. En matière d'impôts, il s'efforça sans toujours y parvenir, d'appliquer son principe que les taxes ordinaires doivent suffire à payer les dépenses ordinaires, et que les dépenses extraordinaires doivent être couvertes par des emprunts, qui étendent à la génération future les charges qui compensent les avantages transmis.

C'est par application de ce principe qu'il cherchait à couvrir par des emprunts les dépenses de la guerre d'Amérique, sans relever sensiblement les impôts. Faire la guerre sans impôts fut sa grande prétention, et aussi la cause de sa popularité ; la France toute entière s'extasia devant l'homme habile qui trouvait ainsi le moyen de remplir sans cesse les caisses du Trésor avec l'argent des capitalistes, et de ne rien demander au pauvre contribuable.

Les emprunts furent donc le grand souci de Necker durant tout son premier ministère, et il excella dans l'art d'inspirer la confiance et d'attirer les capitaux. Il en venait de Hollande et de Suisse. Genève, à elle seule, fournit cent millions, certains emprunts furent couverts deux ou trois fois. Cette immense confiance était due à l'opinion que le monde financier avait de Necker, à la ponctualité du service des intérêts, et à l'assurance imperturbable avec laquelle le ministre annonçait le rétablissement prochain de l'équilibre budgétaire.

Si le public et la finance montrèrent un zèle inlassable pour souscrire, il faut bien dire que Necker leur laissa la part bien large. Dans le célèbre *Compte rendu au Roi*, il se vantera d'avoir emprunté à un taux assez bas, et d'avoir maintenu les fonds publics à une cote élevée. Il est probable qu'en effet un autre n'y fut pas parvenu, car le résultat fut dû à son crédit personnel, mais il n'innova point, se bornant à appliquer les modes d'emprunt en usage sous ses devanciers, sans plus de prévoyance des conséquences futures. Il empruntait sur les pays d'État, sur la Ville de Paris, sur le clergé, sur l'Ordre du Saint-Esprit, sur la caisse de Poissy, hypothéquant toutes les recettes, prenant les revenus futurs à leur source même pour le service des intérêts et le remboursement des capitaux. Il a très peu pratiqué les impôts perpétuels et toujours gagé les emprunts sur des revenus déterminés. La spécialité était imposée par l'organisation des recettes de ce temps, et Necker ne pouvait emprunter sur l'ensemble des recettes de l'État avant de les unifier, ce qu'il commençait de tenter. Quant à la perpétuité, il semble bien qu'il ait, comme ses contemporains, pensé que les charges ne devaient point dépasser la génération prochaine.

Dans ces conditions, tous ses emprunts furent onéreux, à taux élevé et à court terme. Il fit usage, comme un Terray, de la loterie, mode immoral d'emprunt, au jugement des contemporains et au sien propre, et il en fit un mauvais usage. Trois emprunts loteries, contractés en 1777 et en 1780, lui procurent quatre-vingt-cinq millions, grevant l'État de lots et de primes, évalués à cent cinq ou cent six millions. Les lots étaient surtout des rentes viagères ; les emprunts en viager, par voie de loterie ou de souscription, étaient à peu près les seuls emprunts amortissables pratiqués alors, et leur résultat était désastreux. Les rentes étaient livrées en blanc à des intermédiaires qui en faisaient le placement, à peu près comme certains emprunts d'aujourd'hui sont pris et placés par le *Crédit Lyonnais* ou la *Société Générale*. Ces intermédiaires cherchaient à revendre le plus cher possible les titres qu'ils avaient acquis, et finalement, le blanc était rempli au nom de personnes jeunes et robustes, souvent d'enfants. Le service de la rente devait donc être fait pendant un tel nombre d'années que l'opération était avantageuse pour le crédirentier mais toujours ruineuse pour le Trésor.

Necker connaissait parfaitement ce vice du système, puisque le plus clair de ses bénéfices avait consisté naguère à faire dans sa banque des opérations sur le Trésor, achetant à bas prix pour les revendre cher des rentes diverses, ou des anticipations, assignations sur revenus futurs, payables par les diverses caisses, à peu près semblables à nos bons du Trésor. Il ne semble pas qu'il ait cherché à remplacer par d'autres modes d'emprunt ceux dont sa pratique bancaire lui avait montré les dangers pour les finances de l'État. Il semble même n'avoir pas pensé à déterminer par le calcul le taux auquel les rentes devaient être vendues, et à empêcher l'abus de l'affectation à des crédirentiers trop jeunes. Les données des actuaires du temps étaient bien insuffisantes, mais elles ont cependant permis à ses contemporains de diriger contre les emprunts viagers de Necker des critiques aussi dures que fondées. Le Trésor en vint à perdre deux cent millions sur le service des intérêts, et en 1787, dans sa *Lettre sur l'Administration de M. Necker*, Mirabeau porte sur ses emprunts ce jugement définitif : « Ils doivent être considérés au nombre des plus mal organisés, des plus ruineux que la France ait été contrainte de payer. »

Si l'on désire pénétrer dans le détail de ces opérations, on trouve dans le tome III des *Œuvres* de Necker, édition de Staël, l'état des emprunts faits sous le premier ministère de Necker, et le texte des édits ou arrêts du Conseil qui les ordonnent.

L'Édit de janvier 1777 ordonne un emprunt de 24.000.000 en 20.000 billets de 1200 livres, formant une loterie de 5000 lots de rentes viagères, montant à 1.090.000 livres, et de 15.000 lots de 1200 livres de capital, faisant à 5 0/0 une rente perpétuelle de 720.000 livres, avec hypothèque sur le produit des fermes. Les gagnants de la loterie touchaient ainsi, les uns le remboursement de leur billet par un titre d'égale valeur nominale, de rente perpétuelle 4 0/0, les autres un lot de rente viagère, et l'article VI dispose que les rentes viagères pourront être constituées sur telles têtes et en autant de parties que les porteurs de lots le jugeront à propos. avec un minimum de 30 livres sur la même tête.

Quelques jours après, le 8 février 1777, des lettres patentes autorisent l'Ordre du Saint-Esprit, à prêter au Trésor les sommes à provenir d'une émission que celui-ci était autorisé à faire sur sa caisse, de rentes perpétuelles à 5 0/0 et de rentes viagères sur deux têtes à 7 0/0, jusqu'à concurrence de 600.000 livres par an. Pour le rembourser, le Trésor constituait à l'Ordre 600.000 livres de rente sur le produit du marc d'or, et en cas de besoin sur celui des postes jusqu'à l'extinction des rentes viagères, et des perpétuelles que l'Ordre rachèterait par voie de remboursement. Cette opération consistait à emprunter par le crédit d'un intermédiaire, avec gage sur un revenu déterminé du Trésor. L'Ordre pouvait espérer de beaux bénéfices, à mesure que les remboursements et les extinctions diminueraient sa charge.

Ces deux types d'emprunt furent très pratiqués par Neker. Voici les principales opérations qui s'y rapportent :

Le 5 avril 1777, emprunt de 6.000.000, émis à Gènes. Au mois d'août 1777, emprunt analogue à celui qui avait été effectué par l'intermédiaire de l'Ordre du Saint-Esprit, et de même somme, cette fois par l'intermédiaire de l'Hôtel de Ville. Le 7 décembre 1778, arrêt du Conseil ordonnant l'ouverture au Trésor royal d'un emprunt remboursable en sept années par voie de loterie, de 25.000.000.

En novembre 1778, on émet 4.000.000 de rentes viagères, à 10 0/0 sur une tête, 8,5 0/0 sur deux têtes (sans distinction d'âge et au choix des acquéreurs). En novembre 1779, émission de 5.000.000 de rentes viagères, à 10 0/0 sur une tête, 9 sur deux têtes, 8,5 sur trois têtes, et 8 sur quatre têtes, avec hypothèque sur les aides, les gabelles et les cinq grosses fermes. Cet emprunt rapporta 69 millions 444.500 francs, mais comme ce taux est à peu près celui que l'on pratique aujourd'hui pour les octogénaires, on juge quelle charge formidable serait résultée pour le Trésor de rentes viagères à 8 0/0 sur quatre têtes d'enfants si la Révolution n'avait pas empêché le développement des conséquences de l'engagement pris par le Trésor. Le 29 octobre 1780, autre emprunt de 36.000.000 en une loterie de 30.000 billets de 1200 livres, remboursables en neuf années avec primes. En février 1781, création de 6.000.000 de rentes viagères du type 1779, qui font entrer dans le Trésor 65.000.000 et le mois suivant, de 3.000.000 qui rapportent 33,000.000.

Un autre type d'emprunt est fourni par l'engagement du 30 juillet 1780, par lequel le roi prend la charge de payer 1.000.000 par an au clergé jusqu'à 1794, en récompense de son don gratuit de 30.000.000. Il y avait longtemps que les dons gratuits n'étaient que des prêts déguisés sous une étiquette honnête. Celui-ci est véritablement gratuit pour moitié. L'assemblée générale du clergé de France, avait, par ses délibérations des 12 et 16 juin 1700, arrêté d'offrir au roi un don gratuit de 30.000.000. Le roi ne remboursant que 14 annuités d'un million, l'opération était excellente et Necker en est loué par son petit-fils, dans une note de la page 27 du tome III.

Les États de Languedoc, Bourgogne, Bretagne, Provence, Artois, fournissent une centaine de millions d'avances sur les impositions de ces provinces, par des emprunts gagés sur ces impositions.

Necker emprunta encore d'une manière déguisée, en faisant verser des suppléments de cautionnement, 24.000.000 le 17 février 1779 ; en vendant, le même jour, le privilège exclusif des fiacres de Paris pendant trente ans, pour 5.500.000 à la Compagnie Perreau, et par une série d'opérations du même genre.

Il fit aussi un large usage des anticipations, c'est-à-dire de bons à toucher sur les revenus à venir, délivrés contre versement au comptant d'une somme inférieure. Au temps de Terray, les anticipations ne se montaient guère qu'à 80.000.000. Au 31 décembre 1780, d'après l'état de la page 43 du tome III de l'édition Staël, elles s'élèvent à

113.914.400 livres. Figurent sur cet état : M. de Savalete pour 22.500.000 livres, M. d'Harvelay, 17.500.000 livres, M. de Beaujon 18.000.000 sur les fermes générales et 12.000.000 sur les recettes générales.

La somme totale des emprunts contractés si péniblement pendant le premier ministère de Necker est, les anticipations comprises, de 528.899.214 livres, correspondant à quatre années et demie. Cette somme est à peu près la dixième partie de ce que paie chaque année la France, et les soucis de Necker feraient sourire un ministre des Finances d'État de troisième ordre. Pour le temps, elle paraissait immense.

La même nécessité de ne pas changer l'équilibre du crédit pendant la guerre explique aussi pourquoi Necker n'essaya aucune réforme des impôts. Il n'en créa point, et se contenta de faire proroger de dix ans, par l'arrêt du Conseil du 2 novembre 1777, les seconds vingtièmes et les droits réservés. Quant aux suppressions, s'il forma le projet de simplifier la taxe du sel, si discrètement perçue aujourd'hui aux lieux de production, et alors assurée par le monopole des gabelles, des vendeurs innombrables, et des armées de gabelous surveillant toutes les routes, avec les galères pour sanction de la fraude, il en resta à la spéculation pure, et de même pour les autres impôts. Tout ce que fit Necker financier, ou tout ce qu'on lui permit de faire, fut de réduire les dépenses, de régulariser la comptabilité, de simplifier les organes chargés des recettes, et de préparer la réforme des tailles.

Ce fut une mesure très sage, mais bien compromettante, que de commencer par réduire les dépenses de la Maison du Roi, qui n'étaient soumises à aucun contrôle effectif, et absorbaient une moyenne de 40.000.000 livres par an sur un ensemble total de 250.000.000 livres de dépenses du Trésor royal.

La base de ces réformes est le *Règlement pour la liquidation des dettes et le paiement des dépenses courantes de la Maison de Sa Majesté* du 22 décembre 1776, qui établit une comptabilité relative. Ce règlement fut complété par l'édit de janvier 1780 qui créa le bureau général des dépenses de la Maison du Roi, supprimant une série de charges d'intendant et de contrôleurs qui n'administraient rien et ne contrôlaient jamais.

Des six mille offices, la plupart fort bizarres, que comprenait le service de la Cour, les plus notoirement inutiles furent supprimés. L'édit d'août 1780 fit disparaître à lui seul 406 charges, bouche et communs, remboursables au prix total de 8.786.000 livres. L'énumération de ces charges, dont les noms indiquent l'inutilité, remplit les pages 226 à 229 du tome III de l'édition Staël. On y voit qu'une charge d'écuyer ordinaire de cuisine bouche valait 90.000 livres, plus de 250.000 francs de notre monnaie; même prix la charge d'un chef ordinaire de panneterie bouche; une charge de lavandier ordinaire de panneterie bouche valait 60.000 livres. Une série de tables, nourrissant d'innombrables parasites, sont supprimées par le règlement du 17 août 1780 (1).

La nécessité de chacune de ces réformes était très difficile à faire admettre par le Roi et par la Reine, dont la

1. Staël, p. 234 et suivantes.

bonne volonté de réduire beaucoup les dépenses était sans cesse aux prises avec le désir de faire plaisir aux réclamants. Le gaspillage continuait de plus belle dans l'entourage de la Reine, et Necker, de la même main qui avait signé les suppressions d'emploi des parasites de moindre importance, signait des pensions au bénéfice de tous les exploiteurs du Trésor qui disposaient d'un grand crédit à la Cour. Aussi dans les quatre années de son ministère, le chiffre des pensions s'accrut de 45 0/0. L'édit du 22 décembre 1776 disposait bien, dans son article premier, que les grâces pécuniaires de toute nature ne seraient examinées qu'une fois par an, en décembre, mais il ne fut pas appliqué aux courtisans. Ceux-ci bénéficièrent en revanche des lettres patentes du 8 novembre 1778, qui organisèrent l'unité de caisse et d'échéances des pensions. Ils furent payés exactement, ce qui n'était pas le cas jusqu'alors.

De ces fautes, Necker n'est point responsable. Il fallait vraiment se soumettre ou se démettre, et mieux valait se soumettre, en tirant de la situation tout le parti que permettaient les faiblesses du couple royal. Le bénéfice de cette docilité fut la possibilité de commencer la réorganisation du système de perception des taxes, infiniment compliquées, coûteuses et vexatoires.

Dans ce domaine, Necker eut une plus grande liberté, soutenu qu'il était par l'opinion presque unanime de la Nation et de la Cour. La comptabilité fut réorganisée avec une précision relative, inconnue jusqu'alors, par l'*Arrêt du Conseil* du 18 octobre 1778, *portant établissement d'un nouvel ordre pour toutes les caisses de dépenses*, et par les édits de novembre 1778, février, juin, juillet, octobre 1779, avril 1780, supprimant une quantité de rouages compliqués et nuisibles, de caisses, de trésoriers et de contrôleurs ; plus de 600 offices furent ainsi supprimés. L'édit d'août 1777 supprima dans l'administration des forêts 506 charges superflues. Ces simplifications réalisaient de grosses économies, car le remboursement de la finance des charges ne dépassait pas en général les gages de quelques années, elles permettaient une réorganisation des services.

L'arrêt du Conseil du 3 avril 1777 ordonna la réunion, à compter du 10 octobre suivant, des droits réunis, des greffes, des hypothèques, des droits réservés des quatre membres de Flandre et des papiers et cartons en une seule régie sous le titre de Régie générale.

L'*Arrêt de règlement* du 9 janvier 1780 *concernant les fermes et régies du roi*, établit trois grandes compagnies pour le recouvrement des taxes : la Ferme générale, chargée des recouvrements qui tiennent à l'importation ou à l'exportation des marchandises, la Régie générale, chargée des droits relatifs aux boissons et à la fabrication de quelques autres objets de commerce, l'administration générale des domaines et droits domaniaux, chargée de l'administration du domaine de l'État, de la perception des droits de greffe et d'hypothèque.

Les fermiers généraux furent réduits à 40 pour la première compagnie, à 25 pour chacune des deux autres. Ces grands groupements sont devenus les douanes, les contributions indirectes et l'enregistrement. Quand le système des fermes disparut, l'organisation des services faite par

Necker se trouva capable de fonctionner sous la direction immédiate des chefs de service du ministère des Finances.

La ferme générale ainsi réduite aux tabacs, gabelles, traites et douanes, les fermiers à 40 au lieu de 60, leur traitement fixé à 30.000 livres, les abus se trouvèrent tempérés. Necker, au renouvellement du bail de la Ferme, réduisit encore les bénéfices excessifs des fermiers, en exigeant un versement de 30.000.000, et un partage des bénéfices au delà de 126.000.000 de recettes.

Quant à la réforme des tailles, elle était liée dans la pensée de Necker, à une réorganisation de l'administration provinciale, qu'il commençait à ébaucher au moment où il fut renversé. Il faut aller chercher sa pensée dans le *Mémoire* secret *sur l'établissement des Administrations provinciales*, présenté au roi en mai 1778. Ce mémoire, dont la divulgation en 1781 fut une des causes de la cabale qui renversa Necker, occupe les pages 333-367 du tome III de l'édition Staël. Il ne présente d'ailleurs pas qu'un intérêt théorique, puisqu'il reçut un commencement d'exécution.

Dans ce mémoire, Necker se plaint d'abord du fonctionnement des intendances. Voici comment il dépeint les intendants, et il est curieux de voir combien le portrait, tracé de main de ministre, conviendrait encore à nos préfets :

« A peine peut-on donner le nom d'administration à cette volonté arbitraire d'un seul homme qui, tantôt présent, tantôt absent, tantôt instruit, tantôt incapable, doit régir les parties les plus importantes de l'ordre public, et qui doit s'y trouver habile, après ne s'être occupé toute sa vie que des requêtes en cassation; qui souvent, ne mesurant pas même la grandeur de la commission qui lui est confiée, ne considère sa place que comme un échelon pour son ambition; et si, comme il est raisonnable, on ne lui donne à gouverner, en débutant, qu'une généralité d'une médiocre étendue, il la voit comme un lieu de passage, et n'est point excité à préparer des établissements dont le succès ne lui sera point attribué, et dont l'éclat ne paraîtra pas lui appartenir. Enfin, présumant toujours, et peut-être avec raison, qu'on avance encore plus par l'effet de l'intrigue ou des affections, que par le travail et l'étude, ces commissaires sont impatients de venir à Paris, et laissent à leurs secrétaires ou à leurs subdélégués le soin de les remplacer dans leurs devoirs publics (1). »

Il n'y a, dans les pays d'élection, aucun contradicteur légitime au commissaire départi (l'intendant). Il vient au ministre des plaintes. On communique à l'intendant cette requête. Celui-ci explique les faits, toujours d'une manière à prouver que tout ce qui a été fait a été bien fait. On réprimande le contribuable de s'être plaint mal à propos, et qui sait s'il ne se ressent pas encore d'une autre manière de sa hardiesse (p. 336).

Il y a sans doute des parties d'administration qui, tenant uniquement à la police, ne peuvent jamais être partagées, « mais il en est aussi, telles que la répartition et la levée des impositions, l'entretien et la construction des chemins, le choix des encouragements favorables au commerce, au travail en général, et aux débouchés de la province en

1. Staël, III, p. 333.

particulier qui, soumis à une marche plus lente et plus constante, peuvent être confiés préférablement à une commission composée de propriétaires (1) ».

Necker n'est pas seulement désireux d'introduire la représentation dans les affaires régionales, il est décentralisateur. Il existe en France une très grande variété qui exige des mesures particulières à chaque lieu. Cependant les mesures du gouvernement ne tiennent pas compte de ces différences. « En ramenant à Paris tous les fils de l'administration, il se trouve que c'est dans le lieu où l'on ne sait que par des rapports éloignés, où l'on ne croit qu'à ceux d'un seul homme, et où l'on n'a jamais le temps d'approfondir, qu'on est obligé de diriger et de discuter toutes les parties d'exécution appartenantes à 500 millions d'impositions subdivisées de plusieurs manières par les formes, les espèces et les usages (2). »

Les conditions auxquelles doivent répondre les administrations sont les suivantes :

« Un sage équilibre entre les trois ordres, soit qu'ils soient séparés ou qu'ils soient confondus ; un nombre de représentans qui, sans embarrasser, soient suffisans pour avoir une garantie du vœu de la province ; des règles simples de comptabilité ; l'administration la plus économe ; les assemblés générales aussi éloignées que l'entretien du zèle et de la confiance peut le permettre ; l'obligation de soumettre toutes les délibérations à l'approbation du conseil, éclairé par le commissaire departi ; l'engagement de payer la

1. Staël, p. 338.
2. Staël, p. 341.

même somme d'impositions versée aujourd'hui au Trésor royal; le simple pouvoir de faire des observations, en cas de demandes nouvelles, de manière que la volonté du roi fût toujours éclairée et jamais arrêtée; enfin le mot de don gratuit absolument interdit, et celui de pays d'administration subrogé à celui de pays d'états; afin que la ressemblance des noms n'entraînât jamais des prétentions semblables: voilà en abrégé l'idée des conditions essentielles (1). »

Une telle organisation ne serait pas une diminution de l'autorité royale. Cette confusion continuelle entre l'exercice journalier de l'autorité et l'autorité royale même est une source d'inconvénients, et le grand art de tous les administrateurs subalternes. Comment se plaire à faire bruit des ordres du roi pour mettre garnison chez un contribuable, pour vendre ses meubles et même son grabat? Si de si tristes contraintes ne peuvent être évitées sans aucune espèce d'administration, ne serait-il pas trop heureux qu'elles se fissent sur le commandement des représentants de la province, et que le nom de Sa Majesté, toujours chéri, ne fut entendu que pour la commisération et la clémence (p. 348).

Rien jusqu'ici que de conforme au vœu de la nation et aux projets de réforme déjà proposés à l'opinion, mais on se demande si Necker, étranger à la France et à son droit public, comprend toujours la portée de ce qu'il propose, et des considérants qu'il introduit. Il ne demande que l'application de ses projets dans une seule province, à

1. Staël, p. 342.

titre d'essai, désir modeste en somme : et en même temps, il suppose aboli le pacte royal, et prévoit la suppression des garanties offertes à la nation par les pouvoirs des Parlements. « C'est le pouvoir d'imposer qui constitue essentiellement la grandeur souveraine, » dit-il page 346, et plus loin, page 352 :

« Ce ne seroit donc jamais que par un motif de propre convenance pour l'autorité royale, qu'en renonçant à la sanction des parlemens, on voudroit demander un jour directement à l'assemblée provinciale sa contribution aux besoins extraordinaires de l'État ; et si nous nous arrêtions à comparer laquelle de ces deux manières de valider ces impositions conviendroit le mieux à l'autorité, nous trouverions vraisemblablement que le gouvernement traiteroit presque toujours plus facilement avec des états sagement constitués qu'avec des parlements (1). »

Cette thèse absolutiste, rapprochée des diatribes de Necker contre la propriété et de son apologie du gouvernement anglais tendrait à faire croire que le ministre ne professait pas toujours la foi politique de l'écrivain. Peut-être faut-il seulement voir dans ces passages l'expression du désir de substituer, sous la forme des administrations provinciales, un nouveau pouvoir pondérateur à celui très discuté des parlements.

L'*Arrêt du Conseil* du 12 juillet 1778, *portant établissement d'une administration provinciale dans le Berry*, fut une première application du programme de Necker. Comme tous les arrêts importants rendus sur l'initiative

1. Éd. Staël, p. 352.

de Necker, il comporte un long préambule où l'on reconnaît bien son style, mais qui ne nous apprend rien de nouveau.

L'article premier ordonne qu'il soit formé une assemblée composée du sieur archevêque de Bourges, de 11 autres membres de l'ordre du clergé, de 12 gentilshommes propriétaires, et de 24 membres du Tiers-État, dont 12 députés des villes, et 12 propriétaires habitant les campagnes, pour répartir les impositions, en faire la levée, diriger la confection des grands chemins et des ateliers de charité, ainsi que tous les autres objets que Sa Majesté jugera à propos de lui confier. L'article II confère la présidence à l'archevêque, fixe la durée des sessions à un mois tous les deux ans ; les suffrages seront comptés par tête et non par ordre.

Dans l'intervalle, il y aura un bureau d'administration, composé de l'archevêque président, de 7 membres de l'Assemblée, de 2 procureurs syndics et d'un secrétaire. Le bureau suivra tous les détails relatifs à la levée des impositions ainsi qu'aux autres objets confiés à la direction de l'assemblée provinciale, à laquelle il devra compte de ses opérations. Le montant des impositions restera celui antérieurement perçu. Le mode d'élection sera ultérieurement fixé : pour la première assemblée, il sera tenu une assemblée préliminaire de 16 propriétaires, convoqués en vertu des ordres de Sa Majesté, lesquels en indiqueront 32 autres pour compléter l'assemblée.

Ainsi cette assemblée devait être composée d'après le principe de la double représentation du Tiers ; Necker était donc dès cette époque favorable au principe de la double représentation du Tiers et de la délibération en commun.

L'administration provinciale du Berry tint deux assemblées générales, l'une en 1779, l'autre en octobre 1780. Sa principale opération fut la suppression des corvées : elle fit exécuter cependant en 1780 six lieues de chemins neufs, au prix de revient de 22.000 livres par lieue. L'organisation de la nouvelle voirie berrichonne fut réglementée par un arrêt du Conseil du 13 avril 1781, qui détermina les conditions d'adjudication des travaux, le contrôle à exercer par les ingénieurs, etc.

De semblables administrations provinciales furent arrêtées pour le Dauphiné (27 avril 1779), pour la généralité de Montauban (11 juillet 1779 et 26 novembre 1779), et pour celle de Moulins (13 mars 1780). En Dauphiné, l'opposition des partisans des États fit obstacle à l'exécution. L'assemblée du Bourbonnais était à peine organisée quand un arrêt du Parlement lui interdit de fonctionner. Seule l'assemblée de Montauban put se réunir et installer sa commission permanente.

Ces innovations furent accueillies avec des sentiments très divers. Turgot dit des assemblées provinciales : « cela ressemble à mes idées sur les municipalités comme un moulin ressemble à la lune ». Les philosophes trouvèrent trop grande la place faite au clergé, les physiocrates auraient préféré le recrutement par l'élection. Le public, moins exigeant, espéra voir une organisation nouvelle sortir de ces commencements. Les parlementaires et les intendants menacés s'élevèrent avec force contre les assemblées et les projets de Necker. Le parti des adversaires devint très agissant, et la lutte s'engagea si vigoureuse contre le ministre que celui-ci se sentit menacé.

Au mois de janvier 1781, il présenta au roi le célèbre *Compte rendu* qui était à la fois une apologie de toute son administration et le premier essai, non pas encore de budget, mais de bilan des finances publiques, qui ait été publié en France.

Le mémoire parut peu après, « imprimé par ordre de sa Majesté » à l'imprimerie du cabinet du roi, sous la forme d'un in-4° de II-116 pages, avec un tableau et deux cartes coloriées. L'analyse en est rendue facile par celle qui a déjà été faite des principaux actes de la gestion de Necker.

Le ministre insiste sur les difficultés d'établir exactement un pareil compte rendu de l'état des finances, en raison de la multiplicité des caisses, dont les principales sont chargées à la fois de recevoir certaines catégories de revenus, et de payer certaines dépenses ou certains emprunts gagés sur ces recettes déterminées. On ne peut facilement connaître que les excédents reversés par ces caisses dans le Trésor public. Par suite de cette situation, le compte rendu est forcément incomplet.

« Le compte de vos finances, Sire, rendu dans cette forme, ne présente au Trésor royal, qu'une recette de deux cent soixante-quatre millions, et nos revenus passent quatre cents trente millions, mais le surplus est consommé, soit par des charges assignées sur les Recettes générales, soit par les rentes sur l'Hôtel de Ville, et les autres objets hypothéqués sur les fermes, soit par des dépenses dont le paiement est indiqué sur le domaine, sur le produit des régies, sur les impositions des pays d'États, etc. » (p. 11).

Après ce préambule, Necker fait l'apologie de ses

emprunts. Lorsqu'il est entré en place, « les capitalistes pouvoient placer leur argent à un intérêt de 6 et 2/3 0/0 en rentes perpétuelles, vu que les contrats sur l'Hôtel de Ville portant 4 0/0 d'intérêt, ne valoient que soixante ; et c'est à cette même époque que la guerre ou ses préparatifs ont commencé.

» Quelle différence entre cet état du crédit, et le prix des fonds publics au commencement de la précédente guerre ! L'on avoit peine alors à trouver des placements à quatre et demi pour cent et les contrats sur les Postes, qui ne portoient que trois pour cent d'intérêt, étoient montés jusqu'à quatre-vingts : cependant en 1759, trois ans seulement après la guerre, le paiement des rescriptions fut suspendu, celui des gages fut arrêté, et l'on excita les particuliers à porter leur vaisselle à la monnaie, pour la convertir en espèces » (p. 18).

« La loterie ouverte il y a deux ans était calculée sur le pied de cinq pour cent d'intérêt ; et tandis qu'en 1771, au sein de la paix, on a négocié des rentes viagères qui ont coûté onze, douze et jusqu'à treize pour cent d'intérêt sur une tête, Votre Majesté n'a encore emprunté qu'à neuf, et à un intérêt proportionné sur plusieurs têtes » (p. 18).

Necker fournit ensuite des explications très claires, sur le mécanisme des anticipations, la caisse d'escompte, les nombreuses formes de grâces pécuniaires, dons, croupes, pensions, les mesures prises pour restreindre les profits de la finance, la réorganisation des trésoriers, les dépenses de la maison du roi, les domaines, les forêts, les vingtièmes et les diverses tailles, etc. Tout l'essentiel de ce qui concerne ces questions a déjà été exposé plus haut.

Les sections qui suivent présentent plus d'intérêt, en ce sens qu'elles répondent non plus aux réformes faites et déjà étudiées, mais à des changements que Necker se proposait de faire.

La capitation est une taxe très multiple d'assiette : capitation taillable, capitation des privilégiés, qui ne paient pas la taille. Cette dernière a une très grande importance à Paris et sa répartition est fort arbitraire : « On a pris pour mesure le nombre de domestiques, les équipages, le loyer des maisons. » Necker pense qu'il vaudrait mieux convertir la capitation en une taxe sur les objets de luxe ou sur les vingtièmes des maisons (p. 68) : que dirait Necker s'il voyait au xxe siècle percevoir toujours la contribution personnelle mobilière, l'impôt sur les automobiles et les bicyclettes, proposer le rétablissement de l'impôt sur les domestiques, et celui de la taille pour supplément de progrès !

Les corvées lui paraissent devoir être transformées en un impôt en argent, établi au marc la livre de la taille. Elles seront ainsi moins lourdes aux pauvres paysans, qui paieraient douze à quinze sous au lieu de sept à huit jours de corvée par an, et pourraient regagner leur argent et davantage, en travaillant comme ouvriers salariés sur les chemins (p. 69). Cette fois le vœu de Necker est presque réalisé, et après cent cinquante ans la France n'a plus guère à envier au Berry de 1780.

Sur les administrations provinciales, Necker s'étend assez longuement (p. 71-80), mais ne nous apprend pas grand'-chose de nouveau. Il n'en était pas de même pour ses contemporains, car à ce moment le *Mémoire sur les administrations provinciales* était encore secret.

Necker s'élève contre les gabelles (p. 82-88). Une carte jointe à son mémoire, met en évidence les causes de la prodigieuse fraude qui remplissait toute la France de gabelous et de contrebandiers, peuplant les prisons et les galères. Par suite des différences de régime fiscal, le prix du sel variait de province à province, à ce point qu'en franchissant une frontière idéale, celle de la Bretagne au Maine, la valeur de ce produit passait de deux à trois livres le minot à cinquante-six livres dix-neuf sols. De même le sel valait huit à neuf livres en Limousin, et de soixante livres sept sols à soixante et une livre quinze sols en Berry.

« Le remplacement paroît difficile, quand on observe que cet impôt procure actuellement à Votre Majesté un revenu net de cinquante-quatre millions : ainsi, les droits de la gabelle rapportent autant à Votre Majesté que l'impôt sur toutes les propriétés foncières du royaume, représenté par les deux vingtièmes et les quatre sous pour livre du premier.

» Le montant de ces mêmes droits, dans les provinces de grandes gabelles, y équivaut ou surpasse le produit de la taille et de ses accessoires.

» Enfin, dans quelques-unes des provinces où les grandes gabelles et les droits d'aides sont établis, les gabelles y rendent le double des droits d'aides » (p. 84).

Necker pense conserver à l'État le monopole de la vente du sel ; il voudrait seulement en fixer le prix « entre cinq à six sous la livre ou vingt-cinq à trente livres le minot, dans tout le royaume sans distinction ». On recouvrerait ainsi la même somme, en épargnant les frais énormes qu'entraîne la surveillance. Plus de gabelous, de contrebandiers, de délateurs, de rixes, de meurtres et de galères. A ce projet s'opposait l'intérêt des pays où le prix du sel était au-dessous de la moyenne, et il est probable que Necker aurait eu de la peine à réaliser son programme.

Les droits d'aides ont aussi attiré son attention, mais il n'a trouvé aucun projet qui le satisfît parfaitement (p. 91); il en est de même de l'unification des poids et mesures (p. 97).

Necker consacre deux sections à l'exposé des mesures qu'il a prises touchant les règlements des manufactures et le commerce des grains ; c'est une matière dont je n'ai pas encore parlé et qui représente toute la partie purement économique de l'administration de Necker. Je vais y revenir bientôt. Les deux dernières sections sont consacrées à des questions qui ne nous regardent guère, l'affranchissement des mainmortables, l'amélioration du sort des prisonniers, des malades et des enfants trouvés. Le mémoire est suivi de tableaux qui constituent le bilan du Trésor. Les impositions perçues dans les pays d'élection par les receveurs généraux, c'est-à-dire à peu près ce qui correspond à nos contributions directes, dans toute la France moins les pays d'État, s'élèvent à 148.590.000 livres, dont il reste disponible pour le Trésor royal seulement 119.540.000 livres.

La ferme générale rapporte environ 126.000.000 dont 48.427.000 arrivent jusqu'au Trésor royal.

La régie générale rapporte 42.000.000 dont 8.903.000 livres sont versées au Trésor royal.

La régie des domaines rapporte 42.000.000 dont le Trésor royal a reçu 38.100.000 livres.

Les trésoriers des États versent au Trésor 8 à 9.000.000 et la Loterie royale, à peu près 7.000.000.

Ajoutons les Postes et Messageries 9.000.000, les impositions de la Ville de Paris 5.700.000, les revenus casuels, y compris les jurandes, et nous avons les principaux éléments des revenus qui s'élèvent à 264.154.000 livres.

Les grosses dépenses sont, comme il convient, celles de la guerre : l'extraordinaire des guerres 65.200.000 livres, la maison militaire du roi 7 681.000 livres, l'artillerie et le génie 9.200 000 livres, les maréchaussées 3.575.000 livres, ensemble 85.000.000 en chiffres ronds. La marine et les colonies ne coûtent que 29.200.000 livres, les affaires étrangères 8.525.000.

Les dépenses du roi et des princes sont comptées pour 33.740.000 livres.

Il faut compter aussi la caisse des arrérages et celle des pensions, 48.820.000.

Les intérêts et les frais des anticipations s'élèvent en chiffre rond à 7.584.000 et les intérêts des emprunts non directement gagés sur les fermes et payés par elles à 6.500.000 livres.

Le total des dépenses s'élève à 253.954.000 livres. Excédent des revenus sur les dépenses : 10.200.000 livres.

Il faut compléter les indications trop sommaires du *Compte rendu*, si l'on veut bien apprécier les mesures économiques de Necker qui ne se rattachent pas aux finances, c'est-à dire celles qui se rapportent aux manufactures et au commerce des grains.

Les lettres patentes du 5 mai 1779 concernant les manufactures (1), et les dispositions qui les complètent, ont un peu élargi le cercle d'impossibilités dans lequel se débattait la fabrication des toiles et des étoffes de laine. Une réglementation écrasante, établie dans le but d'empêcher les fabricants de tromper leur clientèle, régissait le mode de fabrication, le métrage, les matières premières, etc. Des jurés gardes étaient chargés de plomber les pièces et de certifier ainsi leur bonne fabrication. Les infractions étaient sanctionnées par la saisie et la destruction des marchandises irrégulières, par des amendes et des peines corporelles.

Au milieu du XVIIIe siècle, quand déjà la grande industrie se développait en Angleterre, et inondait le monde entier d'étoffes de fantaisie, le drap classique et les toiles irréprochables des fabriques françaises, les soieries réglées de Lyon, dont nous admirons les reliques dans nos collections, ne trouvaient plus le moyen de satisfaire les goûts de la mode, ni de faire concurrence pour le prix aux étoffes étrangères. D'où contrebande, fabrication illicite, répressions arbitraires, souffrances du commerce et de l'industrie et mécontentement croissant du public.

Le préambule des Lettres patentes émane certainement de Necker, le style ne permet pas d'en douter, les idées non plus.

C'est par la prospérité des manufactures que l'agriculture est excitée, que la population s'accroît et que les richesses s'accumulent. Le code des réglements est devenu par sa complication et son ancienneté, d'une exécution

1. Staël, III, p. 441-453.

difficile. Des inspecteurs inquiètent les manufacturiers, d'autres n'apportent aucun frein aux abus, et les marques ne servent qu'à surprendre la confiance. Les étoffes d'invention nouvelle ne peuvent être revêtues du plomb, ce qui les expose à des saisies, et l'industrie se trouve ainsi arrêtée et contrariée par l'autorité même des lois. Les institutions ne doivent pas s'étendre jusqu'au point de circonscrire l'imagination et le génie d'un homme industrieux, et encore moins jusqu'à résister à la succession des modes et à la diversité des goûts.

Les Lettres fixent les marques des diverses étoffes classiques dites réglées, dont les conditions de fabrication seront définies par de nouveaux règlements ; de même pour les teintures. Un plomb est établi pour les étoffes libres, dont la lisière portera des marques à mille raies, destinées à faire connaître au public que ces tissus sont vendus sans garantie de l'État, tout en écartant la confusion avec les tissus étrangers. Les sévérités de la répression sont aussi légèrement atténuées. Enfin, on restreint l'abus de la qualification de Manufacture Royale, qui sera réservée à l'avenir aux établissements uniques en leur genre. Enfin, les fabricants qui auront exploité eux-mêmes, pendant soixante ans, de père en fils, avec une réputation soutenue, la même manufacture, pourront apposer eux-mêmes les plombs de garantie.

Cette réglementation, parfaitement surannée dès sa naissance, est un nouvel exemple de l'esprit transactionnel de Necker et de sa timidité. Si ces fractions de mesure avaient été appliquées beaucoup plus tôt, et la détente poursuivie d'une manière progressive, la question de la liberté industrielle aurait fini par se régler toute seule, mais en cela comme en toute chose, Necker n'apportait que des réformes dont il ne sentait point que l'heure était déjà passée.

En ce qui concerne les commerce des grains, le ministre fut logique et appliqua les principes de l'écrivain, mais dans les mesures qu'il prit on distingue nettement l'influence de cette crainte irraisonnée de la famine qui domine toute sa conception du problème. Il fut ainsi amené à prendre des mesures prématurées, déraisonnables, et même de nature à provoquer l'accusation de mauvaise foi.

Le 26 septembre 1777, il fit prendre un arrêt suspendant l'exportation à l'étranger, dans le Languedoc et la Provence. Le préambule porte que la récolte n'a pas répondu aux espérances qu'on en avait conçues, et que le prix des blés en Languedoc et en Provence était porté à un prix assez haut pour garantir l'intérêt des propriétaires. L'arrêt dispose d'ailleurs qu'il ne sera apporté aucun obstacle à la circulation dans toute l'étendue du royaume, ni à la réexportation des grains étrangers, en franchise de tous droits. Deux arrêts semblables suspendirent aussi, *sine die*, l'exportation par la Guyenne, le Béarn, et le Roussillon.

Toutes ces provinces avaient officiellement recouvré le droit d'exportation par une déclaration du 10 février 1776 et des lettres patentes du 25 mai 1776, rendant à l'édit de 1764 son exécution en ce qui les concernait. Afanassiev n'a pas trouvé le texte de ces deux documents, visés dans la déclaration du 17 juin 1787, mais il a découvert, (Arch. nat. F[11]* 1), des séries de pièces qui montrent Necker demandant aux intendants de plusieurs provinces des renseignements sur l'état des récoltes (11 juillet 1777), établissant une enquête et provoquant ses correspondants à demander la prohibition de la sortie des blés. Le 16 septembre,il demande encore avis à l'intendant de Bordeaux, et le 20, à celui de Bretagne. Comme on ne conclut point à la prohibition, il en prend l'initiative. Le Languedoc et la Provence étant favorables à l'exportation, il écrit le 23 septembre aux intendants de ces provinces que le Conseil est décidé à suspendre l'exportation. « Je ne sais, dit-il, si l'on attendra votre réponse », et de fait,le 26, l'arrêt analysé ci-dessus était pris.

Dans tout le reste de la France, l'exportation fut interdite par de simples circulaires aux intendants, parce que les actes de 1776 n'y avaient pas remis en vigueur l'édit de 1764. Un petit nombre de marchands très protégés purent exécuter les marchés passés avant la prohibition. A l'égard des autres l'exécution fut si rigoureuse que l'on arrêta même les navires déjà en voie de descendre la Loire, au grand préjudice du commerce nantais. Le commerce en gros des grains était une fois de plus écrasé net.

Necker alla même jusqu'à interdire par une lettre à l'intendant de Bordeaux (9 février 1777), la réexportation des blés étrangers que l'on venait faire moudre dans les moulins de la Garonne et de ses affluents, mais cette mesure dut être rapportée.

A la fin de la campagne, la présence d'un large excédent de blé montra que Necker s'était trompé dans ses calculs, mais les prohibitions rétablies furent maintenues, avec de rares tolérances locales. Dans les meilleures années qui suivirent, il filtra tout au plus au dehors des frontières deux cent mille septiers par an, malgré l'abondance des récoltes.

Les mesures prises pour empêcher l'exportation n'arrêtèrent pas que le commerce extérieur ; les négociants renoncèrent même au commerce intérieur, et la circulation fut assez diminuée pour devenir un sujet d'inquiétude. Le 17 novembre 1777, Necker écrivait lui-même à l'intendant de Languedoc, pour lui donner connaissance d'un mémoire par lequel il était prévenu « que les négocians, redoutant des gênes et des actes d'autorité de la part des ministres, s'empressent de mettre à fin les spéculations auxquelles ils s'étoient livrés, paroissent vouloir se refuser à celles dont l'utilité leur est indiquée par les circonstances ». En vain, le même jour, il écrit à la Chambre de commerce de Toulouse que « Sa Majesté veut que la liberté la plus entière du commerce soit maintenue. »

La réputation de Necker et ses premiers actes avaient suffi pour semer la panique et la ruine. Aussi fut-il dès le commencement obligé de faire acheter et revendre des blés pour le compte du gouvernement. En général, il confia aux intendants de choix de ces intermédiaires. « Je crois, écrivait-il le 7 octobre à l'intendant de Bordeaux, qu'il vaut mieux que vous dirigiez tout ce qui concerne votre généralité que si je traitois avec quelques commissaires, comme on a fait ci-devant. Cela est presque toujours mal interprété, mal gouverné, et vos négociants seront découragés par cette concurrence (1). »

1. Arch. Nat. F[11], 1 *.

Les primes à l'importation furent appliquées de préférence par quelques intendants : précisément par celui de Bordeaux, et par celui d'Auch. La mesure était moins dangereuse pour la sécurité des commerçants, mais le résultat fut quand même mauvais, car en mai 1778, Necker en fut réduit à faire vendre dès l'arrivage à quai des cargaisons de blé, et finalement, en juillet, ne trouvant plus facilité pour revendre même à perte, il conseille à l'intendant de Bordeaux d'employer ce blé en secours, au lieu d'argent.

Revenons maintenant au *Compte rendu*. Ce document produisit sur la nation toute entière et même à l'étranger l'effet le plus prodigieux. Il en fut vendu cent mille exemplaires, et dans toute la France on ne parlait que de ce livre ; pour la première fois, la nation prenait conscience de l'état de ses finances, et le mécanisme compliqué des recettes et des dépenses lui était dévoilé. A cette publication, les ennemis de Necker répondirent par celle du *Mémoire sur les Administrations provinciales*, dont Cromot avait pu se procurer une copie. Augeard dit, par l'intermédiaire de Monsieur. Dans quel esprit ils l'utilisèrent pour diminuer la popularité de son auteur, on pourra en juger par l'analyse qu'en fait précisément Augeard, un des complices :

« Les intendants abusent, les Parlements gênent, les anciens corps offrent des obstacles et des résistances à l'autorité. Réformer et restreindre les premiers, réduire les seconds au seul métier de jugeur, abroger toute forme, toute dénomination, toute trace d'anciens États et de leur prétention, en les remplaçant par des administrations locales, et du choix du ministère, qui s'assembleroient rarement, qui offriroient rarement, n'offriroient jamais de résistance, qui ne pourroient faire que des observations rapides de trois ans en trois ans, qui auroient besoin de ses grâces, et au besoin deviendroient un moyen de force pour convertir et corriger les États de Provinces, qui conservent encore quelque souvenir de leur ancienne constitution et quelque courage pour la défendre (1). »

Necker écœuré quittait, à ce moment même, le ministère (19 mai). Las des intrigues dont Maurepas était devenu le centre, il avait nettement posé la question ministérielle en demandant plusieurs mesures nécessaires à l'éxécution de ses projets, et notamment l'entrée au Conseil. C'était se heurter à un principe de droit public. Maurepas eut beau jeu pour répondre : « pas avant que vous ayez abjuré ».

Necker n'était pas homme à penser que le pouvoir valait bien une messe. Le roi l'abandonnait, tout le ministère était contre lui. En vain, la reine en pleurs, pressentant peut-être l'horreur de l'avenir, le supplia de rester. Necker partit. S'il avait su temporiser, attendre la fin de Maurepas, qui était mourant, et succomba peu après à un accès de goutte, peut-être aurait-il pu adoucir les brutalités de la révolution imminente ; quand il revint au pouvoir, il était trop tard.

1. Augeard, *Mémoires secrets*, p. 108.

CHAPITRE V

DE L'ADMINISTRATION DES FINANCES DE LA FRANCE

Analyse du *Traité de l'Administration des finances* de Necker

Pendant les années suivantes, qui virent l'agonie de la monarchie, Necker, dont la popularité croissait sans cesse, écrivait de nouveaux livres. Le premier, dont le succès fut égal à celui du *Compte rendu*, est intitulé *De l'administration des finances de la France*, par M. Necker. Il parut, sans indication de lieu ni d'éditeur, en 1784, en trois volumes in-12.

Sans nom d'éditeur, sans privilège ni censure, cet ouvrage a les apparences d'une publication clandestine, et c'en est une, en effet. L'auteur, en l'écrivant, ne doutait pas du mauvais accueil que lui réserverait le gouvernement. Pendant l'été de 1784, Necker quitta son château de Saint-Ouen près Paris où il s'était retiré, et se rend t en Suisse pour surveiller l'impression du livre. L'édition faite à Lausanne, sous sa surveillance, se reconnaît à ses caractères plus fins que celle imprimée simultanément à Lyon. Le ministère n'osa pas saisir l'édition parue, et il interdit seulement aux imprimeurs de Paris de réimprimer l'ouvrage.

C'était une précaution inutile, car il parut de nouvelles éditions clandestines un peu partout. L'une d'elles fut faite à Avignon, terre étrangère. L'inspecteur de la librairie de Marseille donna l'ordre aux douanes de ne pas la laisser sortir des frontières du Comtat. La contrebande se chargea de la répandre comme celles de Lausanne et de la Haye. Elles finirent toutes par se vendre à Paris chez Panckoucke, avec l'autorisation du ministère débordé. De toutes ces éditions, dont la date est la même, il fut vendu à peu près 8.000 exemplaires. Il en reste beaucoup, très différents d'impression, et avec des fautes ou des variantes qui n'ont pas été recensées. Dans cet embarras, je pense que l'édition dont on peut se servir avec le plus de confiance est celle qui forme les deux premiers volumes des *Œuvres* de Necker, publiées à Lausanne chez Heubach en 1786. On croit qu'elle a été revue par l'auteur, comme celle de 1784 qui sortait de la même officine. Dans l'édition Staël, le même ouvrage remplit les tomes IV et V.

De l'Administration des finances de la France est un développement du *Compte rendu,* comme *Sur la Législation et le Commerce des grains* est celui de la partie économique de l'*Éloge de Colbert.* Cet ouvrage en trois volumes n'est cependant plus déjà un compte rendu au Roi, c'est un compte rendu au peuple, un traité dans lequel les arcanes de l'administration des finances sont dévoilées, d'une manière si complète, si claire et si bien ordonnée, que, pendant un demi-siècle, l'ouvrage resta le manuel classique des hommes d'État, des administrateurs et du personnel des finances.

L'ouvrage commence par une très longue introduction,

d'une centaine de pages suivant les éditions. Cette préface n'a pas un grand intérêt économique, mais elle a une très grande importance historique et philosophique. Il n'y a guère de plus belles pages dans l'œuvre de Necker, que cet exposé lumineux des devoirs d'un ministre, et de la manière dont il doit remplir ses fonctions. Ce n'est plus le langage ampoulé de l'*Éloge*, ni celui parfois gauche de la *Législation*. Cette fois Necker parle comme un homme qui a été ministre, comme un homme d'État profondément probe et animé du désir d'être utile à la nation et au roi. C'est par un aperçu très élevé de sa propre gestion que l'introduction se termine

La matière des impôts fait l'objet d'une série de chapitres qui, dans l'exemplaire de l'édition suisse de 1784 que j'ai sous les yeux, occupent les quatorze chapitres du tome premier et les quatre premiers chapitres du tome second. Dans l'édition Staël ces dix-huit chapitres numérotés de 1 à 18 forment le premier volume de l'ouvrage. Le texte est à peu près identique, mais la différence de pagination et celle de numérotation des chapitres rendent les citations difficiles.

La plus grande partie des premiers chapitres est consacrée à l'inventaire consciencieux des charges de la nation, mais constitue en même temps un traité des impôts à la fin de l'ancien régime. Necker donne à cela un titre singulier : *Développement de toutes les contributions des peuples*, mais par là il n'entend cependant que celles des peuples composant la nation française. On peut même dire qu'il restreint encore son sujet, car il ne parle guère que des revenus du roi, c'est-à-dire du Trésor. Comme il le remarque lui-même, les contributions des peuples surpassent infiniment les revenus du roi, parce qu'il est un grand nombre d'impositions levées pour le compte particulier des États, des villes, des communautés, des hôpitaux, des chambres de commerce, du clergé, des princes et des seigneurs engagistes. Il énumère ainsi 26 sortes de contributions, constituant une charge totale évaluée à 585.000.000. Il énumère ensuite pour mémoire diverses charges, comme la milice, qui n'entraînent qu'indirectement une charge pécuniaire. La définition et l'évaluation de chacune de ces contributions est faite avec beaucoup de soin. Ainsi pour le tabac, le sel, les poudres, les postes et messageries, il déduit la valeur de la marchandise au prix de revient; et ne compte les postes et les messageries que pour la valeur des baux des fermiers. En d'autres termes, il distingue ce que l'État perçoit à titre d'impositions de ce qu'il reçoit comme entrepreneur ou commerçant, et il explique très clairement la distinction.

On comprend moins pourquoi il compte en vingt-septième lieu la milice. Comme il le dit lui-même, ce n'est une charge pécuniaire que pour ceux qui, désignés par le sort, paient d'autres hommes pour les remplacer.

Ce qu'il exprime ensuite est curieux à noter : « Il y a soixante mille hommes de milice en France, et l'engagement est de six ans: ainsi chaque année dix mille deviennent miliciens par l'effet du sort. Tous les roturiers du royaume au-dessus cinq pieds, et depuis seize ans jusques à quarante participent à cette effrayante loterie, à moins qu'ils n'en soient exempts par des privilèges attachés à leur état, ou au lieu de leur habitation. » Il faut rapprocher de cette expression « effrayante loterie », les réflexions pacifistes et même antimilitaristes de l'avant-dernier chapitre de l'ouvrage.

Le chiffre élevé des contributions des peuples impressionne profondément Necker. Il voudrait que l'administration ne vît pas seulement dans un pareil tableau la puissance politique du monarque, mais qu'elle y lût encore, en lettres de feu, l'effrayante étendue des sacrifices qui sont exigés des peuples. Les impôts se paient très bien, disent quelquefois les premiers agents du fisc, quand on les consulte ; mais c'est l'état dans lequel se trouvent les contribuables après avoir acquitté les impôts, qui doit fixer les regards du gouvernement.

La grandeur des impôts, disent certains prétendus publicistes en finances, est indifférente ; c'est, en dernière analyse, une disposition de la propriété des uns qui tourne, par les dépenses, au profit de la propriété des autres ; et pourvu que ces dépenses aient lieu dans l'intérieur du royaume, tout demeure en son entier ; la somme des jouissances est la même, et la prospérité de l'État n'en reçoit aucune atteinte. Que penseraient ces publicistes, si quelques-uns de leurs concitoyens venaient exiger de force la moitié de leur fortune, et si, remplissant alors la société de leurs cris, ils entendaient chacun dire froidement : l'argent qu'on vous a pris, d'autres le dépenseront ; les richesses de l'État ne sont point changées !

Les impôts proportionnés à ce bien public, dont le souverain est le juge et le gardien, sont un acte de justice ; ce qui excède cette mesure cesse d'être légitime. Si les sacrifices que le souverain exige des peuples prennent un caractère d'injustice, au moment où ces sacrifices sont étrangers au bien de l'État, quelles connaissances, quelle attention n'exige pas cette importante délibération ? les plus petites économies prennent un caractère de grandeur et presque de majesté, lorsqu'on en lie les effets à ce pacte social dont la justice est le premier fondement. C'est peut-être une violation du plus saint des devoirs que d'employer les sacrifices des peuples à des largesses inconsidérées, à des dépenses inutiles, et à des entreprises étrangères au bien de l'État. On peut apercevoir encore dans cette étendue des impôts une somme constante de maux et de vexations. La nation n'aperçoit plus alors de proportion entre les sacrifices qu'on exige d'elle et les dépenses qui semblent nécessaires au bien de l'État.

Les peuples, dit-on, pour sentir leur bonheur, n'ont qu'à tourner leurs regards vers l'Angleterre ; l'on y paie autant d'impôts qu'en France ; il n'y a cependant nulle espèce de proportion entre ces deux royaumes. Necker répond qu'il croit les contributions de l'Angleterre et de l'Écosse inférieures de 160.000.000 à celles de la France, et il les évalue à 427.000.000. D'ailleurs, une nation, qui examine elle-même, ou par ses représentants la nature des dépenses publiques, et fait librement le choix des moyens les moins onéreux, n'est pas comparable à une autre où la connaissanee même lui en est interdite, et les sacrifices exigés de par la seule volonté du monarque. En Angleterre aussi, le prix du travail n'est pas autant qu'en France à la discrétion des riches, en raison de la constitution qui donne au peuple des droits, et les classes pauvres supportent une bien moindre partie des charges.

Cette théorie de la légitimité de l'impôt occupe tout le second chapitre ; le troisième est consacré à l'étude des frais de recouvrement de toutes les impositions du royaume.

Il n'a jamais été fait par l'administration de recherches exactes sur l'étendue des frais qu'entraîne le recouvrement général des impositions. Il en est résulté que plusieurs personnes ont fatigué leur esprit à bâtir des systèmes sur de fausses bases. Pour éclairer l'administration, Necker a fait faire des recherches sur lesquelles il base des calculs très détaillés, dont l'importance, au point de vue des théories générales, ne mérite plus qu'on en fasse l'analyse. La totalité des frais de recouvrement est évaluée à 57.665.000 livres, ce qui donne 10 4/5 0/0 du total des recettes évalué à 557.500.000. Ce chiffre est inférieur à celui des impositions à la charge des peuples, parce qu'on en a déduit 27.500.000 livres pour les corvées; et les frais de contrainte et de saisies, charges qui ne forment pas un objet de recette.

Les deux chapitres suivants contiennent des recherches sur les économies que l'on pourrait apporter dans les frais de recouvrement. Necker regrette que l'on ait rétabli au nombre de 48 les charges de receveurs généraux qu'il avait réduites à 12. Si l'on revient sur cette mesure il vaudra mieux 6 et même 2 administrateurs que 12, le travail étant en somme, restreint à centraliser à Paris les fonds envoyés par les provinces. L'État perd à ce rétablissement un million par an. Necker entre dans des détails très curieux sur les opérations et l'organisation des receveurs généraux et leurs bénéfices indirects : « *ce chic*, dit-il, n'est guère intelligible que pour les gens d'affaires. »

On a de même doublé à tort les offices des receveurs des tailles ; il y aura ainsi 418 charges au lieu de 209, les titulaires exerçant alternativement une année sur deux.

C'est un supplément de dépenses et une complication de plus. Necker évalue à 2.500.000 livres l'économie qui résulterait de la réduction des receveurs généraux des tailles. Le remboursement des fonds d'avance des fermiers généraux, la réunion des caisses des fermes, le réorganisation des gabelles d'après le projet de Necker, et quelques autres économies de gestion, permettraient de réduire de 16.000.000 les frais de recouvrement et de les ramener à 7 1/2 0/0 des recettes.

Necker examine dans les chapitres VI et VII les propositions faites sur la conversion de toutes les contributions de France en un seul impôt territorial, ou en une capitation personnelle.

Il cherche d'abord à évaluer les contributions territoriales. Il n'est aucun impôt dont le produit entier doive être compris parmi ces contributions. Les vingtièmes sont l'impôt le plus essentiellement territorial, cependant il faut en retrancher la partie qui porte sur le revenu des offices, et, dans un petit nombre de provinces, sur l'industrie. De même pour la taille ; Necker évalue le total de l'impôt territorial à 190.000.000. L'autre classe s'élève donc à 367.500.000 livres. Si l'on déduit une économie de frais généraux de recettes de 33.000.000, il restera une somme de 334.500.000 livres à imposer sur le revenu des biens fonds.

Pour procurer cette somme, il faudrait 15 et 3/5 nouveaux vingtièmes, en supposant que chacun rendît autant que le troisième imposé nouvellement. Or, comme il y a déjà 3/20 et 4 sols par livre en sus du premier, on aurait alors tout près de 19/20. Cette révolution produirait une perturbation profonde. Le temps, la circulation, les lois de l'équilibre remédieraient à tout ; voilà ce qu'on annonce : mais peut-on imaginer que, sur la foi d'une pareille théorie, les gouvernements veuillent jamais courir les hasards d'une convulsion dangereuse ?

La conversion de tous les tributs en une capitation personnelle comporterait aussi des difficultés invincibles. Comment tarifer d'une manière équitable tous les habitants d'un royaume tel que la France ? Ce serait une source intarissable de plaintes et de jalousies.

Dans le chapitre VIII, Necker évalue le nombre des agents et employés du fisc. Il ne peut donner des renseignements complets, les recherches, commencées, n'ayant pas été achevées avant la fin de son administration. Il évalue ce nombre à 250.000 personnes, mais un petit nombre font de ces fonctions une profession unique et constante. Il n'évalue qu'à 35.000 le nombre des personnes qui dévouent tout leur temps au recouvrement des impôts, ou à surveiller la contrebande. Les chapitres IX à XIII sont consacrés à de très intéressantes statistiques démographiques et économiques sur la France et ses colonies. Ces documents, d'un très grand intérêt, sont rassemblés surtout au point de vue de l'étude fiscale.

Des considérations sur la réforme de l'impôt du sel font l'objet du chapitre Ier du tome second (ch. XV des éditions de Lausanne et Staël). Ce chapitre, très long, car il fait près de 80 pages, n'a guère qu'un intérêt historique ; l'auteur se place au point de vue des réformes pratiques d'un état de choses qui a maintenant cessé d'exister, et ne développe guère de théories économiques.

Les recherches que Necker avait faites sur cette matière et celles qu'il avait prescrites formaient un ouvrage immense. Il avait voulu connaître exactement les différents prix du sel dans tous les greniers d'approvisionnements du royaume, l'étendue de la consommation dans chaque district, la population de tous les lieux où la gabelle était soumise à des lois et à des coutumes différentes.

De ce recueil, il extrait les résultats les plus dignes d'attention. Il fournit ainsi le chiffre de la population, la quantité de sel débitée par an, la consommation moyenne par tête, dans les provinces de grandes et petites gabelles, de salines, les provinces franches et rédimées, le pays de quart-bouillon.

Le projet de réforme auquel il s'arrête tend à diminuer considérablement le prix du sel dans une grande partie du royaume, à dédommager le Trésor royal par la diminution des frais et l'augmentation du débit, à ôter à la contrebande son aliment, à éviter de justes réclamations de la part des provinces qui jouissent d'immunités fondées.

Il renonce à une réforme commune à tout le royaume. Dans les provinces de grandes gabelles qui composent plus du tiers du royaume en population, le prix moyen du sel surpasse 62 livres par quintal. Il propose de fixer le nouveau prix de 20 à 21 livres vers les confins, en l'élevant par une gradation insensible jusqu'à 26 livres à l'intérieur. La perte serait de 28.000.000, diminuée par l'augmentation générale des ventes, quand la contrebande serait tarie. Cette augmentation produirait environ 3.000.000, et on pourrait sur l'administration faire 1.000.000 d'économies.

Quant aux provinces franches, il faudrait, pour supprimer la contrebande, y relever le prix de la vente du sel. Pour la Bretagne il proposerait de le porter à 20 livres. dans les généralités voisines des pays de grandes gabelles. Les sommes ainsi perçues rendraient à peu près 5.100.000 livres. Necker proposerait de supprimer par compensation la corvée et la capitation. On pourrait encore distribuer gratuitement, au prix actuel, à toutes les communautés de Bretagne, une quantité de sel égale à celle consommée antérieurement, avec la faculté d'acheter à 20 livres le quintal le sel dont on pourrait avoir besoin au delà des quantités délivrées. Il n'y aurait ainsi jamais d'excédent qui puisse faire l'objet d'une contrebande.

Necker évalue à plus de 23.000 hommes le corps de brigades chargé de s'opposer à la contrebande, et la dépense à 8.000.000. Mais la suppression des gabelles n'entraînerait qu'un réduction partielle, le même personnel étant chargé d'autres perceptions.

La contrebande du sel entraînait chaque année 3.700 saisies à domicile, l'arrestation de 2.300 hommes, 1.800 femmes, 6.600 enfants, 1.100 chevaux, 50 voitures. Le nombre d'hommes envoyés annuellement aux galères pour la contrebande du sel et du tabac, dépassait 300 et le nombre habituel des forçats captifs pour délit envers le fisc était de 17 à 1.800, à peu près le tiers de l'effectif total des galériens.

Necker restait partisan du monopole ; pour lui, la levée de l'impôt du sel à l'extraction des marais salants, substituerait une nombreuse concurrence d'acheteurs aux opérations d'une seule régie ; cette concurrence élèverait sensiblement les prix et peut-être à un degré qui suffirait pour mettre obstacle au commerce extérieur de cette denrée.

Le chapitres 3 et 4 du tome II, ou chapitres 17 et 18 du tome I des éditions de Lausanne et Staël sont consacrés au droit de traite, à l'importation et à l'exportation. Ils ont de l'importance au point de vue économique.

Necker y rend compte, en premier lieu, des recherches qu'il a faites sur la balance du commerce de la France. Cette balance paraît favorable à un pays lorsque la somme de ses exportations est plus considérable que celle de ses importations, et lui annonce une perte lorsqu'au contraire il a plus acheté que vendu. Comme on ne connaît que par les registres des douanes, les quantités qui rentrent dans un pays et celles qui en sortent, on aperçoit l'insuffisance des notions qu'on peut acquérir.

Toute la partie des transactions qui s'exécute par contrebande ne saurait être connue par les livres des agents du fisc : cette contrebande est plus considérable sur l'entrée que sur la sortie. D'autre part, si en France on évalue les marchandises tirées de l'étranger en raison du prix courant au sein du royaume, on exagérera la dette contractée par l'État, car le prix courant est composé non seulement de la somme payée à la nation qui a vendu les marchandises, mais encore du droit d'entrée, et du bénéfice des négociants régnicoles. Les frais de transport sont encore compris dans la valeur ; or si ce fret a été gagné par la marine nationale, l'on se trompe d'autant plus.

Quant aux marchandises exportées, la créance de la France sur les autres nations devient différente, lorsqu'au lieu d'avoir été achetées pour le compte des étrangers, elles ont été expédiées pour le compte des négociants français ; car il faut alors, dans les évaluations, ajouter au prix courant de ces marchandises dans le royaume, tout le profit qui résultera de leur vente dans un autre pays.

En outre, dans les pays où l'intérêt de l'argent est fort bas, et où l'on fait beaucoup d'avances aux étrangers, on ne connaîtrait qu'imparfaitement la dette ou la créance du commerce, si l'on se bornait à y former un relevé des importations et des exportations : car ce pays est encore créancier des autres nations d'une somme considérable, tant en intérêts qu'en frais d'achat et de vente.

Si l'on compare ces notions avec celles que l'on trouve dans les *Notes*, on voit tout le chemin parcouru en dix ans par Necker.

Necker évalue les exportations à 300.000.000 les importations à 230.000.000. L'énumération qu'il en donne a un très grand intérêt comme statistique rétrospective, mais non pas comme théorie économique.

Dans ce qui suit, il n'y a guère à citer qu'une discussion sur la valeur des variations du change comme moyen de juger la balance du commerce. Il fait observer que la variation du change a des bornes fixes, qu'on peut bien donner jusqu'à 2 ou 3 0/0 au-dessus du pair pour une lettre de change sur Londres, mais si l'on en voulait exiger davantage, il serait plus avantageux d'y faire passer des espèces de France pour les vendre au poids.

Necker est partisan de la réforme des douanes ; il reconnaît qu'il serait utile de les reporter aux frontières réelles de la France, et de les unifier, mais les intérêts des provinces frontières continuent à s'y opposer. Il est partisan de la substitution de droits protecteurs aux prohibitions qui donnent trop d'aliment à la contrebande. L'État encaisserait ainsi le bénéfice que font les contrebandiers. Les droits qu'il propose sont d'ailleurs assez bas : 15 0/0 sur les manufactures étrangères, 10 à 12 0/0 sur les productions des mines, à l'exception des métaux précieux dont l'entrée doit se faire en franchise. Il calcule que l'on peut tirer ainsi des droits de traite 8 à 9 millions à l'importation et 2 millions à l'exportation.

Sur le principe même de la prohibition, il faut peut-être signaler les développements donnés par Necker aux idées que nous avons trouvées dans les *Notes*, mais il n'ajoute rien de nouveau.

Dans les chapitres V à VIII de l'édition en trois volumes, I à IV du second volume des éditions en deux volumes, Necker traite des assemblées provinciales. On n'y trouve guère de nouveau que des détails plus étendus sur les travaux des administrations du Berry et de la Haute-Guyenne, qui d'ailleurs n'avaient pas développé beaucoup d'activité, depuis le départ du ministère de celui qui les avait créés et qui les protégeait.

Necker ajoute quelques indications intéressantes sur les motifs qui l'avaient amené à choisir le mode de nomination de leurs membres. On aurait voulu qu'ils eussent été nommés au scrutin par tous les propriétaires de la province, divisée à cet effet en un certain nombre d'arrondissements. Il eût été à craindre dans ce cas que, rapportant leur élection à la confiance particulière d'un district, ils se fussent plus occupés d'intérêts partiels que des affaires générales. L'élection d'ailleurs n'aurait pas pu se faire sans courir souvent le risque de quelque désordre, ou du moins de quelques mésintelligences dont les effets n'auraient pas manqué d'être funestes au maintien de ces administrations.

Plusieurs personnes se sont élevées contre l'idée de donner même aucune part au clergé dans la composition de ces administrations; elles ont soutenu leur opinion en alléguant que le clergé, en raison des exemptions dont il jouissait, se trouvait étranger aux affaires dont la direction était confiée aux assemblées provinciales. Ces allégations manquent d'exactitude: le clergé est affranchi des vingtièmes et de la capitation des privilégiés; mais il participe à la taille et à la capitation taillable, comme la noblesse, par la voie de ses fermiers; et sous ce rapport indirect, les corvées et les autres charges locales l'atteignent également; enfin, il est soumis à tous les droits généraux établis sur les consommations. Ce qu'il faut d'ailleurs pour remplir dignement de pareilles fonctions, c'est un esprit de sagesse et d'équité, ce sont des lumières et de l'application.

Les Parlements avaient pris ombrage de certaines réflexions de Necker dans son *Mémoire sur les administrations provinciales*. Tout un chapitre durant, il cherche à calmer ces craintes en faisant observer qu'il émettait de pures hypothèses. Cette argumentation assez faible n'a probablement convaincu personne.

Les recherches sur les contributions payées par le clergé du royaume font l'objet du chapitre V. Le clergé percevait sur lui-même un impôt considérable, d'environ 10.000.000. Les bénéfices étaient partagés en huit classes dont la première était taxée à raison du quart de leur revenu imposable et la dernière seulement à raison d'un vingt-quatrième. Necker cherche le moyen de soumettre le clergé à des impositions autres que le don gratuit, mais sans arriver à des propositions fermes.

Dans les deux chapitres suivants, l'auteur étudie les charges imposées à la France par le service des emprunts et les dépenses de l'État. Le détail n'a qu'un intérêt historique, et il n'y a presque point de parties théoriques.

L'auteur évalue les intérêts perpétuels à 125.000.000 liv., les intérêts viagers à 81.400.000 : soit ensemble 207.000 000 représentant un capital de 1.400.000.000. Necker est partisan des remboursements et entrevoit la possibilité des conversions. Supposons que l'intérêt de l'argent soit à 4 0/0 en France. Les effets qui rapportent 5 0/0 vaudraient beaucoup plus que leur capital. Alors l'administration en offrirait le remboursement dans un temps limité, en exceptant tous les propriétaires qui acquiesceraient à une réduction d'intérêt de demi sur cinq ; il est très vraisemblable que le plus grand nombre, n'apercevant pas autour de soi un placement plus avantageux, souscrirait à la réduction proposée. Cette première opération pourrait à quelques années de distance procurer le moyen de réduire les intérêts de 4 1/2 à 4 0/0. C'est la théorie des conversions que Necker nous expose ainsi.

L'étude analytique des dépenses se prolonge pendant une centaine de pages où l'on rencontre quantité de chiffres intéressants. Le total est évalué à 610.000.000 de livres. Ce total semble indiquer un déficit de 25.000.000, mais il est en partie compensé par les revenus des domaines de l'État, des villes, etc. Ce chapitre qui est le douzième et dernier du second volume de l'édition suisse de 1784 et le huitième du second volume de l'ouvrage dans les éditions de Lausanne et Staël, est suivi d'un supplément de 4 pages en fins caractères relatifs à l'Édit d'août 1784. Dans les éditions ultérieures, ce supplément qui avait sa raison d'être seulement dans la première édition, n'a pas été fondu dans le texte. C'est une garantie que ces éditions sont à peu près des réimpressions pures et simples. Je n'y ai d'ailleurs remarqué que des variantes d'orthographe.

Tout le reste de l'ouvrage, correspondant au troisième volume de l'édition suisse originale, contient peu d'économie politique proprement dite.

Plusieurs chapitres sont bien consacrés aux monnaies, aux bénéfices de leur fabrication, au changement de titre, de poids et de valeur, à l'exportation et la fonte, mais les renseignements qu'on y trouve concernent plutôt l'histoire proprement dite que celle des questions économiques.

Beaucoup d'autres chapitres ne présentent pas davantage d'intérêt économique, ceux par exemple relatifs aux sollicitations, aux charges qui donnent la noblesse, à l'esprit de système, etc.

Necker n'était pas un ami du luxe. Les causes et les progrès du luxe font l'objet du chapitre XI du tome III (1).

La première cause en est dans la nature même des choses. La classe de la société dont le sort se trouve comme fixé par l'effet des lois sociales est forcée de se contenter d'un salaire proportionné aux simples nécessités de la vie. Il n'y a d'adoucissement à cette espèce d'esclavage que dans le petit nombre d'États où la forme du gouvernement laisse entre les mains du peuple quelques droits politiques. La classe de la société dont la richesse s'est accrue par le temps, est composée de tous les propriétaires. La richesse a dû s'accroître à mesure que l'art de la culture s'est perfectionné. Les découvertes du génie ont tellement facilité tous les travaux de l'industrie, que les hommes au service des dispensateurs des subsistances ont pu, dans un espace de temps égal, et pour la même rétribution, fabriquer une plus grande quantité d'ouvrages de toute espèce. La rapidité de l'exécution ne tourne point à l'avantage des hommes de travail, et il n'en résulte qu'une augmentation de moyens pour satisfaire les goûts et les vanités de ceux qui disposent des productions de la terre.

C'est donc par une confusion d'idées qu'on fait honneur au luxe de l'origine des arts : c'est plutôt à l'avancement de la science dans tous les genres, qu'il faut imputer l'accroissement du luxe. Les moyens de luxe se sont accrus à mesure qu'on est parvenu à faire en un mois ce qui exigeait auparavant le travail d'une année.

1. Staël, V, chapitre XIX.

D'autre part, chaque génération a hérité d'une partie des travaux de la génération qui l'a précédée. Celui qui, par droit de succession, devient possesseur d'une maison magnifique, n'a plus besoin de se procurer cette espèce de luxe : il destine son superflu à orner ses jardins, à agrandir ses parcs, à multiplier ses diamants et son argenterie. Son fils, héritier de tous ces biens, dirige de quelque autre manière l'emploi de son revenu, et il cherche de nouveaux objets de faste et de supériorité.

Necker ne pense point que l'introduction des trésors du Nouveau Monde ait été une des principales causes de l'accroissement du luxe. Toutes les grandes sources du luxe eussent également existé, quelle qu'ait été la somme du numéraire : un palais aurait été représenté par 100.000 francs au lieu de l'être par 1.000.000, mais ce palais n'eût pas moins été construit. Enfin, les facilités apportées à toutes les communications ont concentré dans les villes une plus grande partie du revenu des propriétaires.

Sans doute, la plupart de ces inégalités ne peuvent être ni changées, ni prévenues, mais le gouvernement doit s'abstenir d'augmenter lui-même ces disproportions par une administration inconsidérée. C'est précisément ce qu'exécute un mauvais gouvernement, lorsqu'une partie des impôts est consumée, ou par des dons excessifs, ou par des émoluments considérables attachés à des places inutiles, ou par la trop grande fortune qu'on laisse faire aux gens de finance. C'est du luxe introduit par les largesses, ou par la nonchalance de l'administration, que le public est surtout blessé.

Pour tempérer les effets du luxe, Necker recommande d'animer l'esprit de bienfaisance, car toutes les dépenses qui tiennent à ce précieux sentiment ont le double avantage, et d'adoucir le sort du pauvre, et de prendre sur la part que les riches peuvent appliquer à des objets de magnificence. On peut aussi obliger à la résidence tous ceux qui exercent en province de grandes fonctions, civiles, ecclésiastiques et militaires. On obtiendrait aussi de bons résultats en accélérant les effets de l'action civile envers les débiteurs qui manquent à leurs engagements : la concession trop facile des lettres de surséance est nuisible en protégeant les prodigues contre l'effet de leurs fautes. Enfin, la répartition d'une très grande partie des impôts sur les objets de faste et de superfluité est une disposition propre à diminuer l'effet de la supériorité des fortunes (1).

En parlant des moyens de réprimer les excès du luxe, Necker fait observer en cinq lignes que le droit d'aînesse et les substitutions sont favorables au luxe, puisque ces lois entretiennent l'inégalité des richesses, mais il n'ajoute pas un mot.

Ce n'est pas que Necker ne soit point quelquefois très en avance sur son temps. Le chapitre XVIII, *Disposition particulière à quelques prisonniers*, et le chapitre XXVIII, *Idée sur l'établissement d'un bureau général de recherches*

1. Sénac de Meilhan, dans ses *Considérations sur les richesses et le luxe* (Amsterdam et Paris, Valade, 1797, in-8°), a écrit tout un chapitre le dix-septième, à discuter le « sentiment d'un auteur célèbre sur le luxe et ses progrès ». Cet auteur est Necker, la réfutation des idées souvent très juste, mais l'esprit hostile et la bonne foi de l'auteur douteuse dans quelques endroits.

et de renseignements, visent, le premier l'établissement d'indemnités aux prisonniers, détenus indûment, et aux victimes des erreurs judiciaires, le second, celui d'un bureau de la statistique, et même d'un véritable office du travail.

Ce bureau qu'il voulait former au moment de son départ du ministère aurait continué ses propres recherches, de manière « à faire connoître à chaque instant l'étendue de toutes les contributions des peuples, la quotité respective de chaque espèce, la division de ces mêmes contributions par province, les frais de recouvrement, le nombre des employés du fisc, la consommation du sel et du tabac, le relevé des saisies et des condamnations pour cause de contrebande, le nombre des hôpitaux, la quantité de malades ou d'infirmes qu'on y reçoit annuellement, l'augmentation ou la diminution des mendians et des enfans trouvés, l'étendue des routes et leur accroissement annuel, le nombre commun des corvéables dans chaque province, le tableau général de la dette publique, le précis des opérations annuelles de la caisse d'escompte et du Mont-de-Piété, les progrès des défrichements, de la population et du numéraire, la somme des exportations et des importations, par nature de marchandises, et toutes les connaissances, enfin, développées en grande partie dans cet ouvrage... il seroit à désirer qu'on put trouver encore, dans le même dépôt, plusieurs autres informations. Telles sont, par exemple, des recherches instructives sur l'étendue des principales consommations, sur la proportion commune de la semence avec le produit des terres dans différentes parties du royaume, sur la quantité d'arpens cultivés, sur la variété du prix de la main-d'œuvre, sur le rapport du nombre des nobles et des privilégiés avec celui des roturiers, sur le nombre des ecclésiastiques, sur le nombre des protestants, sur les progrès du luxe dans la capitale, sur la brièveté de la vie dans quelques professions dangereuses, sur l'intérêt des étrangers et de chaque nation en particulier dans les fonds publics, sur l'état et la profession des mendians ou des infortunés assistés dans les différentes maisons de charité et sur beaucoup d'autres objets également intéressans. »

Necker ne dit que quelques mots sur le commerce des grains dans le chapitre 19 (Staël, 27). Il se réfère à son livre.

« J'observerai seulement que j'envisage aujourd'hui comme foible et très imparfaite, la partie de cet ouvrage où j'indiquois avec trop de précision les précautions de détail qu'on devoit prendre pour prévenir la trop grande cherté des grains. L'expérience m'a appris qu'il faut, sur ce point, donner beaucoup à la sagesse de l'administration, et qu'on ne peut éviter de s'y confier. » Le prix de la denrée doit servir sans doute à distinguer les moments où il convient de s'opposer à l'exportation des grains, mais selon la position des provinces, le mot de cherté s'interprète d'une manière absolument différente. A propos de la nécessité absolue de maintenir la libre circulation des grains dans l'intérieur du royaume, il dit : « Il me semble qu'il n'y a pas deux opinions à ce sujet », mais il reste partisan de la répression de l'accaparement. Or, comme il le dit aussi, « la limite qui sépare une spéculation utile d'un accaparement nuisible, ne peut jamais être désignée en termes exprès », et il y a nécessairement une large marge pour l'arbitraire dans l'application.

On trouve dans le chapitre 23 (Staël, 31) des observations sur les rentes viagères qui éclairent un peu les emprunts faits sous cette forme. A la veille de la guerre, les capitalistes pouvaient placer leurs fonds en rente perpétuelle 4 0/0, cotée 60 livres, et retirer ainsi un intérêt de 6 2/3 0/0 avec un bénéfice de remboursement de 40 livres. Cette cote ne permettait pas de larges emprunts en rente perpétuelle, c'est pourquoi il fallut augmenter l'attrait par la chance des loteries. Il fallut nécessairement recourir à des emprunts en rentes viagères qui avaient encore l'avantage de ne pas augmenter la masse des effets susceptibles d'être achetés et vendus journellement.

« Il n'est pas moins vrai, dit Necker, que les rentes viagères ont des inconvénients, soit qu'on en juge par les calculs de probabilité sur la vie commune des hommes, soit que l'on considère cette sorte d'emprunt sous un point de vue moral. » L'emprunt en rente viagère était un excellent moyen de trouver de l'argent auprès des personnes qui, possédant des petits capitaux, désiraient assurer la tranquillité de leur vieillesse. Elles sont devenues onéreuses depuis qu'on en fait un emploi de simple spéculation. On choisit trente têtes de sept ans, ou à peu près, âge où la durée de la vie est la plus longue, on a soin d'écarter toutes les personnes dont la santé annonce quelque incertitude, ou qui n'ont pas encore franchi les dangers de la petite vérole ; on pousse même l'attention jusqu'à donner la préférence au sexe qui, par sa vie tranquille, semble exposé à moins d'accidents imprévus ; enfin, on prend toutes les précautions nécessaires pour s'assurer de la longue existence de ces trente personnes : les capitalistes placent alors telle somme qui leur convient sur chaque tête, et comme de pareils contrats peuvent se vendre et se transférer, on comprend qu'on trouve toutes sortes d'encouragements à étendre cette spéculation. Il faudrait, pour y mettre obstacle, établir l intérêt des rentes viagères par gradation d'âges, ou fixer la somme qu'il serait permis de constituer sur la même tête , mais toutes ces gênes, on ne peut jamais les imposer qu'en proportion de son crédit.

L'ouvrage se termine par deux curieux chapitres sur la guerre. Dans ses *Mémoires*, le prince de Montbarey accuse Necker d'avoir causé la guerre avec l'Angleterre en promettant à Maurepas de fournir sans impôt les ressources nécessaires. Montbarey étant à ce moment ministre de la Guerre, son témoignage aurait du poids s'il n'avait constamment menti chaque fois qu'il parle de Necker. comme d'ailleurs Augeard et d'autres mémoiristes du temps. Quoi qu'il en soit, Necker se montre, en 1784, pacifiste jusqu'à l'emphase (1). Voici comme il aborde le sujet de la guerre:

« Ah ! que j'étois impatient de traiter ce sujet ! ah ! que mon cœur avoit besoin de se répandre sur les maux attachés à cette effrayante calamité ! C'est elle qui arrête le cours des projets salutaires ; c'est elle qui vient dessécher

1. Il n'est pas devenu pacifiste à la vue des maux causés par la guerre d'Amérique, durant son ministère. Dès 1773, et à la seconde page des *Notes*, il proteste contre « la malheureuse nécessité de consacrer à la force une partie des citoyens, sous le nom de soldats », qui a diminué le bonheur général, en exposant les uns à des dangers et les autres à l'augmentation de travail nécessaire pour les nourrir.

les sources de la prospérité ; c'est elle qui distrait du bonheur des nations; c'est elle qui suspend quelquefois jusqu'aux idées de justice et d'humanité ; c'est elle enfin, qui substitue à tous les sentiments doux et bienfaisans, l'inimitié, les haines, le besoin d'opprimer et l'ardeur de détruire. »

C'est un véritable malheur pour les peuples, quand la durée des siècles se trouve employée à essayer de rabaisser sans cesse les autres nations, au niveau de l'état où on est réduit soi-même, au lieu qu'en ménageant ses forces, en étudiant ses moyens, et en les faisant valoir par une administration sage, on se trouverait sans effort au point de supériorité auquel on désire d'atteindre.

Supposons une guerre où le royaume eût été obligé d'aliéner 50 à 60 millions de rentes pour satisfaire aux intérêts des emprunts, que les dépenses auraient rendus nécessaires, et considérons les différents emplois que le gouvernement eût pu faire d'un semblable revenu Avec 18 millions on eût pu rendre le prix du sel uniforme dans le royaume ; avec 4 ou 5 millions, on eût pu affranchir l'intérieur de toutes les douanes ; avec 2.000.000 de livres, servant à emprunter successivement 50 millions on eût pu exécuter les canaux essentiels, etc.

A la fin du livre, l'auteur explique pourquoi il s'est décidé à le publier d'une manière clandestine.

« J'ai peut-être une explication à donner sur le parti que j'ai pris de faire imprimer cet ouvrage, sans l'avoir soumis auparavant à la révision d'un censeur ; mais j'ai cru que je pouvois remplir cette fonction envers moi-même ; j'ai cru que je devois assez de respect aux vérités qui intéressent le bonheur des hommes, pour oser les soumettre directement au jugement public : j'ai cru, surtout, que ce n'étoit pas au tribunal de quelques petites passions que de si grands objets devoient être portés. »

Comme on en peut juger par cette analyse, le livre de Necker n'était pas un ouvrage de polémique, et il portait la marque du plus grand attachement au roi. Il apportait cependant des renseignements précis qui devinrent un aliment pour les discussions des mécontents, et ce n'est pas sans motif que le ministre de Calonne et même le roi furent irrités de cette publication ; Necker avait envoyé un exemplaire au roi, avec une dédicace que Staël nous a transmise (I, *Notice,* 188). Louis XVI répondit par une défense de venir à Paris, qui n'était pas une lettre de cachet, mais lui ressemblait fort. Les gazettiers reçurent l'ordre de ne point parler du livre, ce qui les porta d'ailleurs à le vanter davantage.

Peu à peu le calme se fit. Necker revint à Paris, sans cesser d'être tenu en disgrâce. Il vivait tantôt dans la baronnie de Coppet, vieille seigneurie vaudoise qu'il avait acquise de Thélusson, tantôt au château de Saint-Ouen ou dans son nouvel hôtel de la rue Bergère à Paris, et sa popularité allait en croissant tous les jours. Calonne lui donna bientôt l'occasion de se mettre de nouveau en évidence et de préparer son retour au pouvoir.

CHAPITRE VI

Second et troisième ministères de Necker

Polémique avec Calonne. — Actes du second et du troisième ministère. — Dernières années et dernières publications de Necker.

Aux prises avec une situation financière sans cesse plus désespérée, Calonne avait été réduit à demander au roi la convocation d'une Assemblée des notables. Dans le compte qu'il lui rendit au commencement de 1787, Calonne avait été obligé de reconnaître l'existence d'un déficit annuel de recettes de 115 millions, et pour diminuer sa responsabilité, il avait fourni des états desquels il résultait qu'au départ de Necker, le déficit annuel était déjà de 56 à 60 millions. Or, Necker, dans son *Compte rendu*, avait affirmé un excédent de recettes de 12 millions. Le 11 avril 1787, Necker fit paraître un *Mémoire en réponse* au discours de Calonne, dans lequel il rectifiait les erreurs de son adversaire, par des discussions très serrées de chiffres qui n'ont pas d'intérêt doctrinal. Ce *Mémoire*, la correspondance de l'auteur avec Calonne et les pièces annexées, ont été reproduits dans l'édition Staël, et forment les pages 159 à 235 du tome II.

Lé roi s'était opposé à cette publication. faisant assurer Necker qu'il ne doutait point de l'exactitude du *Compte rendu*. Ce fut le 11 avril que parut le *Mémoire*, et deux jours après l'auteur vit arriver chez lui M. Lenoir, lieutenant de police, lui apportant une lettre de cachet qui l'exilait à 20 lieues de Paris (1). Il reçut d'ailleurs dès le 4 juin la permission de revenir à Paris. Peu après, Calonne était renvoyé, à la suite de vérifications qui avaient montré au roi l'exactitude des comptes de Necker et la supercherie de son adversaire.

La polémique n'en resta point là. Calonne réfugié en Angleterre répliqua par un autre *Mémoire*, qui entraîna en septembre 1788 une nouvelle riposte de Necker, les *Nouveaux éclaircissemens sur le Compte rendu*, in quarto de 224 pages. Dans l'édition Staël ce mémoire occupe le reste du tome II, de la page 239 à la page 608. C'est un travail de pure polémique, une discussion de chiffres qui laisse une très grande impression d'exactitude, mais qui n'a pas d'intérêt économique.

En même temps ou quelques semaines plus tôt parut un gros livre de Necker, *De l'Importance des Opinions religieuses*, à Londres, et se trouve à Paris Hôtel de Thou, rue des Poitevins, 1788. C'est encore une publication clandestine, sans privilège ni approbation, et cette fois on ne voit pas pourquoi.

Au revers du titre, on lit cette annonce signée de Necker : « J'étois occupé des derniers soins que l'édition de cet ouvrage exigeoit de moi, lorsqu'on a fait paroître un

1. Staël, I, Notice, page 208.

second Mémoire de Calonne. Je l'ai lu, et je prends ici l'engagement de répondre avec évidence à cette nouvelle attaque. »

Cette note polémique, dans laquelle passe un premier éclair des orages de la vie prochaine de Necker, produit un effet de contraste en tête d'un ouvrage de la plus pure sérénité. Ce gros volume de 544 pages est utile à lire pour comprendre la nature d'esprit de Necker. Il ne renferme aucune théorie économique, seulement une ombre de doctrine politique, et cependant il explique, par un profond sentiment de charité chrétienne, et de fraternité, la revendication du droit des humbles dans l'économie et la politique de l'auteur.

Les *Nouveaux éclaircissemens* et le traité *De l'importance des opinions religieuses*, sont les dernières productions de Necker avant la Révolution et nous montrent son état d'esprit à la veille d'y prendre part. A partir de ce moment, l'auteur n'est déjà plus un écrivain économiste. Il va beaucoup agir, beaucoup écrire, mais il ne sera plus que l'homme d'État, ouvrier involontaire de la destruction de la monarchie, le ministre fidèle qui pleure la mort de son roi et lui pardonne ses injustices, le philosophe politique qui raisonne sur les catastrophes auxquelles il a assisté de près ou de loin, qui forme des projets d'organisations nouvelles

C'est au cours même de l'impression des *Nouveaux éclaircissemens* que Necker fut rappelé au pouvoir. Le 26 août 1788, il fut nommé Directeur général des Finances, mais cette fois il n'était plus question de lui fermer la porte du Conseil, il y entrait pour y tenir le premier rang. Imposé par la nation, il jouissait d'une telle confiance que les fonds publics haussèrent aussitôt de trente pour cent.

Ce ministère fut le premier ministère de la Révolution. La seconde Assemblée des notables, 6 novembre 1788, le Conseil fameux du 27 décembre 1788 où furent réglées les conditions de la prochaine réunion des États généraux, et la double représentation du Tiers, l'ouverture des Etats généraux, le 5 mai 1789, jalonnent de dates historiques ce ministère, qui se termina le 11 juillet par un ordre de quitter la France, envoyé par le roi. Une seconde fois, la Cour l'avait emporté ; le peuple de Paris répondit par la journée du 14 juillet.

Necker se retirait dans son château de Coppet, quand il fut rejoint à Bâle par des lettres du roi et de l'Assemblée Constituante, qui le pressaient de venir reprendre sa place. Son retour fut une marche triomphale, mais la fièvre gagnait dans tous les partis, et Necker, pris entre la Cour et la Révolution, vit bientôt sa popularité décroître et s'effacer. Il n'y avait plus de place pour sa politique modérée ni pour sa personne en France. Quand il reprit, le 8 septembre 1790, le chemin de Bâle et de Coppet, ce fut au milieu des imprécations de tous. A Arcis et à Vesoul, il fut arrêté, menacé, et même en danger.

Ces ministères, si mouvementés au point de vue politique, ne laissèrent guère le temps à Necker de prendre des mesures d'ordre économique. Il a rendu compte de son administration dans un Mémoire publié en 1791. Les actes du second et du troisième ministère forment les tomes VI et VII de l'édition Staël, le *Mémoire* de 1791 est en tête du VIIe volume.

Le tome VI ne nous laisse à considérer que le *Mémoire instructif remis au Comité des subsistances des États généraux*. La libre exportation des grains avait été établie par une loi enregistrée au mois de juin 1787. Le hasard voulut que la récolte fut mauvaise en 1788, et que Necker devint ministre à ce moment même. Il ne manqua point d'ordonner sur-le-champ aux fermiers généraux d'arrêter l'exportation à plusieurs frontières, et le 7 septembre un arrêt du Conseil défendit l'exportation d'une manière absolue. Le 28 novembre 1788, un autre arrêt rétablit la défense de vendre et d'acheter des grains en dehors des marchés ; un troisième, du 23 avril 1789, permit aux intendants et officiers de police d'obliger ceux qui possédaient des grains à les porter au marché.

C'était le retour aux pires pratiques. Aussi l'effet ne tarda pas à se faire sentir : paniques, troubles, paralysie du commerce. Les négociants incertains du lendemain liquidèrent au plus vite et ne firent plus d'achats. Chacun s'empressa d'immobiliser le plus de subsistances possible, de crainte de souffrir de la famine, enfin on commença à arrêter les charrettes chargées de blé. En vain le gouvernement fait appel au commerce, les marchands n'osent se risquer même à servir d'intermédiaires au gouvernement. On fit venir de l'étranger 1.400.000 quintaux de blés et de farine, que les régisseurs des vivres de la guerre furent chargés de vendre à perte dans les régions les plus menacées. On établit des primes à l'importation, on les doubla vers la fin de l'hiver, on paya des primes aux boulangers de Paris, pour qu'ils abaissassent le prix du pain. L'opinion approuva Necker, trouva même qu'il n'allait pas assez loin : le résultat final fut une cherté extrême, en présence d'un excédent de blé. La répercussion sur les années suivantes de cette panique créée par le gouvernement, et l'habitude des troubles qui en sortirent, aidèrent beaucoup à l'aggravation de la situation générale intérieure.

Plus prévoyante, l'Assemblée Nationale essaya de rétablir la liberté de circulation, au moins à l'intérieur, mais les populations firent obstacle à cette tentative que Necker ne seconda pas. L'anarchie était partout et une crainte irraisonnée de disette affolait le peuple et les paysans. Il résulte du *Mémoire* adressé par Necker à l'Assemblée Nationale, le 24 octobre 1789, que les gabelous en fuite ne pouvaient plus empêcher l'exportation, que les autorités municipales ne tenaient compte d'aucun ordre relatif à la circulation, et que les subsistances se cachaient. Cet état durera en s'aggravant durant toute la Révolution, et trouvera sa plus parfaite expression dans les mesures prises par la Terreur.

Dans sa retraite de Coppet, Necker se consolait des drames auxquels il assistait de loin en écrivant de nouveaux livres. Ces nombreux volumes n'ont pas grand intérêt pour nous. C'est à peine si de loin en loin on y trouve une idée qui se rapporte à l'économie politique. Ils forment les tomes VIII à XV de l'édition Staël. Necker écrivit ainsi presque jusqu'à sa mort, ses *Dernières vues de politique et de finance* ayant paru en 1802. Il ne chercha jamais à revenir en France. Napoléon qui le juge durement donne à entendre qu'il aurait désiré revenir au pouvoir, mais le récit de l'entrevue montre trop son antipathie pour inspirer beaucoup de confiance. On y lit surtout l'aversion qu'il avait pour le père de Mme de Staël.

Necker mourut à Coppet le 9 avril 1804, à l'âge de soixante-douze ans.

CHAPITRE VII

Opinions économiques de Necker

Absence de système personnel ou emprunté, caractère pratique des idées de Necker. — L'hédonisme de Necker. — Concordances et différences avec le mercantilisme : enrichissement en métaux ; commerce extérieur ; balance du commerce ; intervention de l'État. — Concordances et différences avec la physiocratie : importance de la terre ; lois naturelles ; notion de la propriété ; productivité en valeur du commerce et de l'industrie ; produit net ; bon prix et bas prix ; liberté du commerce et de l'industrie ; impôts. — Necker et le socialisme. — Prix, valeur, richesse. — Luxe.

Ce chapitre pourrait s'appeler : « Critique des doctrines économiques de Necker. » Ce titre cependant ne serait pas exact. De l'analyse des ouvrages de Necker, il résulte que jamais leur auteur n'a possédé un corps de doctrine à lui, ni fait profession des doctrines d'une école économique. Tout ce qu'il a consigné par écrit, c'est l'opinion qui lui a paru la plus pratique parmi celles en cours dans les bureaux des financiers, dans les salons politiques, dans l'entourage de son ministère. Nulle part on ne trouve une trace de principes auxquels puissent se rattacher, par voie de conclusion, les opinions particulières qu'il expose.

Il paraît ignorer toute espèce de théorie, et n'a souci que des solutions particulières aux difficultés de pratique soulevées par chaque sujet. On n'a vu, dans ce résumé d'une longue suite de volumes, aucun nom, aucune citation, tout au plus quelques allusions abstraites à des opinions contraires aux siennes, et pas même les mots physiocrates et physiocratie. Tous les écrits des économistes sont écartés par un même dédaigneux silence, et quand il parle, d'une manière rare et brève, des économistes en général, c'est pour marquer le peu de cas qu'il fait, lui praticien, de leurs vaines dissertations.

Quand on lit avec soin les ouvrages des économistes du temps, même celui de Galiani, on est frappé de voir que rien d'eux n'est passé d'une manière certaine dans les livres de Necker. Condorcet a rencontré dans les dialogues de Galiani une explication claire et anticipée du traité ennuyeux de la *Législation des grains*. On a rapproché aussi des arguments de Necker ceux de Galiani. Les ressemblances sont bien naturelles entre deux ouvrages de la même époque, sortis du même milieu, écrits sur le même sujet et soutenant la même thèse. Il n'est pas nécessaire non plus d'emprunter au prochain des idées aussi simples que celle-ci : que la facilité d'exporter les grains est plus grande dans les régions frontières. Ce sont des rencontres presque nécessaires et des choses puisées par les deux auteurs dans le fonds commun de leur temps.

Cette attitude est le résultat d'un parti bien pris, et d'une méthode dont jamais Necker ne s'est écarté. Nous savons qu'il avait peu de culture générale, mais il n'est pas permis de supposer qu'il avait négligé de lire les écrits de ceux qu'il s'abstient de citer. Vivant au contact continuel de Morellet, de Galiani, ses commensaux, il a certainement lu leurs livres, bien probablement aussi ceux de

Mirabeau, et tout ce qui a été cité comme bibliographie de cette période qui va de 1760 à 1770. Adversaire de Turgot, il n'a certes pas omis de lire le peu d'écrits alors publiés de ce grand homme. Il a personnellement connu Adam Smith, et celui-ci s'est plaint de n'avoir pas été cité, de n'avoir pas vu prendre en considération ses idées dans le traité de *l'Administration des finances*, postérieur à sa *Richesse des Nations* (1). Tout cela ne peut s'expliquer que d'une seule manière, par une indifférence profonde et presque hostile pour les travaux des théoriciens, indignes de retenir l'attention d'un homme de bon sens, occupé de la pratique, et sur lequel devaient peser, pesaient ou avaient pesé les responsabilités effectives du pouvoir.

Est-ce l'effet seulement d'un immense orgueil ? d'une méfiance de praticien à l'égard des faiseurs de livres ? Oui, mais surtout d'une imparfaite compréhension de l'économie politique.

Si l'on veut chercher le secret de Necker, on le trouvera peut-être dans un ouvrage qui n'a pas été analysé parce qu'il est posthume, et ne contient d'ailleurs que deux paragraphes concernant l'économique (2). C'est dans les

---

1. Voyez sur ce point la *Notice* de Staël sur Necker (*Œuvres*, I, p. 191). Dans les *Dernières vues* (éd. originale, p. 456, éd. Staël, XI, p. 238), on trouve un astérisque, et en note : Adam Smith. Necker a donc, dans les derniers temps de sa vie, fait en faveur de l'économiste anglais une exception, honorable et unique, à son principe de ne jamais citer d'auteur.

2. *Manuscrits de M. Necker*, publiés par sa fille. Genève, Paschoud, an XIII. Ce volume contient : *Du caractère de M. Necker et de sa vie privée*, par Mme de Staël, p. 1 à 153. La pagination recommence ensuite : p. 1-206 des *Pensées*, sous 119 numéros, p. 207-222, des *Esquisses de pensées*, sous 26 numéros, enfin de 223 à 347 l'unique œuvre littéraire de Necker qui ait été publiée : *Suites funestes d'une seule faute*. Les

Pensées détachées sous le n° 3 (*Économie politique*) que se trouve le passage suivant :

« On fera peut-être jusqu'à la fin du monde des livres sur l'économie politique, c'est une science où l'on erre à sa fantaisie ; où l'on fait chemin en partant de telles propositions que ce soit. C'est une science où l'on est à la suite des opinions des autres sans s'en apercevoir, car toutes les routes y sont en cercle et l'on y revient sur ses pas beaucoup plus qu'on n'avance. Il n'en est pas ainsi de la géométrie et de la haute métaphysique ; de la géométrie parce qu'on y est contraint de passer par toutes les découvertes des autres, avant de pouvoir s'adjuger une idée nouvelle, et de la haute métaphysique parce qu'en très peu de temps on arrive aux premiers bords de l'infini, à ce terme que personne ne peut franchir. »

Il est difficile de savoir l'époque à laquelle fut écrite cette pensée (1). Certaines de celles qui l'accompagnent portent les dates de 1802 et de 1803, elle-même n'en porte pas. Si elle est à peu près de la même époque, il serait établi qu'à la fin de ses jours, après la publication du *Traité d'économie politique* de Say, un quart de siècle après le chef-d'œuvre d'Adam Smith, Necker en était toujours à méconnaître le

---

Pensées détachées, les *Esquisses de pensées* et les *Suites funestes* sont réimprimées dans le tome XV de l'édition Staël, p. 203-414.

1. Sous le n° 105 (édit. Staël n° 103), et sous le même titre, on trouve six lignes qui semblent un développement de la phrase sur les « routes en cercle » : « Pauvre économie politique ! On y tourne comme dans un jeu de bague. Les sujets y rentrent tellement les uns dans les autres, qu'on y passe et repasse sans jamais distinguer le commencement et la fin. » On ne peut juger laquelle des deux pensées est antérieure à l'autre, la première ayant aussi bien pu être écrite en utilisant l'idée de la seconde.

caractère de l'économie politique et à la regarder comme une science imaginaire.

Que cette opinion impénitente ait été celle de Necker aux alentours de 1800, peu importe d'ailleurs ; cette pensée nous fixe et nous permet de comprendre ce qu'il dit de cette science dans ses publications économiques (1). Le sentiment de Necker n'a point varié, et l'attitude qu'il a prise dès l'origine et toujours à l'égard des économistes ne peut plus étonner. Il faut donc prendre les écrits de Necker pour ce qu'ils sont, l'œuvre d'un homme confiant dans son bon sens, qui a écrit sans système sur des questions économiques. et sans vouloir admettre que l'économie politique eut le caractère d'une science Il n'y a point de doctrine économique de Necker, et vouloir coordonner, expliquer, systématiser les opinions particulières que son bon sens, ou ses préjugés, lui suggèrent dans chaque cas, serait se placer de parti pris en dehors de la vérité.

Tout ce que l'on peut faire c'est de chercher dans quelle mesure les opinions de Necker sont en harmonie, ou en désaccord, avec les doctrines économiques connues de ses

---

1. Voyez spécialement le préambule des *Notes*, ci-dessus, p. 50. Dès le printemps de 1773, Necker avait donc sur l'économie politique des opinions bien arrêtées. On peut même dire que les dernières pages de la *Réponse* au Mémoire de Morellet sont imprégnées d'hostilité envers les idées économiques (*Supra*, p. 53). La même antipathie se retrouve manifestée par des passages divers de la *Législation* notamment le chapitre XI de la quatrième partie, et surtout le chapitre III, où il se fâche, pour la seule fois de sa vie, qualifie d'ineptes les raisonnements de ses contradicteurs, c'est-à-dire « les fameux calculs de produit net, si célébrés dans les ouvrages économistes ». Voyez *supra*, p. 157.

contemporains, de formuler sous un certain nombre de rubriques celles qui ne rentrent bien dans le cadre d'aucune de ces doctrines, ou celles auxquelles l'auteur paraît avoir attaché une importance singulière, sans essayer d'en faire une exposition systématique.

Que d'ailleurs Necker ait ou non cru à la science économique, du moment qu'il a écrit sur des questions qui en dépendent, il sera légitime aussi d'apprécier la valeur de ces opinions d'après les données de l'économie politique, mais il est bien entendu que la valeur de cette critique n'existera qu'en fonction des théories actuelles. Les appréciations des contemporains ont pu être tout autres. Morellet, qui s'est fait le Zoïle attitré de Necker, a fait suffisamment la critique de ses écrits selon l'esprit du temps.

On a vu que Necker ne rattachait à aucun principe économique les opinions qu'il exprimait : il ne faut pas prendre pour un système économique en germe les déductions qu'il tire, dans plusieurs passages, d'un principe hédoniste sur lequel il faut s'expliquer, parce qu'il domine une bonne partie des opinions de Necker.

Ce principe est d'ordre moral, et non d'ordre économique. Il ne saurait, par exemple, être comparé, ni par sa nature, ni par sa fécondité, au principe fondamental duquel les physiocrates ont logiquement déduit tout leur système.

Pour les physiocrates, la base de tout le système est le don gratuit de la nature, le produit net, c'est-à-dire un dhénomène économique, d'ailleurs mal compris. A partir du produit net, tout le développement logique se produit dans un même plan, qui est économique. On constate des phénomènes, des lois, dont l'existence dans la nature est indépendante de leur valeur morale.

Le principe hédoniste de Necker est au contraire en dehors du plan économique, il est dans le plan moral, et s'il commande des applications en économie politique, il lui reste étranger par nature. Il sert de criterium aux mesures du souverain, d'ordre économique ou même politique : elles sont bonnes si elles tendent à assurer le bonheur des sujets, mauvaises au cas contraire, et doivent être évitées ou rapportées. Necker ne constate pas, il ne fait pas de la science, il ne cherche pas de lois ; il juge seulement des maximes de pratique, à l'aide de son principe hédoniste.

Cette distinction permet de comprendre aussi pourquoi Necker ne doit pas être regardé comme un précurseur, à cent ans de distance, de l'école économique hédoniste. Quant Stanley Jevons déclare que sa théorie est entièrement basée sur un calcul de plaisir et de peine, et que l'objet de l'économie politique est de déterminer le maximum de bonheur qui peut être réalisé en achetant le plus de plaisir possible avec le moins de peine possible, il ne se place aucunement au point de vue de Necker.

Tous deux font de l'hédonistique si l'on veut, mais Necker fait de la morale hédoniste, juge les mesures de gouvernement et d'administration en fonction de leur valeur hédoniste : Jevons construit au contraire en dehors du plan moral, et dans son domaine autonome, une économie hédoniste, constituée par un ensemble de faits économiques et de lois naturelles. Il applique simplement à l'explication des phénomènes économiques la grande loi générale du principe du moindre effort. qui se retrouve dans la nature entière et qui n'a aucun rapport en soi avec le bien et le mal (1).

L'hédonisme de Necker n'est point si savant, il est d'ailleurs assez facile d'exposer dans les propres termes de l'auteur cette conception sociale qui est très simpliste. Le souverain a été établi pour servir de garant à toutes les conventions sociales : « il doit veiller au bonheur des particuliers. et à la force nationale qui assure la conservation du bonheur ». L'administration tâche de réunir le bonheur à la force : l'homme lui-même, chargé de son propre sort, partage son attention entre les jouissances qui augmentent son bonheur, et les privations qui en assurent la durée (2).

La société ne peut se maintenir qu'au prix de certains sacrifices. Il faut une force qui s'oppose à sa destruction par les ennemis du dehors, il en faut une pour maintenir l'ordre et l'équilibre à l'intérieur de la société. Ainsi l'armée, la marine, tous les hommes employés à l'administration contribuent à la force de la nation, mais sont une cause de privation pour les particuliers.

---

1. Le principe de Necker paraît bien se rapporter au bonheur proprement dit, et non au bien-être, proposé comme but pratique de l'économie utilitaire. Il ne faut pas confondre le bonheur et le bien-être, qui sont indépendants et peuvent devenir antagonistes. Le bien-être s'est démesurément accru depuis un siècle ; il semble, au contraire, que le bonheur soit en décroissance : la gaieté disparaît, le nombre rapidement croissant des suicides montre qu'une forte proportion d'individus vit près de la limite au delà de laquelle l'existence cesse d'offrir un attrait, la responsabilité d'engendrer des malheureux est certainement une des considérations qui déterminent l'abaissement général de la natalité.

2. *Notes*, Académie, p. 70. — Lausanne, p. 242. — Staël, p. 72.

Il faut pour la force d'un pays que les propriétaires emploient toutes leurs subsistances superflues à nourrir leurs compatriotes (1). Les richesses augmentent la force par leur faculté d'être échangées contre les services des étrangers, ou contre les subsistances qu'ils possèdent, et avec lesquelles on augmente sa propre population (2). Les seules richesses qui puissent augmenter ainsi la force publique sont les biens *surabondants* qui s'amassent par le temps dans une société (3).

La force des États, abstraction faite de toutes les causes morales, tient à la population et à l'étendue du numéraire ; l'une fournit des soldats et des matelots, l'autre donne le moyen de les stipendier, de les mettre en campagne, de construire des vaisseaux. C'est encore l'abondance du numéraire qui, réunie à la confiance, met les gouvernements en état de rassembler des sommes extraordinaires par la voie des emprunts (4).

La richesse et la population sont deux sources de puissance, mais la population est une force bien plus certaine. Si les richesses mobilières suffisaient pour constituer la puissance, la République de Gênes jouerait un plus grand rôle en Europe que la Suède, mais les richesses entre les mains du souverain ne deviennent une force additionnelle qu'autant que par des traités avec d'autres puissances, on

---

1. *Notes*, Académie, p. 80. — Lausanne, p. 254. — Staël, p. 81.
2. *Notes*, Académie, p. 74. — Lausanne, p. 246. — Staël, p. 75.
3. *Législation*, Édit. originale, t. I, p. 18. — Lausanne, t. IV, p. 14. — Staël, t. I, p. 16. — Molinari, p. 247.
4. *Administration*, t. II, p. 133 ; Lausanne, t. I, p. 387. — Staël, t. IV, p. 554.

obtient d'elles des troupes auxiliaires ou la permission de faire des recrues dans leurs États, au lieu qu'une population nombreuse est une force par elle-même (1).

Il ne suffit pas qu'un pays soit puissant il faut qu'on y soit heureux ; car la force n'est un bien qu'autant qu'elle est un garant du bonheur (2). Les propriétés, par exemple, étant une loi des hommes, elles n'ont pu s'établir que pour le bonheur commun, et elles ne peuvent subsister qu'autant que la société leur prête de la force (3). Les richesses contribuent toutes au bonheur en multipliant les jouissances, et en augmentant la force par leur faculté d'être échangées contre les services des étrangers, ou contre les subsistances qu'ils possèdent et avec lesquelles on augmentera sa propre population (4).

Il importe essentiellement de multiplier autour des propriétaires qui disposent des productions de la terre tous les objets d'échange qui peuvent satisfaire leurs goûts et augmenter leurs commodités (5). Il faut pour le bonheur des propriétaires qu'ils puissent jouir à leur gré de leur fortune, et faire venir des pays étrangers tout ce qui leur plaît (6).

Le bonheur public n'est jamais représenté par une

---

1. *Législation*, Édit. originale, t. I, p. 21-22. — Lausanne, t. IV, p. 16. — Staël, p. 18, 19. — Molinari, p. 218.
2. *Législation*, Édit. originale, t. I, 25. — Lausanne, p. 18. — Staël, p. 21. — Molinari, p. 219.
3. *Notes*, Académie, p. 72. — Lausanne, t. III, p. 244. — Staël, p. 74.
4. *Notes*, Académie, p. 74. — Lausanne, p. 246. — Staël, p. 75.
5. *Administration*, Édit. princeps, t. II, p. 134. — Lausanne, p. 388. — Staël, t. IV, p. 555.
6. *Notes*, Académie, p. 80. — Lausanne, p. 254. — Staël, p. 81.

liberté indéfinie, mais par toute l'étendue de celle qui ne nuit point aux autres (1).

Les lois prohibitives sont fort délicates à déterminer parce qu'elles doivent tenir la balance entre le bonheur et la force. C'est entre ces deux principes contraires, l'un indiqué par le bonheur des propriétaires, et l'autre par la force publique, qu'ont été établies et modifiées les lois prohibitives (2).

La loi du bonheur, la première de toutes, exige qu'on laisse à l'égard des jouissances données par le luxe la plus grande liberté. Il ne faut pas acheter la force nationale par un trop grand sacrifice de la part des particuliers, car on ne doit jamais perdre de vue que cette force elle-même n'est un bien qu'autant qu'elle est un garant de bonheur (3).

Pour replacer dans leur cadre naturel ces diverses coupures, et donner ainsi son exacte valeur à chacune, sans se reporter aux œuvres de Necker, voyez *supra*, p. 76 et suiv.

Quand à la fonction du souverain, chargé d'assurer le bonheur de ses sujets, « ce tuteur de la félicité publique », comme Necker l'appelle (4), l'auteur ne s'explique pas à son sujet dans un passage déterminé, mais cette idée intervient d'une manière constante dans la *Législation* et jusque dans les ouvrages de la dernière époque de sa vie.

Cette conception de l'État Providence est profondément

---

1. *Administration*, Édit. princeps, t. II, p. 136. — Lausanne, p. 390. — Staël, t. IV, p. 557.
2. *Notes*, Académie, p. 80. — Lausanne, p. 254. — Staël, p. 81.
3. *Notes*, *in fine*.
4. *Administration*, Éd. princeps, p. 137. — Lausanne, p. 391. — Staël, t. IV, p. 558.

ancrée dans l'esprit de Necker, qui professe la méfiance la plus profonde à l'égard du bon succès de l'initiative individuelle. Elle domine toute sa littérature et toute sa pratique, et l'interventionnisme vigilant qu'elle inspire rapproche souvent les conclusions de Necker de celles des mercantilistes. Le singulier *Éloge de Colbert*, où, sans trop de souci de l'exactitude, l'auteur prête à son héros toutes ses idées à lui, et trace le programme de son administration pour quand il sera ministre, a d'ailleurs été regardé, même par les contemporains, comme une profession de foi mercantiliste faite en réponse aux doctrines des physiocrates, et certainement les premières lignes des *Notes* peuvent être prises pour une déclaration de guerre du champion des vieilles idées aux partisans des théories nouvelles.

Dans quelle mesure Necker a-t-il été, et est-il resté mercantiliste ?

E. Leser a donné, dans le *Handwœrterbuch der Staatswissenschaften* de Conrad (3e Aufl., VI, 651), une sorte de décalogue qui résume très commodément la doctrine mercantiliste et va nous servir de cadre :

1° Plus un pays possède d'argent, plus il est riche ;

2° La source de l'enrichissement en métaux précieux est le commerce extérieur ;

3° Le commerce extérieur est particulièrement profitable, quand l'échange des produits nationaux avec ceux des pays étrangers se fait par l'intermédiaire des marchands nationaux, et, quand il s'agit de commerce maritime, par la marine nationale ;

4° La richesse augmente d'autant plus fortement que

l'on vend davantage à l'étranger; la différence entre le montant des achats et des ventes se paie en argent. Le commerce international est à comparer à une balance, dont l'exportation et l'importation sont comme les plateaux, et c'est ce qui dépasse qui montre si l'argent afflue, c'est-à-dire si le pays s'enrichit, ou s'il s'en va, et si le pays s'appauvrit ;

5° Plus il y a d'occupation et de travail, mieux se trouve l'ensemble de la population ;

6° Plus nombreuse est la population d'un pays, plus grande est sa prospérité économique ;

7° Sur les articles exportés, on gagne davantage s'ils consistent en marchandises fabriquées, et non en matières premières ;

8° Le commerce le plus avantageux se fait avec les pays sur lesquels on possède une suprématie politique, ou qui sont, comme les colonies, sous une dépendance complète ;

9° Seule l'intervention systématique de l'État donne au commerce la forme sous laquelle il est utile au pays ;

10° Par la suprématie commerciale, la suprématie politique est aussi augmentée.

Necker a bien souvent, dans ses écrits, parlé le langage des mercantilistes, mais dès le commencement, il n'a point manqué de tempérer la rigueur de leurs principes par des réserves, qui enlèvent à son mercantilisme tout caractère de système.

C'est dans les *Notes* que Necker s'explique sur la première proposition, qui est la base même de tout le système mercantile, et sur la seconde.

« Un pays ne peut acheter qu'autant qu'on reçoit ses propres richesses en paiement... Un pays peut payer, non seulement en travaux d'industrie, mais en subsistance, ou en argent qui représente le pouvoir d'en acquérir partout. Ainsi moins une société achètera d'objets d'industrie étrangère, plus elle aura de moyens pour obtenir en échange de la sienne, ou des subsistances ou de l'argent, seules fins de commerce qui augmentent la population et la richesse... Une société, qui laisseroit entrer toutes les productions de l'industrie étrangère, tandis que les autres nations continueroient à interdire l'introduction des siennes, seroit peu à peu obligée de payer en subsistances ou en argent ce qu'elle demanderoit aux étrangers ; bientôt ses richesses et sa population diminueroient (1). »

« Les monnoies d'or et d'argent..., dans un pays qui commerce avec d'autres nations, sont en même temps des métaux généralement estimés, qui donnent le pouvoir d'acquérir les biens étrangers de toute espèce (2). »

« L'argent étant un métal estimé également partout, la somme de monnoie qui excède la quantité nécessaire pour les échanges journaliers devient une richesse active, qui peut servir à acquérir les autres biens de l'univers : et sous cet aspect elle est la plus précieuse de toutes ; elle se termine en population, par l'acquisition des subsistances des autres pays, elle se change en force par les subsides ; elle se convertit en jouissances, par l'acquisition des productions étrangères, et en attendant cet argent est jouissance

1. Académie, p. 86. — Lausanne, p. 259-261. — Staël, p. 85-86. *Supra*, p. 79-84.

2. Ed. Académie, p. 106. — Lausanne, p. 283. — Staël, p. 103.

lui-même, en représentant sans cesse à son propriétaire la faculté d'acquérir (1). »

« Parmi les nations qui n'auroient adopté d'autre signe des valeurs que l'argent..., la nation la plus favorisée par la nature auroit nécessairement le plus d'argent. Un pays après avoir fourni aux autres l'objet de leurs désirs, leur demande à son tour ce qui convient à ses propriétaires ; et la somme des marchandises qu'il a fournies au delà de celles qu'il a reçues s'acquitte en argent (2). »

Assurément aucun mercantiliste n'a envisagé d'une manière obsolue les deux premiers aphorismes du décalogue de Leser. Un peuple qui réussirait trop bien à drainer les métaux précieux du globe verrait péricliter ses manufactures, parce que l'étranger ne pourrait continuer à lui faire des achats, et il ne tarderait pas à éprouver les conséquences de sa pléthore métallique. Mais Necker subordonne son adhésion à d'autres considérations d'ordre intérieur, d'une manière trop expresse pour que ces principes conservent toute la signification qu'ils ont dans le système mercantile. Pour Necker, les métaux précieux sont une richesse active, qui peut servir à acquérir les autres biens de l'univers, mais qui se termine en population par l'acquisition des subsistances des autres pays. La richesse obtenue par le commerce extérieur repasse ainsi en partie par le commerce extérieur, pour se convertir en subsistance qui sert à faire vivre une plus nombreuse population.

La préoccupation fondamentale de Necker, d'augmenter

1. Edit. Académie, p. 108. — Lausanne, p. 285. — Staël, p. 105.
2. Edit. Académie, p. 108. — Lausanne, p. 286. — Staël, p. 105.

la population, d'assurer la subsistance de la population en tirant de l'extérieur le supplément de grains nécessaire à la nourriture du croît, domine son mercantilisme et la position qu'il prend à cet égard n'est pas celle des mercantilistes. Ceux-ci attachent une grande importance à l'accroissement de la population, parce qu'il fournira un surplus de manufactures à exporter, donc une plus grande rentrée de métaux précieux. Necker recherche plutôt en soi l'accroissement et le bonheur de la population, et regarde comme moyen ce qu'il y a de commun entre ses préceptes et ceux du mercantilisme Encore une fois, il juge en praticien, en homme d'État, et non en théoricien soucieux de rester logique avec un système.

Aussitôt après, d'ailleurs, il formule des considérations qui sont une critique des idées mercantilistes. Les paragraphes suivants des *Notes : Doit on considérer l'argent qui entre dans un pays comme un profit de commerce ? — Comment cependant l'entrée de l'argent est un signe probable de prospérité ; — Pourquoi l'argent n'est qu'une mesure probable de la différence de prospérité entre les États*, montrent combien Necker attribue volontiers à la richesse en métaux précieux une importance seulement relative.

« Chaque année, il entre de nouvelles sommes d'argent dans tous les pays de l'Europe ; il n'en sort que du Portugal et de l'Espagne, et cette exportation n'est pas une perte pour ces nations ; elle est l'échange naturel et raisonnable d'une production stérile contre des jouissances. L'augmentation de l'argent dans les différentes sociétés peut donner une idée de l'accroissement comparatif de toutes leurs richesses mobilières ; on ne peut pas calculer combien il s'accumule annuellement dans chaque pays, d'autres richesses. On pourroit imaginer une hypothèse où deux pays... dans les mêmes circonstances à tous égards, ne recevroient pas une même quantité d'argent. L'une de ces nations... voulant sans cesse convertir l'argent en jouissances... ne conserveroit que la somme... nécessaire pour faciliter ses échanges... employeroit constamment le surplus à acheter des biens étrangers. Chez une telle nation, toute sa supériorité se réaliseroit chaque année ou en jouissances ou en accroissement de population, par l'achat des subsistances étrangères; et chez l'autre elle se convertiroit en partie en simple faculté d'acquérir ces diverses richesses, c'est-à-dire en argent. Cette dernière deviendroit plus riche et plus puissante par son avarice seule et non par aucune supériorité dans ses avantages naturels (1) .»

Il est évident que Necker ne regarde point comme préférable le sort de la nation qui thésaurise, fidèle observatrice du décalogue mercantiliste. La richesse ne vaut pour lui que comme un moyen d'assurer le bonheur; elle ne consiste pas seulement en argent: l'auteur a une idée, confuse d'ailleurs, de la distinction entre ce qu'on appelle aujourd'hui le capital, et les métaux précieux, considérés comme valeur d'échange ou comme marchandise, et il s'élève ainsi au-dessus de l'étroite conception économique du mercantilisme.

Le développement de son idée, — remarquez que les textes sont cités dans leur ordre rigoureux, — aboutit à

1. Edit. Académie, p. 110-111 — Lausanne, p. 286-288. — Staël, p. 105-107.

la réflexion suivante, qui suppose plus qu'une différence de degré avec le mercantilisme :

« Si la somme d'argent qui existe en différents pays étoit nécessairement la mesure comparative de leurs richesses, l'Angleterre paraîtroit un des plus pauvres royaumes de l'univers, car on y voit très peu d'argent circulant ; on ne croira pas sans doute que sa pauvreté comparative en soit la cause, car tout annonce dans ce pays-là l'aisance, les richesses, et le moyen d'en acquérir. Aussi cette rareté d'argent ne tient qu'à une seule circonstance ; c'est que les billets de la banque d'Angleterre font office de monnoie ;... la somme de ces billets répandus dans le public excède infiniment le montant des espèces qui sont à la banque. On voit donc que la petite somme de monnoie d'or et d'argent qui circule en Angleterre n'est point un effet de sa pauvreté ; et j'ajoute que ses richesses ont augmenté par cette circonstance (1). »

Donc un pays peut être riche sans posséder beaucoup de métaux précieux, et s'enrichir sans drainer les métaux précieux du dehors : bien plus, il peut s'enrichir par l'effet même de la faiblesse de sa circulation monétaire. Ce n'est donc pas une règle absolue que plus on possède de monnaie, plus on est riche, ou tout au moins que pour être riche il faille posséder beaucoup d'argent. Ainsi, dès 1773, Necker, plus banquier que négociant, plus observateur que logicien, n'hésite pas à contester au besoin le principe fondamental du système mercantile.

Dans ses œuvres ultérieures, Necker n'est point revenu

---

1. Edit. Académie, p. 112. — Lausanne, p. 289. — Staël, p. 108.

sur ces questions de principe. La *Législation* nous le montre sans cesse préoccupé du bonheur, de la population, on y trouve de temps en temps une allusion aux richesses produites par la vente des grains au dehors, mais l'auteur n'insiste ni ne précise; il indique seulement que cet enrichissement est apparent et nuisible, de nature à diminuer la population.

Les idées de Necker touchant les articles 3 et 4, balance du commerce et avantages du commerce extérieur fait par les négociants nationaux et la marine nationale, sont développées dans l'*Administration des finances*, au chapitre intitulé *Observations sur les droits de traite: recherches et considérations sur la balance du commerce de la France* (1). A part ce qui vient d'être relevé à l'instant à propos des deux premiers articles, on ne trouve dans le reste des œuvres de Necker que des allusions sans portée théorique.

Ce que l'auteur dit dans ce chapitre n'implique aucune adhésion précise au système mercantile. Il y rend compte simplement « des recherches que j'ai faites sur la balance du commerce de la France », en parlant des principaux échanges de la France avec les nations étrangères. L'étude de la balance est pour lui une manière de se renseigner: « C'est par un examen attentif de la balance du commerce des diverses nations qu'on parvient à se former une première idée de l'accroissement annuel de leur fortune », et il ajoute sagement: « La plupart des calculs sur cette matière sont inexacts ou imparfaits, et l'on doit l'imputer

1. Princeps, t. 1 ch. 3. — Lausanne, t. 1, ch. 17. — Staël, t. IV, ch. 17.

à différentes causes. Je vais tâcher de développer les principales. »

Necker consulte donc la balance du commerce comme le font les économistes d'aujourd'hui, « pour se former une première idée ». Il n'accepte ses indications que sous bénéfice d'inventaire, et encore il s'empresse d'apporter des corrections aux méthodes courantes d'évaluation, qui donnent des résultats « inexacts ou imparfaits ». Cela n'est plus du mercantilisme, mais déjà un commencement de critique de la valeur des importations.

L'auteur commence son exposé par une définition : « Le tableau de la balance du commerce est la représentation des échanges d'un royaume ; cette balance paroit favorable à un pays lorsque la somme de ses exportations est plus considérable que celle de ses importations, et elle lui annonce une perte, lorsqu'au contraire il a plus acheté que vendu. » Dans cette définition, remarquez déjà ce verbe « paroit ». Si l'auteur l'emploie, ce n'est probablement pas par hasard, mais dans l'intention de ne point dire « est ». C'est un procédé très arbitraire, et d'ordinaire infidèle, que de juger les idées des auteurs d'après des phrases auxquelles ils n'ont pas le plus souvent attaché assez d'importance pour prendre la peine de les rendre précises, ou sur des mots commandés parfois par l'harmonie du nombre, quand ils ne furent pas amenés par le hasard ; mais avec Necker, qui a beaucoup limé tous ses écrits, cette méthode peut être employée sans trop de danger.

« Toute la partie des transactions qui s'exécute par contrebande, ne sauroit être connue par les livres des agens du fisc... La contrebande sur le commerce d'exportation n'est applicable qu'à des objets de peu d'importance ; il n'en est pas de même du commerce d'importation... Il est d'autres circonstances qui deviennent une cause habituelle d'erreur... Je suppose qu'on ait formé le tableau des exportations et des importations, il faut nécessairement évaluer en argent chaque partie de ce double commerce, si l'on veut connoître le résultat numéraire de la balance des échanges ; or, cette appréciation, telle qu'on la fait ordinairement, est extrêmement imparfaite ..

» Qu'on évalue les marchandises tirées de l'étranger en raison du prix courant de ces mêmes marchandises au sein du royaume...., on exagérera de cette manière la dette contractée par l'État ; car le prix courant des marchandises étrangères en France est composé non seulement de la somme payée à la nation qui les a vendues, mais encore du droit d'entrée exigé aux douanes du royaume, et enfin du bénéfice ou de l'intérêt des avances des négocians régnicoles, qui ont fait de l'importation de ces marchandises un objet de commerce ; cependant, entre les trois articles qu'on vient de citer, il n'y a que la somme payée aux vendeurs étrangers qui ait endetté le royaume.

» Les frais de transport, ou le frêt, sont encore compris dans la valeur courante des marchandises étrangères ; or, si ce frêt a été gagné par la marine nationale, l'on se trompe d'autant plus, lorsque, dans le tableau de la balance du commerce, on évalue les marchandises importées en raison de leur prix dans le royaume (1). »

1. Ed. originale, t. II, p. 80-82. — Lausanne, t. I, p. 332. — Staël, p. 495.

« Dirigeons maintenant notre attention sur les marchandises exportées, et voyons comment, en évaluant ces marchandises, dans le tableau de la balance du commerce, en raison seulement de leur prix courant dans le royaume, on ne donne pas toujours une idée exacte de la créance acquise par la France sur les autres nations.

» On voit d'abord que, pour toutes les marchandises assujetties à un droit d'extraction, la quotité de ce droit doit être ajoutée au prix des marchandises nationales, lorsqu'on suppute la dette de commerce des étrangers. Ce n'est pas tout ; il est une autre considération digne d'être observée, lorsqu'on veut déterminer la créance de la France sur les autres nations, en raison de ses exportations : cette créance devient différente, lorsque les marchandises exportées, au lieu d'avoir été achetées dans le royaume, pour le compte des étrangers, en ont été expédiées pour le compte des négocians françois ; car il faut alors, dans les évaluations, ajouter au prix courant de ces marchandises dans le royaume tout le profit qui résultera de leur vente dans un autre pays (1). »

« Il me reste encore à présenter une observation générale : c'est que dans les pays où l'intérêt de l'argent est fort bas, et où l'on fait à un prix quelconque, beaucoup d'avances aux étrangers, soit en achetant, soit en vendant pour leur compte, on ne connoîtroit qu'imparfaitement la dette ou la créance du commerce, si l'on se bornoit à y former un relevé des importations et des exportations ; car ce pays est encore créancier des autres nations d'une somme con-

---

1. Ed. or., p. 83. — Lausanne, p. 336. — Staël, p. 496-497.

sidérable, tant en intérêts qu'en frais d'achat et de vente; ainsi la Hollande, qui fait beaucoup d'avances de commerce, et la Russie, qui en reçoit constamment, ne peuvent pas connoître la mesure de leurs créances respectives, par le simple tableau de leurs échanges (1). »

« Il est beaucoup d'autres circonstances qui, tantôt habituellement, tantôt passagèrement, accroissent ou diminuent la créance de la France sur les autres nations ; mais je crois devoir me borner aux indications principales que j'ai présentées. Cependant, cette multitude de rapports, étrangers à la balance du commerce, conduisent à une vérité importante, c'est qu'on auroit tort de vouloir juger partout du résultat des échanges par le degré d accroissement du numéraire national ; cette règle ne seroit applicable qu'aux États dont les relations sont circonscrites, et qui n'ont ni dette publique, ni abord d'étrangers, ni d'autres rapports extraordinaires avec le reste de l'Europe ; mais aussi dans de tels pays, et il en existe, l'augmentation annuelle du numéraire devient un des plus sûrs indices du résultat des échanges (2). »

La simple lecture de ces textes montre que Necker a fort augmenté ses connaissances depuis la publication des *Notes*, et que son passage au ministère lui a ouvert des horizons plus larges. L'analyse qu'il fait de la valeur des marchandises importées indique un développement de son esprit critique. Quant à savoir si dans ces dix années l'auteur s'est éloigné davantage des doctrines mercanti-

---

1. Ed. or., p. 85. — Lausanne, p. 338. — Staël, p. 498.
2. Ed. or., p. 99. — Lausanne, p. 352. — Staël, p. 514.

listes, cela ne ressort point de ce qu'il écrit, mais les dernières phrases montrent en tout cas qu'il ne s'en est point rapproché.

En ce qui concerne les aphorismes 5 et 6, *plus il y a de commerce et d'industrie, plus la population est à l'aise*, et *plus grande est la population, plus grande aussi la prospérité économique*, certainement Necker les a toujours considérés comme exacts en principe et il a même attaché une importance très particulière au développement de la population, ce qui résulte de l'ensemble de ses divers travaux où ces idées sont exprimées et sous-entendues partout, mais il faut bien convenir que de telles propositions ne sont pas caractéristiques d'une école ; elles ne sont pas en relation avec le seul mercantilisme, mais acceptées par toutes les écoles économiques.

Sur l'aphorisme 7 que *l'on gagne davantage à exporter les matières fabriquées*, Necker s'est prononcé pour l'affirmative, et surtout dans sa *Législation*. Dans les *Notes*, il nous dit bien que quand une nation « possède seule une matière première susceptible d'être travaillée et qui excite l'envie générale, elle peut ordonner que l'exportation n'ait lieu qu'après que la matière aura été fabriquée, afin d'augmenter le travail chez elle, et ses droits sur la puissance des autres nations », mais dans ce passage il ne fait guère que constater simplement un fait (1).

Necker est au contraire très précis dans un passage de la *Législation* (2), où parlant de l'exportation des blés, il

1. Éd. Acad., p. 88. — Lausanne, p. 262. — Staël, p. 87.
2. Éd. orig. II, p. 95. — Lausanne, p. 237. — Staël, p. 272.

remarque qu'il « y auroit encore un moyen de procurer à la France une plus forte somme d'argent pour les ventes qu'elle feroit au dehors, sans augmenter cependant la limite d'exportation Ce seroit de ne permettre que la sortie des farines ; alors les étrangers auroient à payer, outre le prix des grains, les frais de mouture, et enfin le bénéfice que feroient les divers agens de ces sortes d'opérations ».

Il est encore bien plus précis, et plus général dans le chapitre XXIII de la première partie, qui est consacré précisément à démontrer la supériorité du commerce des objets fabriqués : « Entre tous les moyens donnés à la France pour payer les biens qui lui manquent, le plus avantageux, sans contredit, c'est la vente de ses ouvrages d'industrie... Je scais bien que presque tous les objets d'industrie sont composés d'une production du sol, mais quand le prix de ces ouvrages dérive principalement du travail, la portion de terre consacrée à la matière première est presque imperceptible... Il est donc manifeste que plus la valeur des marchandises qu'on vend aux étrangers est composée du prix du travail, plus on fait un commerce favorable à la population nationale (1). »

Sur le principe 8, que *le commerce est plus avantageux quand il se fait avec les pays sur lesquels on exerce une suprématie, ou avec les colonies parfaitement dépendantes*, Necker ne s'explique qu'en ce qui concerne les colonies, et dans un sens qui n'est pas celui de l'école mercantile.

Necker a toujours été partisan des colonies, sans

1. Éd. orig., I, p. 137-139. — Lausanne, p. 98. — Staël, p. 114-117.

jamais s'en être occupé beaucoup. Sa réponse au mémoire de Morellet suppose indirectement qu'il est partisan de la conservation des colonies. On peut dire qu'il s'agit là d'un plaidoyer, mais dans son *Administration* (1), il dit expressément : « M'arrêterai-je à ces discours, si légèrement hasardés sur l'inutilité des colonies ? » et il explique comment les colonies sont une commodité pour se procurer les denrées qu'elles produisent, des débouchés pour les manufactures de la métropole, un aliment pour la navigation et une source de richesses pour les particuliers. « C'est donc, conclut-il, une propriété magnifique que celle des colonies d'Amérique. »

Quant à la manière de comprendre les rapports de la métropole avec les colonies, il n'en parle que dans les *Notes* (2). Il explique qu'il y a deux sortes de colonies, celles qui sont « l'effet d'une population excessive », et les colonies qui produisent du sucre, du café, etc. Dès que ces productions font partie des désirs de l'homme, et qu'on cherche à se les procurer, il est plus avantageux de le faire par une colonie que par des achats faits chez l'étranger.

« Car par cette dernière méthode, nous nourririons leurs colons, leurs navigateurs et leurs marchands, et par l'autre nous nourririons les nôtres. » Il se demande alors : *faut-il que les colonies soient soumises à des lois particulières de prohibition ?* et il répond : « Si une colonie étoit aussi facile à défendre qu'une province frontière,

1. Éd. orig., t. II, p. 110. — Lausanne, p. 363. — Staël, t. IV, p. 526.
2. Éd. Acad., p. 128. — Lausanne, p. 306 — Staël, p. 121.

il n'y auroit aucune raison de la traiter différemment... C'est à cette circonstance, et non à aucun principe économique, qu'il faut rapporter les lois prohibitives qui sont particulières aux colonies. C'est par cette considération... qu'il faut les maintenir dans les besoins de la métropole. On doit les pourvoir de tout ce qui leur est nécessaire, mais leur défendre tout commerce direct avec les étrangers... et entretenir dans ces colonies un attrait continuel vers la métropole, afin que cette dernière soit toujours le dépôt des richesses mobilières amassées par les colons... de sorte qu'avec deux terres différentes, il y ait, s'il se peut, un même esprit. »

Ainsi Necker est, comme les mercantilistes, partisan du privilège exclusif de la métropole sur le commerce des colonies, mais son but, complètement différent, n'est pas d'assurer des avantages au commerce métropolitain : il est purement politique et destiné à maintenir le lien moral entre deux terres différentes, mais unies d'une même vie et d'un même esprit.

Pour ce qui concerne l'intervention de l'État dans le commerce, l'attitude constante de Necker, en ce qui touchait le commerce des blés, et la tournure générale de ses écrits permettraient de supposer qu'il regardait les commerçants comme incapables de mener leurs affaires au mieux des intérêts de l'État, sans un contrôle et une direction émanant du pouvoir. Il semble bien que cette impression soit inexacte, et que l'interventionnisme poussé jusqu'à l'acharnement dont Necker a fait preuve, comme écrivain et comme ministre, à l'égard du commerce des blés, ne devait pas dans sa pensée s'étendre au commerce en général.

Dans le chapitre XXVII de la première partie de la *Législation*, nous trouvons en effet cette déclaration formelle : « La liberté est presque toujours favorable au commerce, parce que la plupart des échanges étant utiles ou indifférens à la société, les soumettre à des lois, ce seroit vouloir suppléer, par le coup d'œil apathique de l'administration, aux regards actifs et zélés de l'intérêt personnel ; ce seroit vouloir tracer aux marchands une route qu'ils trouveront bien d'eux-mêmes, et dont le choix, dépendant d'une multitude infinie de combinaisons, ne peut jamais appartenir au législateur ; il doit mettre des barrières sur les bords des précipices connus, mais laisser ensuite chacun se promener à son gré dans l'enceinte commune (1). »

En ce qui touche le neuvième principe de Leser, nous devons donc reconnaître que Necker ne pense pas en mercantiliste ; quant au dixième, il ne dit rien qui s'y rapporte.

Nous arrivons, pour conclure, à un résultat paradoxal.

Au commencement de ses *Notes*, Necker prend position d'une manière formelle contre les théories nouvelles de l'économie politique, c'est-à-dire contre les physiocrates, et se pose en champion des idées anciennes : « J'ai trouvé, en réfléchissant sur ces divers objets, qu'il y avoit souvent plus de vérité dans les opinions communes que dans les nouveaux systèmes. Il en est peut-être des principes de l'économie politique passés en usage comme de la morale transmise en proverbe. Les hommes un peu supérieurs

1. Éd. orig., t. I, p. 186. — Lausanne, p. 133. — Staël, p. 153.

aux autres dédaignent souvent ces proverbes... mais le plus souvent cependant, ce sont des résultats donnés par le temps et par une suite d'observations. »

La lecture de ses ouvrages, d'autre part, laisse l'impression qu'ils ont été écrits par un homme dont les opinions s'accordaient d'une manière habituelle avec les doctrines mercantilistes. Aussi, tous ceux qui ont parlé des idées économiques de Necker l'ont représenté comme un tenant du mercantilisme.

Quand on serre de près, comme nous venons de le faire, les rares passages bien significatifs que fournissent les quinze volumes des *Œuvres*, on s'aperçoit que le mercantilisme de Necker se réduit, en dernière analyse, à une tendance générale de l'esprit, mais que des principes mêmes du système, et de leurs conséquences pratiques, il conserve bien peu de chose. Necker attache de l'importance à la possession de beaucoup de métaux précieux, mais il déclare que cela n'est pas indispensable à un pays pour être riche et il montre, par l'exemple de l'Angleterre, que la richesse peut être augmentée précisément par un développement du crédit, qui rend le numéraire moins utile. Il étudie le mécanisme de la balance du commerce, critique, par une analyse plus fine de la valeur des marchandises importées, les procédés ordinaires du calcul des entrées et des sorties, et encore il n'attache à cette balance plus sincère qu'un intérêt de renseignement. Quant aux autres points de contact entre ses opinions et le mercantilisme, ils sont de ceux qui ne supposent pas une adhésion nécessaire aux doctrines mercantilistes, parce que les mêmes conclusions se retrouvent dans d'autres systèmes. Enfin, sur beaucoup de principes, les opinions de Necker sont plutôt contraires à celles de l'école mercantiliste.

Si nous procédons à l'égard du système physiocratique comme nous venons de le faire pour le mercantilisme, nous constatons que Necker mérite, au contraire, sa réputation d'adversaire des physiocrates. Il n'est d'accord avec eux que sur quelques points de détail, et surtout parce qu'il est amené à des conclusions analogues aux leurs par les questions qui ont fait l'objet principal de ses préoccupations.

Les mercantilistes se sont surtout intéressés à l'industrie et au commerce extérieur, et c'est en vue du commerce extérieur qu'ils favorisaient l'industrie. Necker, au contraire, a porté surtout son attention sur des questions d'ordre intérieur, touchant de plus ou moins près à l'agriculture et à ses produits, sur le commerce des blés en particulier. Les questions relatives à l'industrie ne l'ont jamais intéressé que d'une manière indirecte; il ne les a jamais serrées de près Quant au commerce extérieur, dans ses écrits, il l'a surtout envisagé au point de vue de l'exportation des blés. Tout au plus a-t-il considéré les questions de commerce extérieur au point de vue général, à propos des droits de traite et de la protection de l'industrie, et durant ses ministères il n'a jamais été appelé à s'en occuper.

Tandis que l'objet de ses études et de ses soucis pratiques l'éloignait de ce qui intéressait les mercantilistes, il le rapprochait des physiocrates

A ses yeux, la terre nourrice des peuples a autant d'importance qu'à ceux de Quesnay ou de Mirabeau.

L'analyse des passages où Necker prend position à l'égard des principales doctrines de l'école physiocratique, montre d'ailleurs que l'auteur ne comprenait point de la même façon la fonction de la terre. Le défaut de concordance des opinions est évident dès que l'on commence à examiner les positions de Necker à l'égard des principes fondamentaux de la physiocratie.

Du Pont définit la physiocratie *la science de l'ordre naturel*. Il y a une société naturelle antérieure et supérieure à toute convention entre les hommes, et l'ordre naturel qui la régit est soumis à des lois irrévocables, qui tiennent de l'essence de l'homme et des choses Cette législation unique, éternelle, invariable, universelle, évidemment divine, essentielle (1), ne restreint point la liberté de l'homme, car les avantages de ces lois suprêmes sont manifestement l'objet du meilleur choix de la liberté (2). C'est l'intervention du législateur qui trouble le jeu de ces lois, et quand le trouble vient à cesser, ce jeu se rétablit de lui-même et toutes choses recommencent à aller pour le mieux dans le meilleur des mondes. Il n'y a qu'à laisser faire.

Tout au contraire, il n'y a pas dans les ouvrages de Necker la moindre trace d'une croyance à des lois naturelles régissant le monde économique, et comparables à celles qui régissent le monde physique, pas la moindre trace d'une conception de l'ordre naturel dans les phénomènes de la vie sociale. Il déclare d'une manière explicite

1. Baudeau, *Philosophie économique*, Coll. des économistes, t. III. p. 820.
2. Quesnay, *Droit naturel*, p. 55 (Coll. des économistes, t. II).

que la société est l'effet d'un accord entre les hommes, que la propriété n'est pas de droit divin, ni même de droit naturel, mais une institution convenue et fondée sur l'utilité. qui peut être conditionnée par le législateur et même abolie sans porter atteinte à un droit naturel. Elle doit être envisagée séparément de la terre, qui seule remplit une fonction sociale nécessaire et sacrée. Il regarde l'intérêt social et l'intérêt individuel comme en opposition et même en lutte, et le législateur comme constamment obligé d'intervenir par des lois appropriées à chaque circonstance pour empêcher le bonheur de péricliter. Tout le commencement des *Notes*, qui contient la meilleure expression des idées de Necker sur ces questions, est une répudiation des doctrines physiocratiques. C'est sans doute pour cela qu'on l'a trop légèrement regardé, par opposition, comme une adhésion aux idées mercantilistes.

Les sociétés ne sont pas un phénomène naturel ; d'après l'idée pessimiste et singulière de Necker, elles n'ont même pas pour cause l'attraction et l'amour du prochain : « La haine et le désir de la vengeance formèrent les grandes associations. »

Necker explique ailleurs (1), la manière dont il comprend le contrat social, origine des sociétés : « Les deux premiers hommes qui se réunirent firent par un pacte secret le sacrifice d'une portion de leur liberté : l'un d'eux, quoique plus fort, promit à l'autre de ne pas se mettre devant son soleil, de ne pas jeter à la mer les fruits de leur chasse quand il

1. *Législation*, Ed. originale, t. I, p. 182 — Lausanne, p. 129. — Staël, p. 150. — Molinari, p. 276.

en auroit trop ; de ne pas l'empêcher de manger, quand il n'auroit plus faim... l'autre, plus faible, promit de ramasser le gibier, de l'apprêter, d'arranger la cabane commune. Ce code, d'abord bien simple, devint plus compliqué à mesure que le nombre des hommes s'accrut ; mais le principe général de leur union resta toujours le même, et la science des lois consiste à fixer les degrés où la liberté individuelle blesse l'ordre public. »

Revenons aux *Notes*. C'est pour exciter au travail et prévenir des disputes éternelles que « l'on établit ou l'on assura les propriétés », et dans le paragraphe *S'il est vrai que les propriétaires de terre constituent seuls la société*, l'auteur s'explique ainsi : « Les propriétés étant une loi des hommes, elles n'ont pu s'établir que pour le bonheur commun, et elles ne peuvent subsister qu'autant que la société leur prête de la force. » Dire que les propriétaires de terre constituent seuls la société, c'est confondre « l'importance de la terre avec sa propriété : l'une est la source de la vie, l'autre est un arrangement social. Pour qu'une telle proposition fût juste, il faudroit que chaque propriétaire eût apporté sa terre d'une planète voisine, et ait pu l'y reporter... Il ne seroit pas impossible que les terres d'un royaume contenant vingt millions d'hommes fussent partagées entre dix mille ou mille propriétaires. Cette terre est à nous, diroient les uns, nous ne voulons ni l'ensemencer, ni céder ses fruits si nous la cultivons. Cette vie est à nous, diroient les autres, nous voulons la conserver, et toutes les lois de propriété seroient détruites (1). »

1. *Notes*, p. 72. — Lausanne, p 244. — Staël, p. 74.

Au commencement du chapitre XXVI de la première partie de la *Législation*, Necker développe ainsi cette opinion :

« La propriété héréditaire est une loi des hommes ; elle fut établie pour leur bonheur, et c'est à cette condition qu'elle est maintenue. Celui qui, dans l'origine des sociétés mit quelques pieux autour d'un terrain, et y jeta la semence que la nature avoit produite d'elle-même dans un autre endroit, n'auroit jamais pu obtenir, à ce seul titre, le privilège exclusif de ce terrain pour tous ses descendans, jusqu'à la fin des siècles ; tant d'avantage ne pouvoit point appartenir à ce petit mérite... Cependant, les privilèges de la propriété ont, comme on le voit, un rapport essentiel avec le bien général : or, le même bien général, qui les a dictées et qui les garantit, a pu y apposer des exceptions (1). »

Et s'adressant aux propriétaires, il s'écrie avec véhémence : « Votre titre de possession est-il donc écrit dans le ciel ? avez-vous apporté votre terre d'une planète voisine, et pouvez-vous l'y reporter ? Quelle force avez-vous donc que vous ne teniez de la société ? Vous jouissez par l'effet d'une convention générale (2). »

Convaincu du caractère factice de la propriété, disposé à s'en prendre rudement aux propriétaires, Necker distingue toujours entre la propriété et la terre, les propriétaires et l'agriculture, et il exalte cette dernière autant que le pourrait faire un physiocrate. Par malheur, il le fait en termes

1. Ed. originale, t. I, p. 172. — Lausanne, p. 123, 124. — Staël, p. 142, 144. — Molinari, p. 273.

2. Edit. originale, t. I, p. 176. — Lausanne, p. 125. — Staël, p. 145.

ampoulés qui ne précisent pas ses idées, et même ne signifient pas grand chose quand on les serre de près. Dans l'*Eloge* (1), il nous dit que « les besoins continuels de l'homme peuvent être seulement satisfaits par la fécondité renaissante de la terre », que la « base essentielle de la population » est l'agriculture, qu'elle « en seroit même l'unique source dans une société où les biens seroient recueillis en commun et partagés également. » Il nous montre « l'agriculture, les manufactures et le commerce qui semblent former une chaîne de bienfaits, et s'unir pour étendre la population et multiplier les jouissances. L'agriculture fait naître les subsistances, les manufactures les retiennent, les font servir en entier à la population nationale, et le commerce, par ses capitaux et son intelligence, favorise à la fois les produits de la terre et ceux de l'industrie. »

Cela veut-il dire que Necker admet une productivité de l'industrie et du commerce, et non pas seulement de l'agriculture ? Continuant à tresser sa guirlande de fleurs de rhétorique, fleurs bien artificielles, il ajoute : « L'agriculture est la plus essentielle et la plus nécessaire. Aussi l'Administrateur éternel, en ordonnant à la terre de multiplier la semence dans son sein, et de déployer au temps des moissons ses nouvelles richesses, semble n'avoir voulu confier qu'à ses soins paternels et la source de la vie, et la reproduction des biens qui l'entretiennent et la multiplient. » Si l'auteur ne s'était pas expliqué plus clairement par ailleurs, on pourrait croire que pour lui comme pour

1. Edit. Académie, p. 22. — Lausanne, p. 197-199. — Staël, p. 23-26.

les physiocrates, l'agriculture seule doit être regardée comme productive. Mais si peu clairs que soient en général les passages dans lesquels il exprime son opinion sur cette question capitale, on peut tenir pour certain qu'il regardait le commerce et l'industrie comme vraiment producteurs de valeur.

Voici d'abord un passage des *Notes* (1), où il s'agit de commerce, et surtout du commerce extérieur : Si une pièce de drap vaut trente septiers de blé dans un pays, et trente-cinq dans un autre, ou seulement si elle en vaut trente dans un temps et trente-un dans une autre, « on voit que dans l'hypothèse la plus simple, la science du négociant contribue à augmenter la population et la richesse, et ce que je dis... s'applique également à d'autres échanges... On a voulu détruire cette vérité dans les livres modernes... Quoique son intelligence travaille pour ses intérêts envers et contre tous, il n'est pas moins vrai qu'en les soignant il favorise ceux de son pays. »

Ce passage n'est pas bien clair ; il est sûr que Necker admet que le commerce contribue à augmenter la masse des richesses *en nature* que possède un pays ; ce qui, d'ailleurs, constitue une hérésie monstrueuse aux yeux des physiocrates ; mais admet-il également une augmentation réelle des *valeurs* par le troc ?

Il est peut-être possible, en ce qui concerne l'industrie, de tirer argument d'un autre passage, cette fois de la *Législation* (2). Necker dit : « Je çais bien que presque tous les

1. Académie, p. 77. — Lausanne, p. 250. — Staël, p. 78.
2. Édit. originale, t. I, p. 138. — Lausanne, p. 99. — Staël, p. 115.

objets d'industrie sont composés d'une production du sol ; mais quand le prix de ces ouvrages dérive principalement du travail, la portion de terre consacrée à la matière première est presque imperceptible.

« Si le lin produit par un arpent étoit la matière première de dentelles estimées 100.000 francs ; si les vers à soie nourris par un mûrier, devenoient celle d'une étoffe précieuse par la perfection de l'art et du goût ; si l'arbre d'une forêt étoit la matière première des travaux ingénieux et multipliés d'un habile sculpteur ; si un pouce carré de métal étoit celle d'une montre de Julien Le Roy ; une once de couleur, celle d'un tableau de Vernet ; certainement. on pourroit considérer le prix de tous ces objets précieux, comme dérivant uniquement du travail des hommes ».

Ce passage paraît bien supposer que le travail est créateur de valeur, au moins quand il a un caractère artistique, mais on pourrait objecter que Necker regardait cette valeur comme représentative de subsistances correspondant exactement aux besoins de l'artisan ou de l'artiste, comme il l'explique d'ordinaire en pareil cas. Mais Necker, dans un passage des *Notes* (1), répond lui-même à l'objection :

« ...Le prix des ouvrages fabriqués annuellement par les hommes industrieux, surpasse de beaucoup le prix des productions consommées annuellement par ces mêmes hommes, ou par ceux qui leur rendent des services.

» Prouvons cette vérité par un autre exemple où nous

1. Edit. Académie, p. 100. — Lausanne, p. 275. — Staël, p. 97

ne supposerons pas même une thésaurisation complète.

» Un artiste fait dans le courant d'une année des tableaux qu'il vend cinquante mille livres. Il en emploie dix mille à acheter des productions de la terre, ou à en procurer aux gens qui le servent, par le salaire qu'il leur donne ; et les autres quarante mille livres, il les emploie à acheter des ouvrages de mécanique.

» Le mécanicien qui a fait ces ouvrages, n'a dépensé que dix mille livres pour les fabriquer et pour se procurer des jouissances pendant un an, et il lui reste trente mille livres qu'il emploie à acheter une tapisserie.

» L'ouvrier de cette tapisserie n'a dépensé aussi que dix mille livres pour la fabriquer et pour jouir, et il emploie les vingt mille livres restantes de quelque autre manière pareille à celles que nous venons d'exposer.

» Sans pousser cette progression plus loin, il résulte :

» Qu'au bout de l'année il y a pour cent vingt mille livres d'objets d'industrie achetés et vendus, et existant dans la société ;

En tableaux................	50.000	livres
En ouvrages de mécanique...	40.000	—
En tapisseries..............	30.000	—

Et cependant il n'y a que pour 30.000 livres de productions de la terre achetées :

Pour le peintre ou pour ses serviteurs.........	10.000	livres
Pour le mécanicien.........................	10.000	—
Pour le fabricant de tapisseries.............	10.000	—

Dans ce passage il semble bien que Necker se soit prononcé formellement en faveur de la productivité en valeur de l'industrie. Il semble aussi qu'il faille regarder le passage suivant de l'*Administration* (1). comme ayant une précision décisive « ....la moitié des exportations de la France consiste en ses manufactures, et ce genre de commerce, où le travail et le prix du temps ajoutent une nouvelle valeur aux productions de la terre, est tellement avantageuse à un état... (2) »

On ne peut rien trouver de bien précis sur l'opinion de Necker à l'égard du don gratuit de la nature, privilège du produit net.

Dans ce passage du chapitre IV de la quatrième partie de la *Législation*, où, pour une fois, il s'échauffe contre les « raisonnements ineptes », il parle bien en note du produit net, mais d'une manière incidente. d'ailleurs ironique, et très insuffisante pour permettre d'apprécier ce qu'il en pense. « C'est sur des principes absolument contraires à ceux que j'avance que sont fondés ces fameux calculs de produit net si célébrés dans les ouvrages économistes..., on avoit cherché sous différents rapports, quel étoit le bénéfice du propriétaire. après le payement des impôts et des frais de culture ; on l'a trouvé ; on a nommé ce bénéfice le produit net ; à la bonne heure ; jusque-là nulle lumière nouvelle n'étoit répandue ; mais voici où commence un des raisonnements essentiels... » et l'auteur passe à la critique de la doctrine des physiocrates sur les avantages des hauts prix (3).

1. Édit. originale, t. II, p. 126. — Lausanne, p. 380. — Staël, p. 546.

2. Les contemporains de Necker n'ont pas eu d'hésitation. Staël (*Notice*, 42) nous dit : « En louant Colbert... il avait osé nier que la terre fut la seule source de la richesse... *Inde iræ* : dès lors commença la suite d'attaques dirigées contre M. Necker par tous les écrivains économistes... »

3. Edit. originale, t. II, p. 103. — Lausanne, p. 243. — Staël, p. 279. — Molinari, p. 333.

A mon avis, ce passage doit être ainsi compris : on a donné un nom, celui de produit net, au bénéfice du propriétaire. après le paiement des impôts et des frais de culture ; donner un nom à une chose dont tout le monde pouvait avoir déjà la notion, n'est pas inutile, mais au fond cela n'a guère d'importance, et ne répand aucune lumière nouvelle. mais voici où l'on prétend en apporter, et alors intervient la théorie de l'avantage des hauts prix.

Si cette interprétation est exacte, le passage a peu de portée, mais de quelque façon qu'on l'interprète il ne nous a pas dit si Necker regardait le produit net comme don gratuit de la nature, ce qui est la base de toutes les déductions physiocratiques.

Il ne faut pas d'ailleurs confondre avec le produit net des physiocrates ce que Necker appelle l'excédent des subsistances. Celui-ci est l'excédent en nature de la production obtenue par le propriétaire, celui-là est en nature ou en argent, mais il faut bien convenir que dans la plupart des passages où Necker parle de cet excédent, on ne voit pas bien s'il entend par là une denrée directement consommable, ou une valeur soit en nature, soit en argent, considérée comme moyen d'échange.

Il n'y a aucun doute, au contraire, sur l'opposition qui existe entre le bas prix considéré par Necker comme indispensable au bonheur et le *bon prix* réclamé dans le même but par les physiocrates.

Pour les physiocrates il est indispensable qu'entre le prix net de revient et le prix de vente des blés, il existe une marge suffisante pour mettre entre les mains des propriétaires les sommes nécessaires aux améliorations agricoles et aux achats qu'une classe aisée des propriétaires ne manque pas de faire aux manufactures. Le renchérissement général qui résulte de cet excédent n'est qu'une généralisation de l'aisance existant à la source même des richesses.

Necker ne voit point ainsi les choses. Il a une vénération profonde pour la terre, source des subsistances, pour l'agriculture qui les fait sortir du sol au bénéfice des hommes, mais il est tout disposé à régler chaque difficulté au détriment des propriétaires, et visiblement réduirait volontiers le revenu net au minimum possible, pourvu que les consommateurs puissent avoir le blé à bas prix, et que, d'une manière générale, la vie soit à bon marché. Il sacrifie sans hésiter aux intérêts de la population urbaine, qui consomme le blé, ceux de la classe productrice, nobles et paysans.

Il faut reprendre où nous l'avons laissée la discussion de Necker avec les partisans des hauts prix. La « lumière nouvelle », les « raisonnements essentiels », se rapportent à une théorie qui ne lui « paroit pas juste ». « L'on a dit, si le prix monte à 25 ou 30 livres, le produit net sera tout à coup augmenté d'une telle somme... ainsi plus les blés seront chers, plus le produit net augmentera et plus la richesse nationale sera considérable. » Et Necker part de là pour supposer une année médiocre, où la panique aidant, les blés « ont été représentés par une somme numéraire deux fois plus forte que les années précédentes ». Son raisonnement pèche, en ce sens que les physiocrates réclameraient à la fois l'abondance et le haut prix, et que l'hypothèse de Necker ne correspond point à la leur, et de plus, en ce sens, que dans une année de déficit, le prix a beau monter, la valeur totale de la récolte, comme le prouvent les statistiques, reste normalement très inférieur à la moyenne.

Ce que les physiocrates appellent le *bon prix*, c'est le prix *naturel* non avili par des moyens artificiels, mais fixé par la libre concurrence internationale, ce qui explique que ce bon prix peut coexister avec l'abondance. « Abondance et bon marché, dit Quesnay, n'est pas la richesse. Disette et cherté est la pauvreté. Abondance et cherté est l'opulence. »

La critique du haut prix est faite avec plus d'à-propos dans les chapitres XVI, XXII et XXIII de la première partie de la *Législation*. « Le haut prix constant des blés, dit Necker, n'améliore point le sort des propriétaires de terre, parce que le prix du travail s'y conforme (1) » « Bientôt on est contraint d'augmenter les impôts, et alors s'évanouit le bénéfice qu'avoit fait le propriétaire et l'homme industrieux, tant que la somme de l'impôt ne s'étoit pas élevée en proportion du renchérissement et de la main d'œuvre (2). » Il n'y a donc de bénéfice que pendant la période d'ascension, et il finit par se payer, parce que « beaucoup de fabricans nationaux ont un grand intérêt à la modération du prix des subsistances, afin que celui de leurs ouvrages soit pareillement modéré, et que les propriétaires des richesses ne trouvent pas leur avantage à donner la préférence aux travaux des autres royau-

1. Édit. originale, t. I, p. 85. — Lausanne, p. 61. — Staël, p. 72.
2. Édit. originale, t. I, p. 95. — Lausanne, p. 68. — Staël, p. 80.

mes (1). » « L'effet de ce haut prix est bien plus fâcheux sur la partie des manufactures nationales qu'on vend aux étrangers, et par conséquent sur le plus utile de tous les échanges (2). »

C'est sur de tels raisonnements qu'est assise toute la législation des grains, dont Necker s'est constitué le défenseur. Cette législation, d'origine politique, et destinée à éviter les soulèvements de la population des villes, était d'ailleurs bien antérieure au mercantilisme, qui l'a développée. Il est à remarquer qu'elle a été une des grandes causes économiques du déclin de la noblesse, dont les revenus venaient entièrement de la terre.

Toutes ces idées sont d'ailleurs sous la dépendance de la croyance que l'homme industrieux est condamné à ne recevoir jamais que le salaire exactement indispensable à sa subsistance. Sur ce point, Necker est d'accord avec les physiocrates. Déjà Quesnay ne reproduisait qu'une opinion ancienne, quand il disait : « Les prix des salaires et par conséquent des jouissances que les salariés peuvent se procurer, sont fixés et réduits au plus bas par l'extrême concurrence qu'ils se font entre eux. » *Second problème économique*, *Coll. des Economistes*, t. I, p. 134.

Déjà Necker, dans la *Réponse au mémoire* de Morellet (3), relève que « la compagnie s'est appliquée constamment à fixer les prix d'achat des manufactures de l'Inde au plus bas prix possible, c'est-à-dire au point précisément qui

---

1. Édit. originale, t. I, p. 121. — Lausanne, p. 87. — Staël, p. 101.
2. Édit. originale, t. I, p. 173 — Lausanne, p. 98. — Staël, p. 114.
3. Lausanne, t. IV, p. 352. — Staël, t. XV, p. 193.

pouvoit suffire pour procurer au fabricant le nécessaire le plus étroit ». Dans les *Notes* (1), il remarque que le sort des salariés resterait toujours le même, quelque faste qui régnât dans la société, « parce que les propriétaires des plus grandes richesses ne donneront jamais pour une journée d'homme que le moins qu'ils pourront, et qu'ils feront toujours la loi », mais déjà il introduit aussitôt, par l'exemple de l'Angleterre, l'exception qui ôte sa valeur à la règle. C'est toutefois dans la *Législation* que les passages caractéristiques abondent ; je ne relève que les plus significatifs.

Parlant du travail artistique, il dit : « c'en est assez pour faire voir comment le travail d'un homme grossier qui n'a que la force, et le prix du talent d'un homme habile, sont tous deux également composés du prix des subsistances. Sous le mot de subsistance, je comprends, outre la nourriture de l'homme de travail, la portion qu'il devroit céder à ceux qui lui feroient un habit ou lui construiroient une cabane, s'il n'avoit pas le talent ou la liberté de s'occuper de ces soins lui-même, en sorte que tous les besoins de nécessité absolue rentrent ainsi sous ce mot de subsistance (2). »

Plus loin il nous parle du « pouvoir qu'ont les propriétaires de ne donner en échange d'un travail qui leur est agréable que le plus petit salaire possible, c'est-à-dire qui représente le plus étroit nécessaire (2). »

1, Edit. Académie, p. 133. — Lausanne, t. III, p. 312. — Staël, t. XV, p. 125.

2. Edit. originale, t. I, p. 166. — Lausanne, t. IV, p. 60. — Staël, p. 69. — Molinari, p. 240.

3. Edit. originale, t. I, p. 166. — Lausanne, p. 118. — Staël, p. 137.

Et il ajoute : « Cette puissance est trop conforme à leur intérêt pour qu'ils renoncent jamais à en profiter (1). » « Aussi voit-on cette classe nombreuse de l'humanité soumise au même sort d'un bout du monde à l'autre (2). » L'auteur montre alors qu'il en est ainsi dans les pays tempérés de l'Europe, dans le Midi, dans l'Hindoustan, pour finir par l'hypothèse de la « nourriture moins agréable que le pain, mais qui peut soutenir le corps de l'homme pendant quarante huit heures », qui réduirait bien vite le peuple à ne manger que de deux jours l'un. Et aussitôt après, il cite encore l'exception de l'Angleterre et de « la nature du gouvernement, qui donne au peuple un degré de force et de résistance qui influe sur le prix des salaires. »

Cette exception suffit à détruire la règle, qui n'est plus une loi indépendante des temps et des lieux, mais une simple contingence particulière aux pays où le peuple ne possède aucune puissance propre qui puisse s'opposer à celle du capital. On saisit l'étroitesse des vues de Necker, qui n'allaient guère au delà des temps et des lieux où il vivait, et lui faisaient regarder comme générales et définitives les bases de raisonnement tirées de ce qu'il avait sous les yeux.

Il serait intéressant de savoir quelle évolution a subie sur ce point l'opinion de Necker, après que la guerre d'Amérique eût attiré son attention sur la condition économique d'un peuple vivant sous un régime démocratique, plus intéressant encore de savoir ce qu'il pensait après la Révolution, mais je n'ai pas trouvé dans les ouvrages

1. Edit originale, t. I, p. 168. — Lausanne, p. 120. — Staël, p. 139.
2. Edit. originale, t. II, p. 144. — Lausanne, 270. — Staël, p. 312.

postérieurs à 1775 de textes relatifs à cette règle. Dans le traité *De l'Administration des finances* et dans le *Mémoire sur les administrations provinciales*, il y a cependant des idées qui supposent une certaine persistance de ce principe dans l'esprit de Necker.

Ce qui paraît bien certain, c'est que Necker regarde les institutions politiques comme seules capables d'améliorer la condition du travailleur. La loi de l'offre et de la demande lui paraît impuissante à le faire, parce que les besoins de l'offrant ne pouvant être différés, l'obligent chaque jour à se soumettre aux conditions des propriétaires : « Les uns sont pressés par l'instant, les autres ne le sont point ; les uns donneront toujours la loi ; les autres seront toujours contraints de la recevoir (1). »

Il est bien certain d'ailleurs que Necker s'est rendu compte que la loi de l'offre et de la demande s'étend au travail comme aux marchandises. Dans les *Notes* (2), il dit expressément : « Les hommes salariés sont les seuls qui ont intérêt à ce qu'il y ait moins de monde dans une société ; car tout ce qu'ils ont c'est de la force ; tout ce qu'ils peuvent vendre, c'est du travail. Ainsi, plus leur nombre seroit petit, plus les propriétaires seroient obligés de les ménager. » Pour le moment, « c'est par leur nombre et leur rivalité qu'ils n'obtiennent pour récompense que le plus étroit nécessaire (3) ».

---

1. *Législation*, Edit. originale, I, p. 166. — Lausanne, p. 119. — Staël, p. 138. — Molinari, p. 270.
2. Académie, p. 73. — Lausanne, p. 246. — Staël, p. 75.
3. *Législation*, Edit. originale, t. I, p. 30. — Lausanne, p. 22. — Staël, p. 26. — Molinari, p. 221.

Necker prévoit même la limitation de la population par l'excès de l'offre du travail : « Il est un période cependant où la population s'arrêteroit d'elle-même, c'est lorsqu'elle viendroit à surpasser la somme des subsistances ; alors il y auroit des souffrances et des mortalités (1). » Ce n'est pas que Necker soit un précurseur de Malthus, comme il paraît l'être de Ricardo : il y a une distinction à faire entre la notion très simple de l'accroissement possible de la population au delà de la limite possible des subsistances, et la loi supposée qui, dans la théorie malthusienne, se superpose à cette notion élémentaire, dont tout le monde pouvait avoir la conception comme Necker. Le propre de Malthus dans sa théorie fameuse est en effet la loi, d'ailleurs si inexacte, suivant laquelle la population aurait une tendance à se développer en raison géométrique des temps et les subsistances en raison simplement arithmétique.

On pourrait au contraire se demander si Necker n'a pas, je ne dirai point découvert, car il faudrait fouiller toute la littérature antérieure, mais du moins entrevu la grande loi des moindres besoins, qui régit la sélection des classes et des races, commande l'extinction des plus exigeantes, et multiplie celles dont la prospérité comporte de moindres besoins. Il serait ainsi un prédécesseur, bien plus direct que Darwin, des théories sélectionnistes appliquées en sociologie.

De leur principe du laisser faire, les physiocrates déduisaient des conclusions favorables à la liberté du commerce

1. *Législation*, Edit. originale, t. I, p. 33. — Lausanne, p. 24. — Staël, p. 27. — Molinari, p. 221.

et de l'industrie. Toute intervention du souverain ne pouvant que troubler l'*ordre naturel* et produire des effets contraires aux intentions de bienveillance générale qui l'inspirent, il ne faut pas de réglementation de l'industrie, du commerce, même extérieur : libre concurrence, libre fabrication, libre commerce, libre importation. A quelques détails près, cette doctrine est celle de la généralité des physiocrates.

Sur la liberté du travail, Necker ne s'explique pas (1).

---

1. Levasseur prête à Necker un rôle principal dans le rétablissement des corporations (*Histoire des classes ouvrières*, 2e édit., II, 637 et suiv.). Abolies sous le contrôle général de Turgot, par l'édit de février 1776, registré le 12 mars en lit de justice, elles furent, par suite de la résistance générale, et en particulier de celle du Parlement qui avait refusé d'abord de les enregistrer, rétablies sous le contrôle de Clugny par l'édit d'août 1776, registré, sans opposition, le 23 du même mois. La décision du contrôle général n'a pas été prise, comme le dit Levasseur, parce que « l'influence de Necker s'y faisait déjà sentir », car Necker n'était pas encore revenu d'Angleterre. La nomination de Taboureau comme contrôleur général, et de Necker comme directeur du Trésor sous les ordres de Taboureau est du 22 octobre 1776. A partir de cette date je relève dans la *Table chronologique* des actes du premier ministère, qui occupe les pages 408-442 du tome XI de l'édition Staël, un certain nombre d'actes, qui ont pour effet d'appliquer en province l'édit d'août 1776. Une première série de ces actes date du contrôle de Taboureau, et ne regarde pas Necker dont les fonctions étaient alors limitées à la direction du Trésor. Ils se rapportent aux communautés de Lyon (janvier 1777) et à celles des villes de province du ressort de Paris (avril 1777). Les fonctions et les responsabilités de Necker ne commencent que le 29 juin 1777.

Necker a continué l'application de mesures prises sans lui, et sur lesquelles il ne voulait ou ne pouvait revenir dans les circonstances où il exerçait le pouvoir, mais il est profondément injuste de lui en faire porter la responsabilité.

Dans son *Compte rendu*, où il énumère avec complaisance tous les actes dont son administration se glorifie, il consacre plusieurs pages, sous la rubrique Manufactures, aux mesures qu'il a prises pour rendre plus libéraux les règlements de fabrication des tissus, mais ni sous cette rubrique ni ailleurs, ni même dans la suite de ses ouvrages, il

Dans le préambule de l'Arrêt qui élargit un peu la réglementation de l'industrie textile, il montre une tendance libérale. Il est plus explicite en ce qui concerne la liberté du commerce.

En principe, il est favorable à la liberté commerciale. Il l'a été dès l'origine. Son plaidoyer en faveur de la *Compagnie des Indes* n'est pas dirigé contre la liberté, il se rapporte à un cas très particulier de commerce extérieur, et à une mesure tendant à rendre, dans un intérêt national, une société acheteur unique et maîtresse du marché de l'Inde. Dès 1773, dans l'*Éloge de Colbert*, il nous dit que « méditant ensuite sur la liberté du commerce, Colbert avoit senti senti que rien ne pouvoit égaler l'activité de l'intérêt personnel ». Colbert n'ignorait pas que la concurrence « rétablit tôt ou tard le niveau qu'elle a dérangé ». Mais déjà intervient l'exception : le commerce des grains ne peut pas être soumis à la règle de la liberté pure et simple. « Elle n'y parvient qu'au bout d'un temps donné ; intervalle indifférent lorsqu'il s'applique à des marchandises de luxe ou de commodité: mais intervalle terrible, lorsqu'il s'agit d'une denrée dont on ne peut pas supporter la privation pendant un jour (1). »

Dans la *Législation*, même principe et même réserve. D'abord (2), Necker définit la liberté en matière de com-

---

ne dit un seul mot du rétablissement des communautés. Ce silence significatif n'est rompu que par quatre lignes du compte des recettes : « Les droits perçus sur les communautés ne se montent encore qu'à 1.185.000 livres. Mais ce dernier article augmentera lorsque la loi concernant les communautés sera enregistrée dans tous les Parlemens. »

1. *Éloge*, Édit. Académie, p. 33. — Lausanne, p. 209. — Staël, p. 36.

2. Édit. originale, t. I, p. 52. — Lausanne, p. 39. — Staël, p. 44.

merce : « C'est la permission absolue, laissée à chaque membre de la Société, de faire avec son argent, ses marchandises et son industrie tout ce qui lui convient le mieux, sans désobéir aux lois. » Nous connaissons déjà le bel éloge qu'il fait plus loin (1) de cette liberté « presque toujours favorable au commerce », et comment il ne faut point « vouloir suppléer, par le coup d'œil apathique de l'administration, aux regards actifs et zélés de l'intérêt personnel. » Mais le volume tout entier a pour objet de démontrer que cette liberté n'est plus qu'un danger public, quand il s'agit de l'appliquer sans réserve au commerce des grains C'est que l'auteur, comme il l'explique, ne se place pas au point de vue des richesses, mais à celui du bonheur de la population. Cette opinion n'a jamais changé.

Tout à la fin de ses *Dernières vues*, qui ont paru en 1802, l'auteur se déclare encore partisan de l'intervention du gouvernement dans le contrôle du commerce des blés. Après avoir parlé de l'ancienne législation des grains et de son abolition, rappelé les mesures qu'il avait dû prendre sous l'ancien régime pour prévenir la famine, il écrit ceci : « Plus on y réfléchit, plus on se persuade qu'au milieu de la France le regard et la surveillance du gouvernement sont d'une nécessité absolue à l'affaire délicate des subsistances, plus on se persuade qu'aucune législation ne peut y suppléer (2). »

La même idée domine aussi l'écrit suspect *Sur la législation et le commerce des grains*, qui, dans l'édition des

1. Édit. originale, t. I, p. 186. — Lausanne, p. 133. — Staël, p. 153. — Molinari, p. 277.
2. *Dernières vues*, Staël, t. XI, p. 338.

Pensées publiée dans les *Manuscrits* occupe le n° 1, et qui a disparu de l'édition Staël. Mme de Staël nous donne comme écrit de « l'année dernière », donc en 1803, ce morceau qui présente selon elle « des idées tout à fait nouvelles ». Cet écrit, qui me paraît plutôt une ébauche du livre publié sous le même nom, — nous y retrouvons maintes pages textuelles, et des passages caractéristiques du plus ancien style de Necker, comme la terre apportée d'une planète voisine et la comparaison des économistes au crocodile, — ne peut, à mon avis, servir en rien pour la recherche des opinions dernières de Necker.

En ce qui concerne le commerce extérieur, Necker est modérément protectionniste en principe, mais en fait, il considère la protection comme une nécessité pratique dont il s'accommode sans regret. Dans l'*Eloge*, il excuse Colbert d'avoir établi « quelques lois prohibitives, mais c'étoient des lois douces, dictées par la sagesse ; c'étoient des institutions d'un père tendre, qui connoissant l'industrie de ses enfans les excite par de légères contraintes à recourir à leurs talents, et à connoître leur propre force (1) ». Dans les *Notes*, où il s'explique davantage et consacre plusieurs paragraphes aux lois prohibitives, il se montre bien moins libéral.

Il ne s'agit plus de lois de protection destinées à permettre le développement des industries naissantes, mais d'une manière générale, des lois qui « multiplient les occupations en protégeant les manufactures ». Il les tolère parce qu'elles existent aussi dans les autres pays, mais il est

1. Édition Académie, p. 35. — Lausanne, p. 211. — Staël, p. 39.

favorable au traité qui les supprime : « Il faut y consentir, si la chance d'acheter ou de vendre paroit à peu près égale. » Il est partisan de leur abolition générale quand les industries « sont arrivées à déployer toute leur force ; elles devroient désirer que tous les États, d'un commun accord, abolissent ces lois. C'est le cas de la France, elle y gagneroit sûrement. Mais tant que les autres pays maintiennent leurs lois prohibitives, il est sage et politique d'observer une juste réciprocité (1). »

Dans le chapitre XXI de la *Législation*, Necker revient sur le même sujet, et dans le même esprit. Il discute contre les partisans de l'admission en franchise des marchandises étrangères, sans réciprocité. On lui dit : « Il faut permettre l'entrée des manufactures étrangères ; puisqu'on peut les acheter à meilleur marché que celles de France, c'est un bénéfice. » Il répond : « L'avantage de l'État ne peut jamais être l'effet du bénéfice de quelques particuliers, si ce bénéfice nuit à la richesse publique... La société sera exposée à perdre les habitans que cette fabrication occupoit. » On lui répond que les ouvriers de ces manufactures s'appliqueraient à d'autres ouvrages qu'on vendrait aux étrangers. Necker réplique : « Ce raisonnement ne seroit juste qu'autant qu'une réciprocité de commerce seroit établie et elle n'existe pas. »

Dix ans plus tard, après l'expérience du ministère, Necker n'a pas changé d'opinion, mais il est devenu plus avisé, plus fiscal : « Je crois qu'on doit préférer les droits d'entrée aux prohibitions absolues, parce qu'il n'est jamais

1. Édition Académie, p. 88. — Lausanne, p. 262. — Staël, p. 87.

possible d'arrêter entièrement la contrebande... d'après ce principe, la mesure du droit d'entrée devroit être proportionnée aux risques et au tarif, pour ainsi dire, du prix commun de la contrebande (1). » Les droits d'entrée ont l'avantage de procurer une ressource au Trésor tout en ménageant une protection suffisante.

Les physiocrates avaient en matière d'impôts une doctrine directement déduite de leur principe fondamental. L'impôt ne peut être pris que sur le *produit net*, puisqu'il est la seule partie de la richesse vraiment nouvelle, vraiment disponible, tout le reste étant nécessairement absorbé par le remboursement des avances ou l'entretien des classes agricoles et industrielles. Il est prélevé en vertu d'une sorte de copropriété du souverain sur la terre et par suite n'est supporté par personne. Comme dit expressément Baudeau : « Ce n'est pas sur les *propriétaires fonciers* que s'exerce le droit du souverain, c'est sur la *reproduction* totale annuelle de l'État (2) ».

Les idées de Necker sont toutes différentes. Dans ses *Notes* (3), il définit ainsi l'impôt. « L'impôt est la contribution des citoyens aux besoins de la société. Cette contribution peut avoir lieu en travail, ou en subsistances, ou en d'autres richesses, ou en argent, enfin, qui les représente toutes. » Il définit ensuite les diverses sortes d'impôts, leurs avantages et leurs inconvénients : « Il y a deux sortes d'impôts ; les uns sur les productions, les autres

1. *Administration*, t. II, p. 139. — Lausanne, t. I, p. 394. — Staël, t. IV, p. 561.
2. *Introduction à la philosophie économique*. Edit. princeps, p. 334 ; — Dubois, p. 125.
3. Edit. Académie, p. 96. — Lausanne, p. 272. — Staël, p. 94.

sur les consommations. Les impôts sur les productions se prélèvent sur les fruits même de la terre, en raison des récoltes ; ou d'une manière fixe, en raison d'un revenu annuel qu'on présume. Les impôts sur les consommations se perçoivent communément au moyen de douanes établies, les unes aux entrées du royaume, les autres aux entrées des villes. » Les impôts sur les productions sont les plus naturels et les plus faciles à percevoir. Les impôts sur les consommations obligent à veiller sans cesse sur les frontières et sur les grands chemins, à entretenir une masse de surveillans, et rendant la fraude tentante et facile entraînent des fraudes qui avilissent les mœurs et des punitions qui répugnent à l'esprit social. « On a dit qu'ils n'étoient qu'une répétition des impôts sur la production... mais l'art de cacher aux hommes ce qui leur déplaît n'est pas un art à dédaigner (1). » « Leur effet n'est cependant pas le même dans certaines circonstances... les impôts sur la consommation des denrées de nécessité peuvent toujours être remplacés... par une addition d'impôt sur la terre, parce qu'ils constituent toujours le prix de la main-d'œuvre... Mais les impôts sur les consommations particulières aux riches sont dans un cas différent, ils n'influent point sur les prix élémentaires des choses ».

Necker revient sur la question des impôts dans le *Compte rendu*, et dans l'*Administration des finances*, dont une bonne moitié est consacrée à cette matière, mais ce qu'il dit touche rarement à la théorie. Les impôts qu'il étudie sont ceux qui se perçoivent de son temps, en

---

1. Edit. Académie, p. 102. — Lausanne, p. 278. — Staël, p. 99.

France, et les remèdes qu'il propose à leurs défauts sont surtout d'ordre pratique. Quelquefois cependant l'auteur s'élève au-dessus de la pratique, et dans deux chapitres notamment il discute les projets de conversion de tous les impôts en un seul impôt territorial, ou, inversement, en une capitation personnelle (1).

Necker est opposé à ces deux réformes. Aux partisans de l'impôt unique de capitation, il répond que la connaissance des sources des revenus est très incertaine, leur évaluation très délicate, leur recouvrement très compliqué; l'intervention de la faveur dans la taxation, et même dans le recouvrement, particulièrement à craindre.

Il n'est pas plus disposé à écouter les physiocrates. « Je connois bien cette proposition, qu'en dernière analyse tous les impôts, de quelque manière qu'on les modifie, retombent sur les productions de la terre, cette origine première de tous les biens ; qu'ainsi rien ne doit empêcher de préférer le genre de recouvrement le moins dispendieux, en supprimant les droits sur les consommations, et en transportant tous les impôts sur les propriétaires fonciers ; que ceux-ci ne perdroient rien à cette disposition, soit parce qu'ils hausseroient en proportion le prix des fruits de leur terre, soit parce que les hommes de travail réduiroient leurs salaires dans une proportion équivalente aux droits sur les consommations dont ils seroient déchargés (2). »

---

1. Lausanne, t. I, ch. 6 et 7. — Staël, t. IV, ch. 6 et 7. — Voyez *supra* p. 212-220.
2. Edit. originale, t. I, p. 115. — Lausanne, t. I, p. 125. — Staël, t. IV, p. 262.

Il répond qu'il y a encore les « possesseurs des richesses mobilières » (1), qu'il y a « les représentans du commerce avec l'étranger » et aussi « les créanciers de l'État ». « Ce seroit un défaut de politique que de les affranchir, ne fût-ce que pour un temps, des droits sur les consommations, pour transporter ces mêmes droits à la charge d'une classe de propriétaires dont l'aisance et l'encouragement importent si fort aux progrès et à l'activité de l'agriculture ». Au point de vue extérieur, le changement du prix des productions de l'industrie « suffiroit pour détourner le cours du commerce ».

« Le temps, la circulation, les lois de l'équilibre remédieroient à tout; voilà ce qu'on annonce, mais peut-on imaginer que sur la foi d'une pareille théorie, les gouvernements veuillent jamais courir les hasards d'une convulsion dangereuse (2)? » Et Necker termine sa démonstration en disant que les droits de consommation se paient au jour le jour sans qu'on s'en aperçoive, et qu'il faut dans la pratique prendre en considération les effets de l'opinion et de l'imagination.

La revue que nous venons de passer des opinions de

---

1. Il est à remarquer que Necker, ancien banquier et capitaliste dont la fortune était représentée par des valeurs, tient à peine compte dans ses écrits de l'existence des richesses mobilières. Il sait qu'elles existent, il sait qu'elles augmentent, mais il ne prévoit pas leur développement prochain, dont l'étendue et la promptitude sont la conséquence d'une révolution industrielle due aux progrès scientifiques auxquels Necker paraît être resté étranger. Le capital, pour lui, se confond presque avec la terre, et le capitalisme avec la propriété. Aussi, quand il dit propriétaires, il comprend quelquefois dans ce terme même les capitalistes qui possèdent seulement du numéraire ou des valeurs.

2. Édit. originale, t. I, p. 116. — Lausanne, p. 124. — Staël, p. 263.

Necker à l'égard de tous les points de la doctrine physiocratique dont il s'est occupé dans ses livres, laisse l'impression que les contacts sont rares et fortuits, et les oppositions fréquentes. S'il ne mérite pas la réputation de mercantiliste qui lui est faite par les écrivains qui l'avaient mal lu, certainement ceux qui l'ont regardé comme défavorable à la physiocratie paraissent bien avoir raison.

Une troisième opinion sur Necker le regarde comme un des pères du socialisme. Nous allons voir ce qu'elle contient de fondé.

En 1874, Von Sivers, le seul économiste qui se soit donné la peine d'étudier Necker, l'a fait pour s'assurer si cette opinion, qu'il avait trouvée dans l'*Histoire de la Révolution* de Louis Blanc, répondait à la réalité. Après avoir analysé en dix pages la *Législation*, seul ouvrage qu'il fût parvenu à se procurer, il déclare que Necker n'est point un socialiste (1). Quand on est partisan de l'absolutisme, du mercantilisme, du protectionnisme, on ne peut pas être un apôtre de la fraternité.

Mais nous savons que Necker enviait à l'Angleterre sa constitution, qu'il était un mercantiliste très hérétique, un protectionniste partisan de la suppression des protections, pourvu qu'elle fût générale, et nous savons aussi que les idées de Necker ne sont pas toutes exposées dans sa *Législation*. Le jugement de Von Sivers n'est donc pas beaucoup mieux informé que ne le serait celui qui pourrait être rendu en sens inverse, sur la lecture de la réponse de Morellet à la *Législation*.

1. *Necker als Nationalökonom* (*Jahrbücher für Nationalökonomie*, t. XXII, p. 17-27.)

La situation de Necker par rapport au socialisme est en réalité singulière, et pour l'expliquer, il faut chercher les raisons profondes de ses idées sociales.

Sur la question de la propriété, nous sommes déjà fixés par beaucoup de textes. La distinction entre la terre et la propriété, l'origine factice et contractuelle de la propriété nous ont été déjà expliquées par l'auteur lui-même. Il est bien certain que pour lui la propriété n'est pas une conséquence de la nature des choses, qu'elle pourrait ne pas exister, qu'elle pourrait même être supprimée sans léser un droit naturel. Mais la pensée de Necker s'exprime d'une manière plus complète dans d'autres passages de ses ouvrages.

Dans l'*Éloge* (1), il dit : « ... La base essentielle de la population étoit l'agriculture ; elle en seroit même l'unique source dans une société où les biens de la terre seroient recueillis en commun et partagés également. » Dans les *Notes* (2), il répète : « L'Agriculture suffiroit pour la population si les fruits de la terre étoient recueillis en commun et partagés également. »

Dans la *Législation*, Necker dit : « Si le système social qu'on a toujours envisagé comme le plus conforme à la félicité publique, si l'égalité des propriétés pouvoit tout à coup s'introduire et se maintenir, l'état dans lequel ce projet chimérique se réaliseroit, etc (3). »

« Qu'on finisse donc de déclamer contre les arts et les manufactures, ou que ceux qui les proscrivent trouvent le

1. Édit. Académie, p. 21. — Lausanne, p. 197. — Staël, p. 24.
2. Édit. Académie, p. 75. — Lausanne, p. 247. — Staël, p. 76.
3. Édit. originale, t. I, p. 26. — Lausanne, p. 20. — Staël, p. 22.

moyen de faire partager les terres également, et de renouveler encore ce partage toutes les années ; sans cet expédient, impossible à réaliser, etc (1). »

Necker envisage sans hostilité, sans effroi, l'idée d'une organisation sociale communiste, mais il n'est point pour cela communiste ni partageux, car il ne paraît pas croire à la possibilité d'une transformation de la société dans ce sens.

C'est dans le traité *de l'Importance des opinions religieuses* (2), qu'il faut aller chercher le complément de sa pensée. « Dira-t-on imprudemment que si les distinctions de propriété sont un obstacle à l'établissement d'une morale politique, il faut travailler à les détruire ? Non. Si dans les âges d'égalité relative, les hommes n'ont pu conserver ni la communauté des biens, ni l'égalité des partages, comment imagineroit-on que ces relations primitives puissent être rétablies » dans les conditions des sociétés modernes ? « Il faudroit pour maintenir cet état d'égalité que chacun exécutât fidèlement les devoirs imposés par la morale universelle. »

Necker n'a jamais expliqué d'une manière plus claire et plus complète pourquoi cette propriété doit être maintenue et se maintient, en effet, malgré les conséquences qui en résultent pour la classe laborieuse. Il semble bien que, dans son idée, ce maintien soit en relation avec les devoirs sociaux d'origine religieuse qui enchaînent entre eux les hommes : c'est du moins l'impression qui se dégage de l'étude du traité *de l'Importance des opinions religieuses*.

---

1. Édit. originale, t. I, p. 47. — Lausanne, p. 34. — Staël, p. 40.
2. Edit. originale, p. 46. — Staël, t. XII, p. 32.

C'est par des considérations de cet ordre que dans le *Mémoire sur les Administrations provinciales*, Necker fut amené à écrire certaines propositions qui l'ont fait regarder comme un partisan de l'absolutisme. Son absolutisme est de la même nature calviniste et genevoise que son socialisme ; il a pour base non le droit, mais le devoir chrétien, et sa conception de l'État Providence est celle de l'État, instrument intelligent de la Providence.

C'est dans le même esprit qu'il faut interpréter l'hostilité avec laquelle Necker parle si souvent des riches. Il y a un souffle biblique dans la comparaison fameuse de la compétition des travailleurs et des capitalistes : « Ce sont des lions et des animaux sans défense qui vivent ensemble ; on ne peut augmenter la part de ceux-ci qu'en trompant la vigilance des autres et en ne leur laissant pas le temps de s'élancer (1). »

Les plus ardents ennemis du capitalisme ne pourraient d'ailleurs trouver de plus fortes expressions. Et aussi quelle véhémente formule de la lutte des classes que cet autre passage de Necker : « Il s'établit entre ces deux classes de la société une sorte de combat obscur, mais terrible, où l'on ne peut compter le nombre des malheureux, où le fort opprime le faible, à l'abri des lois, où la propriété accable du poids de ses prérogatives l'homme qui vit du travail de ses mains (2). »

Chrétien ou non, genevois ou personnel, le socialisme de Necker s'exprime d'une manière moins vigoureuse mais

---

1. *Législation*, t. II, p. 149. — Lausanne, p. 274. — Staël, p. 316.
2. *Législation*, édit. originale, t. I, p. 87. — Lausanne, p. 62. — Staël. p. 73. — Molinari, p. 242.

remarquable dans le premier paragraphe de la conclusion de la *Législation*.

« En arrêtant sa pensée sur la société et sur ses rapports, on est frappé d'une idée générale qui mérite bien d'être approfondie ; c'est que presque toutes les institutions civiles ont été faites pour les propriétaires. On est effrayé, en ouvrant le code des lois, de n'y découvrir partout que le témoignage de cette vérité. On diroit qu'un petit nombre d'hommes, après s'être partagé la terre, ont fait des lois d'union et de garantie contre la multitude, comme ils auroient mis des abris dans les bois pour se défendre des bêtes sauvages.

» Cependant, on ose le dire, après avoir établi les lois de propriété, de justice et de liberté, on n'a presque rien fait encore pour la classe la plus nombreuse des citoyens. Que nous importent vos lois de propriété ? pourroient-ils dire : nous ne possédons rien. Vos lois de justice ? nous n'avons rien à défendre. Vos lois de liberté ? si nous ne travaillons pas demain, nous mourrons (1). »

Ce n'est plus l'imprécation biblique, c'est la classique revendication du prolétaire conscient que l'on retrouve dans cette page.

Après la « classe la plus nombreuse », le droit à la vie. Dès l'*Eloge de Colbert* (2), nous le voyons apparaître sous la plume de Necker : « Cette multitude d'hommes qui n'ont rien à échanger, qui ne veulent que du pain pour le prix de leur travail, et qui en naissant ont acquis le droit de vivre, ils ont aussi leurs titres. » Et dans les *Notes* :

1. Edit. originale, t. II, p. 170. — Lausanne, p. 289. — Staël, p. 333.
2. Ed. Académie, p. 33. — Lausanne, p. 210. — Staël, p. 37.

« Cette vie est à nous, diroient les autres, nous voulons la conserver, et toutes les lois de propriété seroient détruites. »

Un autre point de contact avec les socialistes existe certainement dans les idées de Necker sur la fatalité de la réduction du salaire des travailleurs au minimum nécessaire à leur subsistance, mais cette *loi d'airain* a été formulée bien avant les socialistes, bien avant Ricardo, bien avant Necker, par les physiocrates et par bien d'autres. Nous avons vu d'autre part que l'exception de l'Angleterre ôtait à l'opinion de Necker sa portée absolue, et que pour lui la notion de subsistance ne se réduisait pas toujours à ce qui est strictement nécessaire à l'entretien de la vie.

La ferme conviction de Necker que le sort des classes pauvres peut être amélioré seulement par les institutions politiques, le rapproche également des socialistes. « Ceux qui n'ont rien, ont besoin... de lois politiques... qui tempèrent envers eux la force de la propriété (1). »

Il a échappé à Sivers que précisément le despotisme qu'il suppose agréable à Necker, c'est-à-dire celui du bon tyran, est compatible avec les principales formes du socialisme. C'est même un fait historique que toutes les réalisations du socialisme, en Égypte, en Chine, au Pérou, furent l'œuvre de despotes et disparurent avec eux. Necker, d'ailleurs, n'était point partisan du despotisme, pas plus que ne le furent après lui la plupart de ceux qui cherchèrent à améliorer le sort des travailleurs par l'intervention de la loi.

Je désirerais donner maintenant quelques détails sur

1. *Législation*, Ed. originale, t. II, p. 172. — Lausanne, p. 290. — Staël, p. 335. — Molinari, p. 357.

diverses idées de Necker qui ne se présentent point dans ses œuvres avec un degré suffisant de précision.

Necker parle très souvent du prix, quelquefois de la valeur, souvent de la richesse. Attache-t il à ces divers mots un sens précis et technique, ou le sens vague de la langue courante ?

J'ai relevé, groupé et combiné sans résultat les passages nombreux où il emploie ces expressions. Je citerai à titre d'exemple les plus explicites.

Dans les *Notes* (1), Necker nous dit qu'« à mesure qu'il y a plus d'argent en Europe... les choses de la vie haussant de prix, il faut... une plus grande quantité de signes ou de monnoies. Mais cette augmentation n'est pas proportionnée à la hausse des prix ». Les passages de la *Législation* qui paraissent présenter de l'intérêt sont plus nombreux : « Les prix ne sont que l'effet des rapports qui existent entre la convenance des vendeurs et celle des acheteurs entre les quantités à vendre et la somme des besoins, et ces rapports tiennent eux-mêmes à des vérités premières ; ainsi les prix, dans l'étude des vérités économiques, sont assez semblables aux degrés d'un thermomètre dans les observations du physicien ; ils annoncent la température de l'air, mais n'influent point sur elle... (2) ». « Les prix qui ne sont que le résultat d'une cause quelconque ne peuvent se rapprocher davantage d'une certaine égalité, qu'autant que les circonstances qui influent sur eux sont elles-mêmes rendues plus égales (3) ».

---

1. Académie, p. 108. — Lausanne, p. 284. — Staël, p. 104.
2. Ed. originale, t. I, p. 73. — Lausanne, t. IV, p. 53. — Staël, p. 63.
3. Edit. originale, t. I, p. 77. — Lausanne, p. 56. Staël, p. 65

« Un prix se forme non seulement en raison de la somme des objets à vendre, mais aussi en raison du nombre des vendeurs ;... le prix se soutiendra mieux si les marchandises sont divisées entre peu de vendeurs ;... ils peuvent s'entendre et former alliance contre les acheteurs (1). » — « Les prix sont un composé de réalité et d imagination... aussi dans plusieurs circonstances, les prix peuvent être menés comme des opinions (2) ».

La notion de valeur paraît, encore plus informe, dans un autre passage de la *Législation :* « Qu'importe ! ai-je lu dans quelques livres modernes ; on échange toujours une valeur contre une valeur égale.

» Cette proposition n'est pas juste.

» Dans deux pays d'un million d'arpens chacun, que différens contractans échangent le produit de cent mille arpens de l'une des contrées contre le produit de deux cent mille de l'autre, ces contractans auront fait entre eux un troc égal en opinion ; mais les deux pays en auront fait un très inégal, puisque après cet échange il reste à l'un le produit de neuf cent mille arpens, et à l'autre seulement celui de huit cent mille (3) ».

La notion de richesse est surtout à étudier dans les *Notes*. Necker commence (4) par une définition qui promet beaucoup. Elle se trouve sous la rubrique *Comment les richesses réunissent le bonheur et la force.* L'auteur débute brusquement ainsi : « J'entens par les richesses le produit

1. Edit. originale, t. I, p. 202. — Lausanne, p. 145. — Staël, p. 167
2. Edit. originale, t. II, p. 157. — Lausanne, 280. — Staël, p. 323.
3. Edit. originale, t. I, p. 107. — Lausanne, p. 77. — Staël, p. 90.
4. Edit. Académie, p. 74. — Lausanne, p. 246. — Staël, p. 75.

du travail. Elles contribuent toutes au bonheur, en multipliant les jouissances... » Le reste du texte n'offre plus d'intérêt, et cette définition qui aurait été si intéressante avec quelques explications n'a pour ainsi dire plus de valeur.

Partout Necker emploie ensuite le mot richesse dans un sens indéfini, qui n'est plus le même et appartient à la langue courante : « Un pays ne peut acheter qu'autant qu'on reçoit ses propres richesses en payement (1). » — « Les monnoies considérées comme signe des valeurs... sont une richesse captive et sans production (2). » — « La somme des monnoies qui excède la quantité nécessaire pour les échanges journaliers devient une richesse active... les causes qui augmentent dans un pays les richesses mobiliaires y accroissent aussi la somme d'argent (3). » « L'augmentation de l'argent dans les différentes sociétés peut donner une idée de l'accroissement comparatif de toutes leurs richesses mobiliaires... il n'est aucune autre richesse que l'argent qui puisse donner une idée juste de toutes les autres (4). » — « ... chez l'autre elle se convertiroit en partie en simple faculté d'acquérir ces diverses richesses, c'est-à-dire en argent (5). » — « Si la somme d'argent qui existe en différens pays étoit nécessairement la mesure comparative de leurs richesses... (6). »

Il existe une connexion entre l'idée de richesse, dans le

1. Edit. Académie, p. 86. — Lausanne, p. 259. — Staël, p. 85.
2. Académie, p. 107. — Lausanne, p. 283. — Staël, p. 103.
3. Académie, p. 109. — Lausanne, p. 285. — Staël, p. 105.
4. Académie, p. 110. — Lausanne, p. 287. — Staël, p. 106.
5. Académie, p. 111. — Lausanne, p. 288. — Staël, p. 107.
6. Edit. Académie, p. 112. — Lausanne, p. 289. — Staël, p. 107.

sens ordinaire, et celle de luxe. Ce rapport de la richesse et du luxe se trouve plusieurs fois traité par Necker.

L'auteur s'est occupé du luxe dans tous ses ouvrages économiques. Dans l'*Éloge*, répondant à ceux qui reprochaient à Colbert d'avoir en augmentant les richesses nationales par l'établissement des arts et des manufactures, développé aussi le luxe, il définit ce qu'il entend par luxe: « La loi des propriétés produisit des inégalités de fortune ; ces inégalités de fortune entraînèrent des inégalités de jouissances ; et la supériorité des unes sur les autres fut exprimée par le mot luxe ». Ce luxe est allé en augmentant parce que « les richesses mobiliaires s'accumulent dans la société... alors il se produit un nouveau luxe qu'on pourroit appeler le luxe des siècles, et les disproportions deviennent plus frappantes. »On ne peut empêcher le luxe né du travail, mais celui qui vient des faveurs du pouvoir est funeste. Au reproche que le luxe amollit les mœurs, il répond que les vieilles vertus de la Grèce et de Rome ne peuvent plus être désormais l'unique force des États.

Cela ne veut point dire que Necker soit favorable au luxe. Le contraire serait beaucoup plus exact. L'éducation genevoise a laissé une empreinte ineffaçable dans son esprit. A l'époque où il avait été élevé, la raideur de la législation établie par les disciples de Calvin ne se traduisait plus par une inquisition si exacte sur les mœurs des habitants, et le moindre luxe n'était plus réprimé comme un péché grave et comme un délit diminuant la richesse publique, mais il subsistait encore une très forte opinion contre le luxe. C'est sous l'empire de ces idées qu'il analyse les diverses formes de luxe, et mesure le danger qu'elles présentent au point de vue du bien de l'État.

Dans les pays pauvres qui sont obligés d'exporter des blés pour acquérir des productions étrangères, le luxe qui porte sur ces productions est nuisible. « Ce seroit peut-être une politique bien entendue dans de pareils pays, que de tourner le luxe des grands vers le nombre des serviteurs ; ce luxe n'exigeroit pas l'exportation des subsistances, et allieroit la force publique à la vanité particulière. Il seroit à souhaiter, enfin, que dans les pays pauvres la propriété des terres fût extrêmement divisée, afin que peu de personnes fussent dans le cas d'avoir un grand superflu, et d'ambitionner les objets de faste qu'il faut chercher au dehors (1). »

Le dernier paragraphe des *Notes* est employé tout entier à définir les inconvénients des diverses sortes de luxe des pays qui ne sont point dans ce cas particulier. Le luxe le plus contraire aux principes de l'économie politique est « celui qui contrarie la population. Tel est celui des parcs, des chemins fastueux et des chevaux parce qu'il emploie... une grande portion des terres capables de multiplier les subsistances ». « Entre les autres luxes, le souverain doit préférer celui qui, s'appliquant aux richesses durables, augmente la force... Un tel luxe est plus social que celui des jouissances fugitives ou périssables. Ainsi, le luxe des tableaux vaut mieux que celui de la musique ; celui de la vaisselle, que celui des feux d'artifices, etc. »

Dans le chapitre de l'*Administration* consacré au luxe,

---

1. Académie, p. 90.— Lausanne, p. 265. — Staël, p. 89.

Necker recherche surtout les causes de l'accroissement du luxe.

La véritable source des progrès du luxe est dans le progrès de la culture et de l'industrie : « L'invention successive des instrumens qui ont simplifié tous les arts mécaniques a donc augmenté les richesses;... une partie de ces instrumens, en diminuant les frais d'exploitation des fonds de terre, a rendu plus considérable le revenu dont les possesseurs peuvent disposer, et une autre partie des découvertes du génie a tellement facilité tous les travaux de l'industrie que les hommes... ont pu, dans un espace de temps égal et pour une même rémunération, fabriquer une plus grande quantité d'ouvrages de toutes espèces. »

L'opinion de Necker est que « la rapidité d'exécution, quand la science en est devenue commune, ne tourne point à l'avantage des hommes de travail, et il n'en résulte qu'une augmentation de moyens pour satisfaire les goûts et les vanités de ceux qui disposent des productions de la terre ». C'est encore une thèse dont les socialistes ont beaucoup usé, thèse vraiment décourageante pour les partisans du progrès, puisque toute découverte doit se traduire par un accroissement de force du capital.

L'accumulation des richesses durables par l'effet de l'hérédité, que Necker considérait seule dans l'*Éloge*, ne vient plus ici qu'en seconde ligne parmi les causes d'accroissement du luxe. L'augmentation du numéraire et l'introduction des trésors du Nouveau-Monde ne lui paraissent pas une des causes principales de l'accroissement du luxe. Pour lui, toutes les « grandes sources du luxe eussent également existé, quelle qu'eut été la somme du numéraire :

un palais auroit été représenté par cent mille francs au lieu de l'être par un million, mais ce palais n'en eût pas moins été construit (1) ».

Au contraire, la « multiplication des routes, la confection des ponts, sont autant de travaux qui ont contribué à l'accroissement du luxe... » en facilitant la concentration des richesses dans les villes.

Les remèdes contre le luxe préconisés par Necker sont divers, et malgré leur nombre et leur variété, il est permis de les trouver peu efficaces. Il faut diminuer les impôts, restreindre les grâces et les prodigalités, diminuer aussi l'inégalité des fortunes, rapprocher d'un état plus aisé la classe nombreuse. Il faut animer l'esprit de bienfaisance, obliger à la résidence tous ceux qui exercent en province de grandes fonctions, frapper de taxes les objets de faste et de superfluité. V. *supra*, p. 226 et suiv.

Si dans les opinions économiques de Necker nous ne trouvons rien de bien original, ni rien qui ait influencé le développement ultérieur de la science, il faut reconnaître qu'il a porté son attention sur presque toutes les questions posées de son temps. Les trois cinquièmes à peu près de son œuvre économique se rapportent à la question de la législation du commerce des grains, deux cinquièmes environ à des questions d'impôts et d'emprunts, mais dans les quarante ou cinquante pages éparses dans lesquelles il s'occupe d'autres questions économiques, il a mis tant de de choses que ces notions méritaient d'être rassemblées dans un ordre méthodique.

---

1. Édit. originale, t. III, p. 70. — Lausanne, II, p. 290. — Staël, t. V, p. 330.

L'impression qu'elles donnent ainsi est tout autre que celle qu'on éprouve quand on les rencontre disséminées dans le contexte des œuvres de Necker. Cette impression assurément est un peu artificielle, et l'on aurait de ces œuvres une idée singulièrement inexacte si on lisait ce chapitre seul ou avant les précédents, mais comme en somme elle résulte de textes reproduits sans altération, émanant d'un homme qui pesait tous ses mots, elle répond assez bien au fond caché de l'esprit de l'auteur, et contribue ainsi à faire mieux comprendre les idées, les intentions et les actes de Necker.

Vu : le Président de la thèse,
A. DUBOIS

Vu : le Doyen,
F. SURVILLE

Vu et permis d'imprimer :
Pour le Recteur :
Le Vice-Président du Conseil de l'Université,
Dr H. DELAUNAY

TABLE ALPHABÉTIQUE

TABLE DES MATIÈRES

IMP. DE LA LIBRAIRIE RIVIÈRE ET Cie, 31, RUE JACOB, PARIS — 2658-13

www.ingramcontent.com/pod-product-compliance
Ingram Content Group UK Ltd.
Pitfield, Milton Keynes, MK11 3LW, UK
UKHW012014240726
13965UKWH00002B/359

9 782013 458658